RAOUL ALLIER
PROFESSEUR HONORAIRE DE L'UNIVERSITÉ DE PARIS

# Les Allemands à Saint=Dié

(27 Août-10 Septembre 1914)

PRÉFACE DU GÉNÉRAL DE LACROIX

Avec 15 Cartes, Plans et Fac-Similés

PAYOT & Cie, PARIS
106, BOULEVARD SAINT-GERMAIN

*Troisième Mille*

# Les Allemands à Saint-Dié

(27 Août-10 Septembre 1914)

Tous droits de reproduction, de traduction et d'adaptation
réservés pour tous pays.

COPYRIGHT, 1918, BY PAYOT ET C¹ᵉ

RAOUL ALLIER

# Les Allemands à Saint-Dié

(27 Août-10 Septembre 1914)

PRÉFACE DU GÉNÉRAL DE LACROIX

Quinze Cartes, Plans et Fac-Similés

PAYOT & C<sup>IE</sup>, PARIS
106, BOULEVARD SAINT-GERMAIN, 106

1918
Tous droits réservés

IL A ÉTÉ TIRÉ DE CET OUVRAGE
VINGT-HUIT EXEMPLAIRES SUR HOLLANDE
NUMÉROTÉS DE 1 A 28.

# A LA MÉMOIRE

### DE TOUS

## LES HÉROS CONNUS ET INCONNUS

### QUI ONT SOUFFERT

### POUR LA DÉFENSE DE SAINT-DIÉ

Ce livre, où chaque affirmation suppose une quantité de documents recueillis patiemment et critiqués avec un soin minutieux, n'a pu être fait qu'avec la collaboration bénévole de tous ceux qui ont apporté leur témoignage écrit ou oral. Ces collaborateurs sont trop nombreux pour que l'énumération en soit possible, et la moindre omission serait une injustice; mais il est bon qu'ils trouvent, sur le seuil même de cet ouvrage, l'expression d'une reconnaissance profonde. L'auteur doit des remerciements particuliers à toutes les personnes qui lui ont fait l'honneur de lui confier des journaux intimes, rédigés pendant l'occupation même. Enfin une élémentaire équité l'oblige à déclarer que, malgré tant de contributions venues de toutes parts, son travail lui aurait été impossible sans trois ou quatre amis qui n'ont cessé de lui donner l'aide, d'un dévouement infatigable, d'une intelligence toujours en éveil, d'une conscience passionnément éprise de vérité.

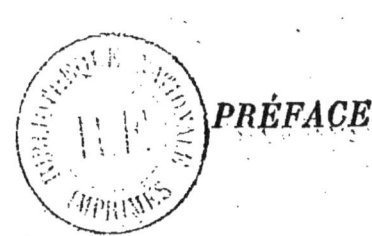

## PRÉFACE

Il m'est très agréable de présenter au public l'étude passionnante, pages d'héroïsme, que M. Raoul Allier, professeur honoraire de l'Université de Paris, consacre aux événements qui se sont déroulés dans la région de Saint-Dié, en août et septembre 1914. C'est de l'histoire, de l'histoire vivante, écrite avec le souci constant de la vérité, d'un style sobre et précis, mis au service d'une documentation fondée sur des témoignages indiscutables, que l'auteur a eu soin de recueillir sur place, de recouper, de rapprocher pour arriver à des conclusions absolument fermes. Les « on-dit » sont scrupuleusement éliminés, sauf dans la mesure où ils éclairent la psychologie de ceux qui les colportent. Les faits ne sont affirmés que sur la déposition, laborieusement cherchée et critiquée, de ceux qui les ont vu s'accomplir, sans qu'il soit possible de suspecter leur sincérité et de donner place à l'imagination. C'est le devoir et le mérite de l'historien consciencieux de dégager des faits leur philosophie et d'en faire jaillir la lumière. M. Raoul Allier, dans son enquête minutieuse, a eu pour fil *conducteur sa conscience et sa volonté d'arriver à la connaissance de vérités qui mettent de la précision là où il n'existait que la confusion dans le souvenir. Le récit est sobre, d'une ordonnance serrée, mais il est traversé d'une émotion communicative, émotion de patriote et de père cruellement éprouvé, et je ne veux pas tarder davantage à dire que le lieutenant mitrailleur Roger Allier, du 51ᵉ bataillon de chasseurs alpins, donna l'exemple d'une bravoure héroïque pendant la lutte dont les environs de Saint-Dié furent le théâtre. Il fut aussi le chef respecté et aimé de ses chasseurs, et il sut conquérir par son élan, son intelligence, son sang-froid, sa belle attitude au feu, l'estime de ses chefs à tous les degrés. Il est tombé face à l'ennemi au passage à niveau des Tiges, à la sortie ouest de Saint-Dié, sur la route de la Bolle. Mais il est mort victime des atrocités qui ont marqué le passage des Allemands à Saint-Dié. C'est avec émotion que je salue la mémoire de ce soldat sans peur et sans reproche, et de tous ceux, fantassins, chasseurs, artilleurs et sapeurs, qui, dans ce coin des Vosges, ont combattu vaillamment pour la France. Salut à ces humbles qui ont fait leur devoir jusqu'au bout, et que ce souvenir évoqué de leur héroïsme aille à leurs familles. Ce sera pour ceux qui pleurent un adoucissement et une fierté.*

*Ils faisaient partie du XIVᵉ corps d'armée, que j'eus le très grand honneur de commander quelques années avant la guerre. Ils étaient tous, ou presque tous, des enfants de la Savoie, de la Haute-Savoie, de la Haute-Loire. Ils appartiennent à l'histoire qui les glorifiera.*

*M. Raoul Allier a tenu à faire œuvre essentiellement historique, et je ne crois pas me tromper en disant que son livre sur Saint-Dié est le premier qui ait donné une enquête minutieuse et complète sur la façon dont les Allemands se sont comportés dans une ville occupée par eux,* ab uno disce omnes. *Certes, les traitements infligés à la population de Saint-Dié et à ses défenseurs n'ont qu'un rapport relatif avec ceux que d'autres villes ont subis depuis plus de trois ans. La vérité est que les Allemands, dans les quinze jours pendant lesquels ils ont occupé la gracieuse cité vosgienne, n'ont pas eu le temps d'y montrer tout leur savoir-faire et les raffinements de leur cruauté. Nos soldats ne leur en ont pas laissé le loisir, et la victoire de la Marne les a contraints de déguerpir avant que, bien installés dans la ville, ils aient été en état de la mettre en coupe réglée. Et cependant il importait, comme l'a fait M. Raoul Allier, de mettre en pleine lumière ce qui s'est passé à Saint-Dié. Certains détails sont des illustrations définitives du terrorisme allemand. Il faut qu'ils entrent dans l'Histoire et qu'ils n'en sortent jamais.*

*Je fais allusion aux violations nombreuses et systématiques du droit des gens que révèle M. Raoul Allier. Les Allemands ont trouvé le moyen, en quelques jours, de donner à Saint-Dié des échantillons de tous les crimes qu'ils sont capables de commettre. La commission d'enquête officielle* avait déjà fait œuvre révélatrice ; mais M. Raoul Allier a complété ses travaux et il a eu le souci de situer les faits dans un ensemble, au lieu de les prendre isolément. Il s'est appliqué en outre à élucider des détails tragiquement intéressants et à déterminer les circonstances dans lesquelles les attentats ont été perpétrés et la façon dont ils l'ont été. Il est parvenu, avec une conscience admirable et une exactitude saisissante, à classer chacun d'eux dans un récit suivi, qui les expose dans leur enchaînement et presque heure par heure au cours de la journée tragique du 27 août. Il a fait de même pour les assassinats individuels et collectifs dont le faubourg des Tiges a été le théâtre dans la journée du 29 août. Il n'est pas exagéré d'affirmer que les recherches de M. Raoul Allier donnent une portée singulière aux découvertes déjà faites par la commission d'enquête.

L'auteur du livre a présenté, dans un exposé impressionnant et précis, les événements militaires qui se sont déroulés autour de Saint-Dié. Il les a classés dans un ordre méthodique qui leur donne une valeur de documentation dont profitera l'histoire de la guerre lorsqu'elle sera écrite définitivement. A ce titre, il faut le féliciter d'avoir apporté sa pierre à l'édifice qui sera élevé à la gloire de nos armées. Avec une réelle compétence, qu'il me plaît de signaler, il a fait la lumière sur ce coin de la grande bataille, et, lorsqu'on lit ces pages, on y trouve non seulement la marque d'un esprit averti, mais l'émotion d'un cœur qui vibre au contact de tant d'héroïsme. Certains de ces combats sont épiques et on les voit reliés entre eux par une idée directrice et une volonté de résistance vraiment admirables. L'auteur les a vécus, pénétrés. Malgré la réserve qu'il s'impose volontairement et trop modestement en s'abstenant de toute critique militaire, il se montre l'historien suggestif des faits, avec un souci de la vérité qui a son éloquence.

La résistance de Saint-Dié, dans le cadre de celle des Vosges, a eu une répercussion incontestable sur les événements qui se sont accomplis de Charleroi à la Marne, et une portée stratégique manifeste dans l'arrêt de l'invasion allemande. En liaison avec l'armée de Lorraine, l'armée des Vosges a maîtrisé l'ennemi et l'a empêché de réaliser une menace d'enveloppement de nos armées, qui aurait pu gêner singulièrement la réussite de la conception de manœuvre du général Joffre. Elle a joué en réalité un rôle d'interdiction et a procuré ainsi au généralissime la sécurité dont il avait besoin sur un de ses flancs et sur ses derrières. Saint-Dié était une porte par laquelle les Allemands voulaient se ruer sur nous. Ses défenseurs n'ont pas permis qu'elle fût enfoncée. Ils ont donc contribué, pour leur part, à la victoire de la Marne. L'éclat mérité de cette victoire ne doit pas avoir pour effet de jeter dans l'ombre d'autres événements qui rentrent dans son cadre; car le front de la grande bataille s'étendait en fait de Paris à Belfort. Des héros obscurs sont tombés par centaines et par milliers dans ces Vosges qu'ils ont interdit à l'ennemi de franchir. Il faut que la France ne l'oublie pas et que les familles de ces nobles enfants, ou que ceux d'entre eux qui ont échappé à ces rudes combats, sachent que les soldats de l'armée des Vosges avaient fait le sacrifice de leur vie pour la France et qu'ils sont aussi des vainqueurs de la Marne.

Le livre de M. Raoul Allier est à lire et à méditer. C'est l'œuvre d'un historien impartial et sincère. S'il soulève l'indignation contre les procédés de guerre des Allemands, il fait aimer davantage les vertus de la race française ; c'est en même temps un enseignement, un acte de foi et un reconfort.

Général DE LACROIX.

Paris, 2 décembre 1917

# LES ALLEMANDS A SAINT-DIÉ

## INTRODUCTION

## La préméditation du crime

Le « mensonge allemand du 3 août 1914[1] » est désormais établi. La puissance de proie qui avait prémédité l'attentat a voulu persuader au monde qu'elle était attaquée. Personne ne s'y laisse plus tromper. Or, un fait plus grave encore sort peu à peu de l'ombre. L'Allemagne n'a pas attendu la déclaration de guerre pour violer le territoire français. Elle était décidée à déchaîner sur l'Europe le cataclysme, alors que notre gouvernement s'obstinait à croire au maintien de la paix. Tous les Français s'entêtaient dans des illusions tenaces, alors que les troupes du Kaiser, frémissantes, attendaient le signal de franchir la frontière et, sur bien des points, l'ont franchie avant que M. de Schœn

---

[1]. C'est le titre même du livre dans lequel M. René Puaux, à l'aide d'une documentation incontestable et par une critique serrée des textes et des faits, démontre la fourberie des affirmations impudentes dont s'est servie l'Allemagne pour soutenir qu'elle a été assaillie et ne fait que se défendre (Paris, librairie Payot, in-8°, 396 pages).

n'ait apporté à notre ministre des Affaires étrangères le roman des avions fantomatiques de Nuremberg.

Cette histoire sera, un jour, écrite dans tous ses détails. Elle promet d'être singulièrement riche. On ne se propose ici que de raconter une partie de ce qui a pu être vu de Saint-Dié et de ses environs, et l'on verse ces faits, soigneusement critiqués, au dossier du crime.

## I

Un des industriels les plus connus de Saint-Dié, Alsacien de vieille roche, M. Jules Marchal, avait passé à Strasbourg le mois de juillet. Il suivait un traitement à la clinique de Neudorf, près du Polygone. Dans les journées des 22, 23 et 24, il a eu la sensation précise que la situation était très tendue. Dans les rues, dans les cafés, dans les tramways, les officiers étaient très affairés, parlaient plus haut encore que de coutume, exagéraient leurs allures de bravaches, affectaient des airs entendus, semblaient annoncer, par toute leur attitude, qu'on apprendrait bientôt du nouveau [1].

1. Toutes les personnes qui ont été au delà de la frontière à même date ont eu la même impression. Je lis dans le *Journal d'une Civile* (M<sup>me</sup> R. M...) : « Mercredi, 29 juillet. — Malgré es bruits alarmants, ma mère a voulu conduire nos invitées, en auto, à Colmar où elles désiraient visiter le musée... Elles ont passé près de deux heures au musée... En sortant de là, et

Les 25 et 26 juillet, les banques et les caisses d'épargne étaient assiégées par le public. Les comme elles allaient prendre le thé dans un petit restaurant en face, elles ont rencontré un officier allemand qui leur a jeté un coup d'œil arrogant. Peut-être ne lui plaisait-il pas d'entendre parler français ? Le chauffeur dit que, tandis qu'il attendait, des quantités d'officiers passaient, se rendant à la gare avec leurs bagages. »

Le 27 juillet, M. Farge, consul général de France à Bâle, prévenait M. Bienvenu-Martin, chargé de l'intérim des Affaires étrangères : « Les officiers allemands en vacances dans cette région ont reçu, il y a quatre jours, l'ordre de les interrompre pour regagner l'Allemagne. D'autre part, j'apprends de deux sources sérieuses qu'avis a été donné aux propriétaires de voitures automobiles du Grand-Duché de Bade de se préparer à les mettre à la disposition des autorités militaires deux jours après un nouvel ordre. Le secret, sous peine d'amende, a été recommandé sur cet avis. » (*Livre Jaune*, n° 60.)

Pendant que les officiers en vacances recevaient ainsi l'ordre de rentrer, tous ceux qui étaient en Allemagne prenaient part à des préparatifs d'une signification trop claire. Par exemple, le 25 juillet, toutes les troupes de la garnison de Metz étaient consignées et mobilisées à l'intérieur des casernes et des forts, et le buffetier de Saverne signait à l'intendance un engagement pour la fourniture journalière, en cas de besoin, de 1.000 rations de café et de 1.000 rations de soupe au riz. Le lendemain, tous les régiments de la garnison de Metz consignés depuis la veille recevaient leurs effets de guerre.

Pour en revenir à Strasbourg, voici ce que nous lisons dans une correspondance de cette ville, datée du 3 août et publiée dans la *Gazette de Francfort* du 6 : « Déjà avant que l'état de siège eût été proclamé, les officiers suivant un avis spécial avaient fait partir leurs familles de la ville... Lorsque le samedi soir, le jour de la mobilisation, le soleil rouge comme du sang fut descendu derrière les Vosges, les régiments strasbourgeois à effectifs de guerre avaient déjà quitté la ville. » Il n'est pas inutile de faire remarquer que l' « état de siège renforcé », synonyme de « danger de guerre », a été proclamé le 31 juillet à midi. Le fait révélé par la *Gazette de Francfort* explique bien l'allure remarquée, chez les officiers, par M. J. Marchal.

agents canalisaient la foule à la porte de ces établissements. On y voyait constamment des théories de deux à trois cents personnes, et tout le monde parlait de la guerre.

Le 28 au matin, M. Marchal est allé aux bureaux du *Journal d'Alsace* et a demandé M. Léon Boll. Il voulait se renseigner. M. Léon Boll était absent. En réalité, sur les informations précises qu'il avait recueillies, il avait franchi la frontière depuis plusieurs jours. C'était au moment où Hansi et quelques autres ont également quitté l'Alsace. Le soir de ce même jour, M. Marchal commence à craindre d'être surpris à Strasbourg par les événements [1]. Il télégraphie à Saint-Dié, demandant

---

1. Il n'avait pas tort; et ce n'est pas la connaissance des faits ultérieurs qui me fait ajouter cette réflexion qui, réduite à cela, serait insignifiante. Une personne dont le témoignage est de grand poids et qui se trouvait à ce moment à Strasbourg, me dit : « Le 28 juillet, j'ai recueilli d'un Allemand autorisé l'affirmation que la guerre aurait lieu. Le lendemain 29, l'annonce de l'événement m'était confirmée. »

On a beaucoup parlé du fameux supplément du *Berliner Lokal-Anzeiger* qui, le 30 juillet, a annoncé la mobilisation et qui a été saisi. Je ne sais pas pourquoi l'on ne parle presque jamais du numéro de la *Chemnitzer Volksstimme* qui, le 28 juillet, a publié une nouvelle téléphonée de Munich par l'ancien directeur du *Vorwaerts*, Kurt Eisner. Cette nouvelle était que la mobilisation allemande était chose décidée et qu'elle aurait lieu probablement le lendemain, à coup sûr avant la fin de la semaine. Le journal ayant demandé le lendemain à son correspondant confirmation de cette nouvelle, Eisner répondit simplement : « C'est décidé. » De qui le tenait-il ? Il ne le dit pas ; mais il affirme que son informateur était l'homme « qui, à Munich, devait nécessairement être le premier averti de la

qu'on lui envoie son automobile pour le lendemain. Le maire lui téléphone : « Tranquillisez-vous. Je tiens du sous-préfet que l'Autriche et la Serbie acceptent la médiation de l'Angleterre. Le danger de guerre est donc écarté [1]. » M. Marchal n'en insiste pas moins pour que sa voiture vienne le prendre. Le lendemain 29, vers 10 heures et demie du matin, elle lui est amenée. On déjeune, on fait quelques courses en ville et, vers 3 heures et demie, on part. Tout le monde, les boutiquiers, les

résolution prise de mobiliser l'armée allemande, et qui ne pouvait être renseigné d'une façon fausse ou incertaine ». Kurt Eisner a lui-même raconté tout cela dans une lettre dont, le 21 novembre 1916, il a imposé la publication à la *Chemnitzer Volksstimme*. On trouvera tous les documents relatifs à cette affaire dans *les Etudes de la Guerre*, cahier 3, pages 228-235.

Je sais qu'un Alsacien en vue, dont je n'ai pas à donner le nom pour l'instant, a été averti le 30 juillet, par un policier allemand qui avait des raisons de lui vouloir du bien, que, s'il ne partait pas en hâte, il serait arrêté dès le lendemain dans l'après-midi, aussitôt après la proclamation de l'état de siège.

Je citerai enfin le cas suivant dont je garantis l'exactitude ; des raisons que l'on devine m'empêchent seules de donner des noms. Une personne étant en Lorraine annexée est prise de peur, à la fin de juillet 1914. Dans son village, elle consulte des amis très au courant des affaires allemandes. Sur leurs conseils, elle part le 24 juillet. Elle fait route avec des théories de femmes, d'enfants et quelques hommes âgés ou peu forts, tous Italiens. Ces voyageurs, dont les parents du sexe masculin travaillaient dans les mines et forges, sont renvoyés d'office en Italie en raison de « la guerre imminente ».

1. A la même date, j'ai reçu moi-même à Argentières, en Haute-Savoie, un télégramme de Paris qui m'apportait la même assurance, et je lis dans le *Journal d'une Civile* : « Vendredi, 31 juillet. — Nous rencontrons notre notaire qui nous dit : Tout est arrangé, la guerre n'aura pas lieu. »

garçons de café, les passants, parlait de la guerre. Les employés de la gare portaient déjà le brassard; les douaniers le portaient aussi [1].

Les voyageurs, dès la sortie de Strasbourg, remarquent que l'on coupe des arbres au bord des routes; on les coupe aussi aux endroits où ils pourraient gêner le tir [2]. Jusqu'à la Broque, entre

---

1. *Journal d'une Civile*, p. 4 : « 1ᵉʳ août. — Le frère de Régis l'a rejoint le lundi 27, après avoir fait une partie du voyage en auto. Il n'avait remarqué aucun mouvement insolite, sauf qu'une compagnie mettait en état les tranchées d'un fort entre Brumath et Strasbourg. A Strasbourg même, où il prenait le train, la gare était fort animée : pose d'aiguilles nouvelles, réfection de ponceaux, nombreux trains amenant du charbon et du fer. » Des témoins très sûrs m'affirment l'exactitude de ces détails. Ils ajoutent que, dès le mardi 28, l'angoisse était telle dans Strasbourg que l'on a commencé, chez les particuliers, à rassembler des provisions en grande quantité ; et cette angoisse alla, de jour en jour, en augmentant : l'afflux du public aux banques devenait, par suite, toujours plus considérable.

Certains spectacles offerts par la rue contribuaient à accroître cette émotion. C'est ainsi que le *Journal de Thann* (*Thanner Zeitung*) du 30 juillet publie le filet suivant, daté de Strasbourg, 28 juillet : « Une réelle sensation a été produite hier midi par une de nos pièces monstres de forteresse qui sur un camion lourd automobile s'avançait à grande allure sur la route des Vosges. La puissante machine de guerre, avec les dimensions gigantesques de son tube, son bouclier, avait, sur son affût tournant, un aspect imposant. »

2. Le 30 juillet, M. René Viviani, président du Conseil, télégraphie à M. Paul Cambon, ambassadeur de France à Londres : « ...L'armement des places de la frontière (déboisement, mise en place de l'armement, construction de batteries, renforcement des réseaux de fils de fer) a été commencé, en Allemagne, dès le samedi 25 ; chez nous, il va l'être, la France ne pouvant plus se dispenser de prendre les mêmes mesures. »

Schirmeck et Rothau, ils constatent que tout le personnel est mobilisé. Là, la voiture est arrêtée par un groupe formé de deux ou trois douaniers et d'un gendarme. Les douaniers, contrairement à leur coutume, ont leur fusil. Ils disent au chauffeur :

— Les autos ne peuvent plus circuler. Il faut vous en retourner.

M. Marchal ouvre la portière. Les douaniers, qui le voient passer constamment sur cette route, le reconnaissent. Il leur dit :

— Je viens de Strasbourg où j'étais en traitement ; il faut absolument que je retourne à la maison.

— Mais vous ne pourrez pas passer à Saales.

— Laissez-nous toujours aller; nous verrons là-bas.

Les douaniers consentent. La voiture repart. A Rothau, arrêt de quelques minutes. M. Marchal

(*Livre jaune*, n° 106). Un témoin a donné au journal *Le Temps*, qui l'a publié le 18 novembre 1916, le récit suivant : «... Le mercredi 29, des abatis d'arbres et des fossés furent exécutés sur la route (kreisstrasse) de Château-Salins à Sarre-Union, des fils de fer furent tendus afin d'intercepter la circulation et notamment d'arrêter les automobiles. Je me mêlai aux soldats et je les entendis parler de la guerre comme d'une chose certaine, annoncée comme telle par leurs chefs. Le même jour, les paysans du village furent avertis officiellement d'avoir à débarrasser certains cantons de leurs récoltes. Des travaux de terrassement commencèrent ; on disait, parmi les ouvriers du chemin de fer, qu'on allait établir des positions d'artillerie. » (Voir la revue *les Etudes de la Guerre*, cahier 3, p. 225.)

court embrasser son vieux père. Il rencontre des jeunes gens, des Alsaciens, très Français de cœur, qui lui disent avec émotion :

— Nous sommes prévenus que nous avons à nous rendre à Strasbourg pour la mobilisation.

On se remet en marche.

A l'entrée de Saales, à côté du cimetière, la route est entièrement fermée par une barricade. Devant la barricade, cinquante chasseurs cyclistes, en habit vert, de la garnison de Schlestadt, sont contre le mur avec un groupe de douaniers qui, tous, portent le brassard. Il y a, là aussi, des gendarmes avec un officier. L'officier et les douaniers font signe d'arrêter. Un douanier dit :

— On ne passe pas. La frontière est fermée.

M. Marchal s'exclame :

— Il est absolument indispensable que je rentre.

L'officier répond qu'il n'y peut rien, que les ordres sont précis, que personne ne doit passer. M. Marchal reprend :

— Je vous assure que vous devez vous tromper. Il n'y a pas de danger de guerre. Vous ne savez donc pas que l'Autriche et la Serbie acceptent la médiation de l'Angleterre et que tout est arrangé ?

L'officier paraît très étonné. Il confère avec le petit groupe, puis il demande qui a donné la nouvelle. M. Marchal explique :

— C'est le maire de Saint-Dié qui me l'a téléphonée. Il la tenait du sous-préfet et du député.

L'officier craint de manquer d'informations et de s'embarquer dans une affaire fâcheuse. Il fait ouvrir la barricade. La voiture passe et traverse Saales.

A la sortie de la localité, la route est de nouveau fermée. Cette fois, la barricade est beaucoup plus forte. Elle est composée de voitures renversées les unes sur les autres et attachées ensemble avec des chaînes. Elle est gardée par une troupe de 150 à 200 chasseurs, également venus de Schlestadt. Il y a, là aussi, des douaniers, des gendarmes et des officiers. La cérémonie de tout à l'heure recommence. Les officiers et les douaniers arrêtent la voiture. Au milieu d'eux est le maire de Saales, M. Thiriet. Un gendarme et un officier répètent la consigne :

— La frontière est fermée ; on ne passe pas.

M. Marchal fait, une fois de plus, son récit. A ce moment, le maire élève la voix. Il s'adresse aux Allemands sur un ton fâché :

— Vous êtes toujours les mêmes ; vous ne parlez que de guerre. Vous entendez ce que vous dit M. Marchal. Tout ce que vous racontez depuis plusieurs jours n'est pas vrai. Je ne comprends pas que vous provoquiez sans cesse de semblables émotions.

Le groupe des gendarmes et des officiers délibère. On finit par déclarer à M. Marchal qu'on ne se sent pas libre d'ouvrir pour lui la barricade ; mais on ajoute que, s'il veut, il peut sortir par la route du Ban-de-Sapt. Au moment de démarrer, M. Marchal se souvient que sa « steuerkarte » (carte que doit avoir tout voyageur qui franchit régulièrement la frontière) n'est pas périmée et qu'il doit la faire viser à l'entrée et à la sortie. Il la donne à son chauffeur, qui se rend au bureau de la douane et qui, pour y aller, est obligé de passer sous la

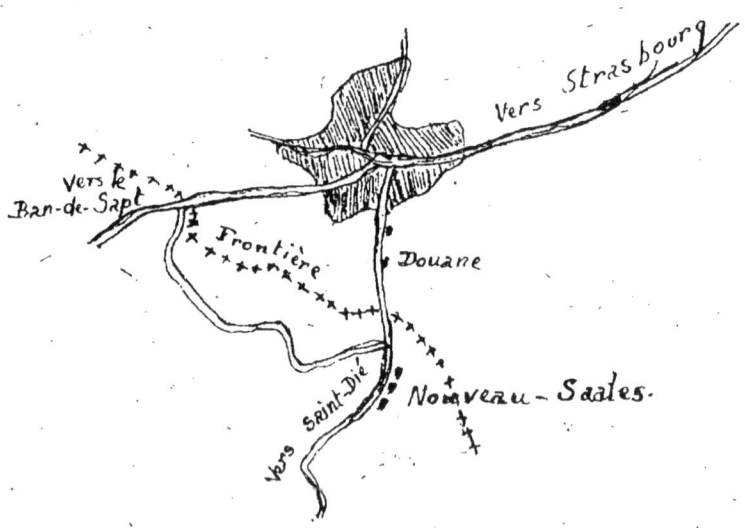

SAALES ET LA FRONTIÈRE.

barricade. Au bout d'un instant, le chauffeur revient avec un douanier. Celui-ci demande à M. Marchal s'il a sur lui l'acquit à caution qui est relatif à l'essence. M. Marchal s'étonne : Pourquoi lui réclame-t-on cette pièce ? Le douanier réplique :

— Il faut que je l'aie.

M. Marchal la lui donne. Le douanier la met

dans sa poche. M. Marchal proteste. Le douanier se contente de répondre :

— Nous avons des ordres.

M. Marchal sent que la situation est grave et qu'il s'agit surtout de franchir la frontière ; il fait signe de démarrer. Rentrant dans le village, la voiture passe devant l'église, prend, à gauche, la route du Ban-de-Sapt, et, bientôt, l'on est en France.

Un chemin qui, immédiatement après la frontière, relie la route du Ban-de-Sapt à celle de Provenchères, ramène les voyageurs à la douane française de Nouveau-Saales[1]. Là, ils trouvent le contrôleur des douanes très inquiet. Il n'a ni renseignements, ni ordres. Il a appris par les paysans que la frontière est fermée, que personne, depuis la veille, ne peut la franchir ni dans un sens ni dans l'autre, que la plupart des routes sont déjà barricadées. M. Marchal le rassure en lui racontant toujours son histoire. L'on continue de rouler vers Saint-Dié.

On traverse Provenchères, Beulay, Neuvillers ; nulle part, rien d'anormal. Partout les gens vaquent à leurs affaires dans les champs. Le contraste avec ce qui se passe en Alsace est absolu[2]. A la sortie

---

1. Ce chemin de ronde a été construit assez longtemps après l'annexion, à l'époque particulièrement pénible des passeports, pour rejoindre les deux routes en évitant Saales.

2. Ce contraste a frappé tous les témoins. Je citerai, par exemple, celui dont le *Temps*, le 18 novembre 1916, a publié le

de Neuvillers, l'auto croise un sergent de chasseurs à pied. On s'arrête. Sur un signe, le sergent descend de sa bicyclette. On l'interroge :

— Rien de nouveau dans Saint-Dié ?

— Non, absolument rien.

Et il ajoute :

— Je vais souper chez ma mère.

Il était environ 6 h. 30. M. Marchal arrive à Saint-Dié à 7 heures. Il envoie quelqu'un de sa famille chez le général pour qu'il lui soit rendu compte de tout ce qu'ils ont vu en route. Le général était comme le contrôleur des douanes : il ne savait qu'une chose : c'est qu'il devait veiller à ce

---

récit, et auquel j'ai déjà fait un emprunt : « Le vendredi 31, dans la matinée, des bruits de mobilisation commençaient à circuler. Cependant, mon neveu, qui avait fait la veille une tournée à bicyclette dans la région *française* de Nomény, affirmait n'avoir rencontré nulle part aucune trace de préoccupation militaire sur le territoire français et que la vie normale y continuait. » Ce témoin a franchi la frontière le 1er août, dans la matinée. Du côté allemand, il a été arrêté et questionné par de nombreux postes de soldats en campagne. De l'autre côté, tranquillité absolue : « J'ai marché de huit à dix kilomètres, jusqu'à Laneuvelotte, avant de rencontrer un seul poste de soldats français. J'ai trouvé sur ma route une dame de Morhange qui partait à Nancy avec une affiche arrachée par elle aux casernes de Morhange et disant en substance aux soldats allemands que les Français qu'ils allaient combattre manquaient de tout : pas d'artillerie lourde, pas de munitions, pas d'effets d'équipement, pas même de chaussures, et que la guerre serait courte et facile. Cette affiche-proclamation avait été imprimée et collée aux murs de la caserne avant le 30 juillet. »
(Voir *les Etudes de la Guerre*, cahier 3, page 226.)

qu'aucune de ses troupes ne soit à moins de dix kilomètres de la frontière [1].

Il y avait alors, organisé par la maison Tisserand, de Saint-Dié, un service d'automobiles entre cette ville et Sainte-Marie-aux-Mines. Une voiture partait le matin et revenait le soir ; une autre partait le soir et, après la nuit passée à Sainte-Marie, revenait le lendemain matin. Elles se croisaient régulièrement au Giron. Le 30 juillet au soir, en dépit des rumeurs inquiétantes qui filtraient d'Alsace, le chauffeur Picard a voulu se mettre en route. Il est arrivé sans encombre à Sainte-Marie. Le lendemain matin, quand il a voulu repartir, sa voiture s'est trouvée confisquée ; on lui a déclaré qu'elle ne lui serait pas rendue et que, d'ailleurs, la frontière était fermée. Sur ses protestations, il a failli être arrêté. Comprenant le danger, il s'est contenté de repartir à pied. Sur tout son trajet, jusqu'au col, on était en train d'abattre des arbres et de les jeter en travers de la route pour la rendre impraticable. Il était obligé de les enjamber pour passer. Pendant ce temps, l'autre voiture était partie de Saint-Dié. Mais, au Giron, le chauffeur

---

[1]. Je puis affirmer que, dans la région, pour que cette consigne soit bien exécutée, l'on a planté des piquets reliés par un fil de fer ; l'on rendait ainsi visible aux soldats la ligne qu'ils ne devaient pas dépasser. Les fils de fer, sur bien des points, sont restés en place pendant plusieurs semaines après la déclaration de guerre.

attendit comme d'habitude son camarade. Ne le voyant pas venir, il prolongea son attente au lieu d'avancer, et, finalement, devinant des événements graves, il rebroussa chemin [1].

1. Cf. *Journal d'une Civile :* « Jeudi, 30 juillet. — Notre auto aura été la dernière à franchir la frontière. Dès ce matin, on les confisquait. Des amis, voulant aller à Bâle, ont vu la leur arrêtée à la Schlucht et ont dû revenir par le chemin de fer. »
Je suis en état de raconter l'histoire suivante dont je connais personnellement tous les acteurs. Une jeune fille, appartenant à une nation neutre, était à Paris. Sa mère, qui était en Alsace, est prévenue par des amis allemands qu'on parle couramment de guerre ; elle prend peur et, le dimanche 26 juillet, elle télégraphie à son enfant d'aller la rejoindre immédiatement. De telles inquiétudes sont alors si peu éprouvées en France que l'hôte de la jeune fille fait répondre par dépêche, le 27, que la situation est moins tendue et que son départ en vacances est reculé. Elle se met en route le 29 au soir. Le train qui l'emmène est bondé d'Allemands qui rejoignent leur pays. A Deutsch-Avricourt, cette rentrée générale est si bien attendue qu'il n'y a aucune visite de bagages. A Strasbourg, la voyageuse voit défiler des troupes allemandes revêtues de leur uniforme neuf de campagne et chantant la *Wacht am Rhein*. Elle aurait voulu s'arrêter deux ou trois jours dans la ville pour y revoir des amis. Mais elle est avertie que, si elle ne repart pas tout de suite pour la localité où sa mère l'attend, elle n'aura plus de train. De fait, le lendemain, à 3 heures de l'après-midi, l'état de guerre était proclamé et les chemins de fer ne fonctionnaient plus pour les civils, du moins dans la région de la frontière. Le frère de cette jeune fille, en âge de faire son service militaire dans son pays, veut rentrer ce jour-là chez lui par Bâle. Il arrive jusqu'à Mulhouse. Là, il n'a plus de train. Il parvient à grand'peine, au milieu de la cohue des gens qui voudraient, eux aussi, aller plus loin, à se procurer une voiture. Il atteint la frontière, la franchit : un quart d'heure après, elle est fermée.
Les Français qui étaient en Alsace pour leurs vacances et qui ont voulu rentrer chez eux n'ont pu le faire — sauf exceptions négligeables, — que le jeudi 30. Ce jour-là, un train unique, et qui

C'est ainsi que, sur la frontière d'Alsace, la belliqueuse France préparait l'invasion de la pacifique Allemagne en éloignant d'elle le plus possible ses soldats, et que la pacifique Allemagne manifestait la pureté de ses intentions par des mesures ressemblant singulièrement à des provocations.

## II

Le dimanche matin 2 août, le garde-forestier Nicolle, de Frapelle, et son camarade Dieudonné, garde à Lesseux, devaient relever les douaniers, à côté du poteau de la Chaume de Lusse. La Chaume de Lusse est une ferme, en territoire alsacien, à 120 mètres environ de la frontière. Vers 10 heures et demie, ils arrivent à leur poste. Les douaniers qu'ils vont remplacer sont en train de causer avec un douanier allemand. Le propriétaire de la Chaume

a été le dernier, les a conduits jusqu'à Deutsch-Avricourt et n'est pas allé plus loin. La plupart de ceux qui ont manqué ce train ont dû, à partir du 31 juillet, faire un énorme détour par l'intérieur de l'Allemagne où ils ont été internés pendant près de quinze jours. Les Allemands racontaient que les Français avaient dans la nuit détruit la ligne sur une étendue de douze kilomètres. C'était un roman. En réalité, ils ont eux-mêmes enlevé les rails immédiatement après Deutsch-Avricourt.

Le dernier train venant de Paris et qui ait franchi la frontière est le rapide parti, le 31 juillet, à 9 heures du matin et qui est arrivé à Avricourt vers 2 heures et demie. Un autre train omnibus, partant de Nancy, est arrivé à Avricourt vers 4 heures ; après quoi, la ligne a été coupée par les Allemands.

de Lusse, un Allemand immigré en Alsace, est de la conversation. Le douanier allemand est très aimable. Il explique à ses collègues de France le maniement de son mousqueton. Il prétend ne pas savoir le français, et le « chaumiste » sert d'interprète. Le douanier va jusqu'à montrer des photographies rapportées de son service militaire, qu'il a fait dans un régiment de uhlans. La conversation terminée, il part en saluant, et les douaniers français se retirent de leur côté. Ils rejoignent la petite baraque qui leur sert d'abri, au-dessous du « Renclos des vaches ».

Il faut noter qu'à cet endroit, parallèlement à la ligne frontière et à quatre mètres environ, s'étend, en territoire allemand, un champ de seigle. A cette date-là, le seigle est haut. L'Allemand a suivi le champ et, arrivé au coin, a tourné dans la direction de la ferme. Le « chaumiste » est resté avec les deux gardes-forestiers, leur demandant s'ils ne voulaient pas fumer une pipe. Il leur présente sa blague. Les pipes sont chargées et allumées. Pendant ce temps, le garde Nicolle s'informe des travaux que l'on fait par là. L'on voyait, du territoire français, des pelletées de terre jetées hors de trous comme si des ouvriers, en contre-bas, avaient creusé de grands fossés. Sont-ce des tranchées que l'on fait ainsi ? Les Français racontent qu'ils ont entendu parler de tranchées préparées à Sainte-Marie-aux-Mines. Le « chaumiste » leur répond

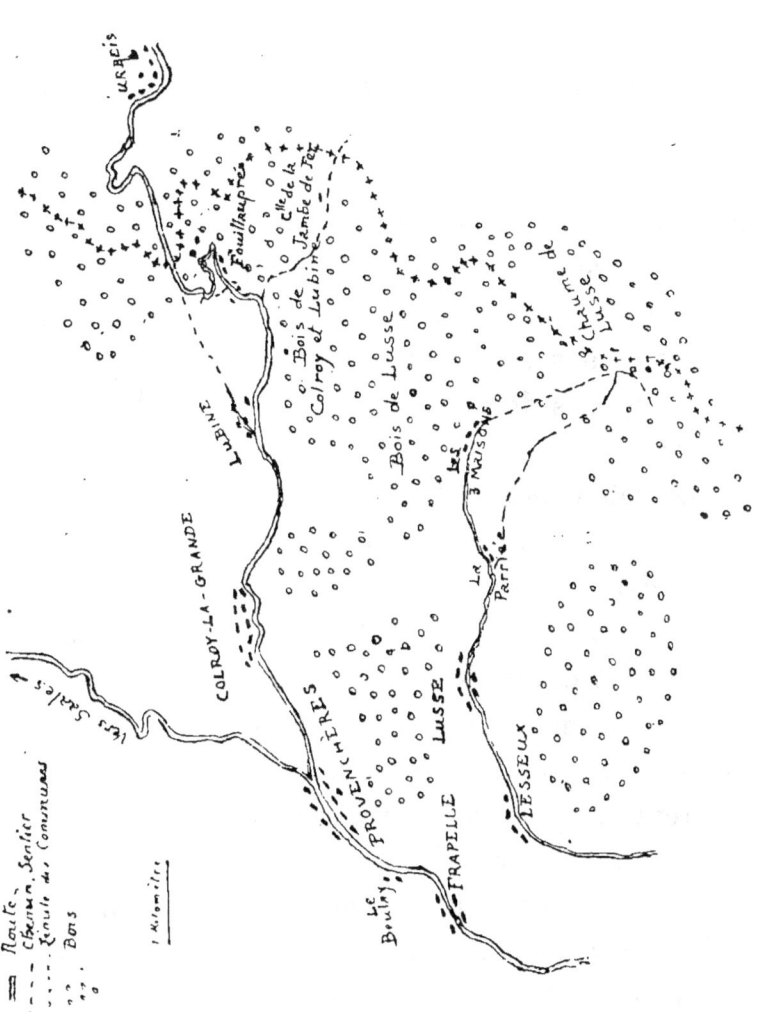

Région de Lubine et Lusse.

que l'on craint des grèves à Sainte-Marie et que, d'ailleurs, il y a des troupes en manœuvres. La conversation en reste là. Le « chaumiste » s'en va et prend le même chemin que le douanier allemand pour retourner à la ferme. Les deux forestiers, pour ne pas rester à la même place, suivent la ligne frontière, parallèlement au champ de seigle ; puis, ils font mine de s'éloigner de la ligne. A ce moment-là, derrière eux, un feu de salve retentit et des balles sifflent autour d'eux. La forêt est tout près. Les deux gardes, en quelques bonds, s'y abritent.

Les Allemands ont ainsi tiré sur nos hommes plus de dix coups de fusil ; on ne peut pas dire qu'ils aient quitté leur poste pour franchir la frontière. Les forestiers sont très embarrassés. Ils se demandent ce qu'ils doivent faire. Ils descendent à Lusse pour téléphoner. A Lusse, on venait de sortir de la grand'messe et les deux hommes rencontrent les gens de la Parriée et des Trois-Maisons qui reviennent de l'église. Ce détail confirme bien que l'événement se passe dans la matinée du dimanche 2 août. Nicolle et Dieudonné téléphonent au poste de Colroy. De là, le poste téléphone au commandant du 10ᵉ bataillon de chasseurs, à Neuvillers. Le commandant Evenot leur fait répondre qu'ils doivent préparer un rapport écrit et signé et descendre à Neuvillers. Aussitôt ils se mettent en route, mais ne vont que jusqu'à Frapelle.

Là, ils rencontrent un cycliste qui est envoyé au-devant d'eux, prend leur rapport et leur prescrit de remonter à leur poste. Le commandant leur fait dire : « Je ne peux disposer de mes hommes ; ils doivent rester à dix kilomètres de la frontière. » Les deux gardes remontent dans la direction de la Chaume. Ils y retrouvent les douaniers qui leur affirment que leurs assaillants, après avoir fait mine de les poursuivre, se sont de nouveau cachés dans le champ de seigle. Ils montent alors au « Renclos des Vaches », qui domine le col, et ils voient les soldats allemands étendus en ligne, parallèlement à la frontière, et roulés dans des toiles de tente grises.

Il n'y a de cet incident qu'une explication possible : si les forestiers avaient été tués ou blessés, les soldats allemands, qui ne pouvaient être là pour autre chose, auraient tiré leurs corps au delà de la frontière, se seraient saisis de leurs fusils et de leur équipement et auraient affirmé que les deux Français avaient violé le territoire allemand. Mais qu'on explique le fait par une hypothèse ou par une autre, des coups de feu ont été tirés, par-dessus la frontière, par des soldats allemands contre des forestiers français qui ne menaçaient rien ni personne.

## III

La violation de frontière que les Allemands auraient voulu sans doute imputer à nos nationaux, ils l'ont commise eux-mêmes sur plusieurs points de la région.

Le dimanche 2 août [1], vers 2 heures de l'après-midi, une femme de Fouillaupré (hameau de Lubine, à l'est sur la route du col d'Urbeis), M$^{me}$ Rosalie Louzy, son mari, son beau-frère Edouard Normand et la femme de ce dernier, revenaient de faucher un petit champ de trèfle, à flanc de coteau, au-dessous de la cote 602 (frontière), lorsqu'ils se trouvèrent sur la grand'route, exactement au lieu dit « Biargoutte » [2] en face de quatre cavaliers allemands, armés de la lance, qui semblaient remonter la route vers le col. Ces cavaliers étaient des jeunes gens ; ils avaient l'air particulièrement arrogants. L'un d'eux, s'adressant en bon français à M$^{me}$ Louzy, lui demanda s'il y avait des soldats français dans les parages. Sur sa réponse négative, il se tourna

---

1. C'est bien du dimanche qu'il s'agit sans contestation possible, car M$^{me}$ Louzy se souvient de n'avoir pas été à la messe, « parce que l'on disait que le curé avait dû partir le matin pour la mobilisation ».

2. On appelle Biargoutte les deux maisons sur le côté droit de la route du col, en montant, au point où un chemin, descendant de 602, rejoint cette route dont il coupe le grand détour.

vers ses compagnons et leur demanda s'ils étaient allés aujourd'hui au village de Lubine. Ils répondirent négativement et les cavaliers se remirent lentement en marche. Quelques instants plus tard, Normand courut à Lubine et prévint le poste de douaniers de ce qu'il venait de voir.

Vers 2 heures et demie, toutes ces indications étant données à quelques minutes près, quatre cavaliers allemands — étaient-ce les mêmes, revenant par un autre chemin ? étaient-ce d'autres ? — arrivaient jusqu'au devant de la maison du débitant Xeuxet, y étaient vus par M. Paul Gérard, autre débitant à Lubine. Ils ont stationné pendant quelques minutes, ont contourné un barrage fait à l'aide d'un chariot, ont adressé la parole à quelques habitants et sont repartis par la grande route d'Urbeis. Ces cavaliers, qu'il s'agisse d'un groupe ou de deux, ont dû entrer sur le territoire français par le chemin de la « Jambe de Fer ». Ceci ressort du témoignage de M$^{me}$ Bernière, femme du brigadier forestier qui était posté à cet endroit.

Dans la soirée du même jour [1], vers 6 heures, M. Camille Martin, employé du chemin de fer à Fraize, arrivait à Fouillaupré pour voir sa mère. Il y était depuis peu d'instants et commençait à prendre une tasse de café, quand des voisins entrèrent en courant et dirent : « Voilà des Allemands

---

1. M. Camille Martin déclare qu'il a fait cette course à Fouillaupré « le premier jour de la mobilisation ».

qui descendent. » M. Martin sortit aussitôt et vit, à une cinquantaine de mètres « en amont », quatre ou cinq cavaliers allemands. Embrassant alors sa mère, il sauta sur sa bicyclette et rentra à Fraize. En route, il rencontra le premier petit poste de nos chasseurs à pied, retenus à dix kilomètres de la frontière, et informa l'officier.

Un peu plus tard, plusieurs cavaliers allemands ont pénétré chez le sabotier Bertrand aux « Censes de Lubine [1] » (sur la route du col d'Urbeis), ont pris possession d'une pièce du rez-de-chaussée, ainsi que de la grange, ont mis leurs chevaux dans cette grange et ont passé là une partie de la nuit, après avoir eu soin d'enfermer M. Bertrand et sa femme dans la cuisine. C'est une question de savoir s'ils n'avaient pas déjà commis la même violence la nuit précédente et s'ils n'ont pas encore cantonné dans la même maison la nuit suivante. Dans ce cas, ils auraient fait de la maison du sabotier une sorte de poste avancé.

Enfin, le lendemain lundi, 3 août, plusieurs patrouilles allemandes ont été vues, dans la matinée et dans l'après-midi, parcourant, à travers prés et bois, le terrain entre Lubine et Colroy-la-Grande,

---

1. On appelle Censes (fermes) de Lubine tout ce qui se trouve entre le chemin débouchant de la Jambe-de-Fer et Fouillaupré, y compris Fouillaupré. La maison du sabotier Bertrand est à gauche en montant vers le col d'Urbeis, 25 mètres environ avant d'arriver au sentier qui descend sur Biargoutte.

mais sans s'approcher à moins de 300 mètres de ce dernier village [1].

L'incursion la plus audacieuse a eu lieu plus au sud dans la région du col de Sainte-Marie et de Wisembach. Elle était si audacieuse qu'il vaut la peine d'en reconstituer patiemment tous les détails.

Dès le 1er août, un télégramme adressé du « Rein des Orges » au bureau militaire d'Epinal est ainsi conçu : « Renseignement verbal forestier. A midi, une patrouille de douze chasseurs à pied allemands passe au col de Sainte-Marie et pénètre en territoire français sur une longueur de quarante mètres environ par un chemin bien frayé et retourne sur simple signe. » C'est le brigadier forestier Vicq qui donne le renseignement et qui a constaté la violation de frontière. C'est le brigadier des douanes Zerr qui a fait aux Allemands le signe de rebrousser chemin. Le lendemain 2 août, vers 10 heures du matin, le garde Martraire, des Eaux et Forêts, en surveillance au col de la Cude, porte au poste téléphonique de la maison forestière du « Rein des Orges », occupé par le garde Noël qui le reçoit, le renseignement suivant, aussitôt transmis à l'Etat-Major du 21e corps à Rambervillers : « Ce matin à

---

1. Je lis dans le journal intime que Mme de Lesseux a eu la bonté de me confier les lignes suivantes, écrites par elle à la date du 2 août : « Une de mes parentes, Mme d'Aquin, vient nous voir, très émue. Elle dit avoir vu des Allemands sur les hauteurs de Lusse. »

9 heures, quatre chasseurs à pied allemands ont dépassé la frontière d'environ quarante mètres. »

Le même jour vers midi, quinze cavaliers allemands — non pas des uhlans comme on l'a raconté depuis, mais des chasseurs à cheval — ont franchi la frontière aux abords du col de Sainte-Marie — pas au col même qui était surveillé — et se sont engagés immédiatement dans les bois qui sont à gauche de la grand'route. Dans la forêt, ils se sont divisés en deux groupes. Huit, dont la présence a été signalée vers 3 heures au garde Noël par le garde Martraire sur l'ordre du brigadier des douanes Riebel, ont pris un itinéraire que nous ne sommes pas encore parvenus à établir, et sept se sont dirigés immédiatement vers la ferme de la Grande Cude. Après avoir dépassé cette ferme, ils se sont engagés dans un chemin impraticable ; ils sont retournés sur leurs pas et sont entrés sur le territoire de Ban-de-Laveline par le col de la Cude, lieu dit « A Geinsterpoint ». Ils ont fait une petite incursion dans la forêt communale et ont rejoint leurs huit camarades au-dessus de la Sausse. Là, un jeune homme les voit passer tous les quinze devant sa demeure, observe leur marche jusqu'à la limite de la commune de Ban-de-Laveline, au lieu dit « la Croix de Gemachamp ». De ce point, ils ont pu distinguer, dans le lointain, un poste de chasseurs à pied. Ils se divisent de nouveau en deux groupes ; et le jeune homme court à Gemaingoutte

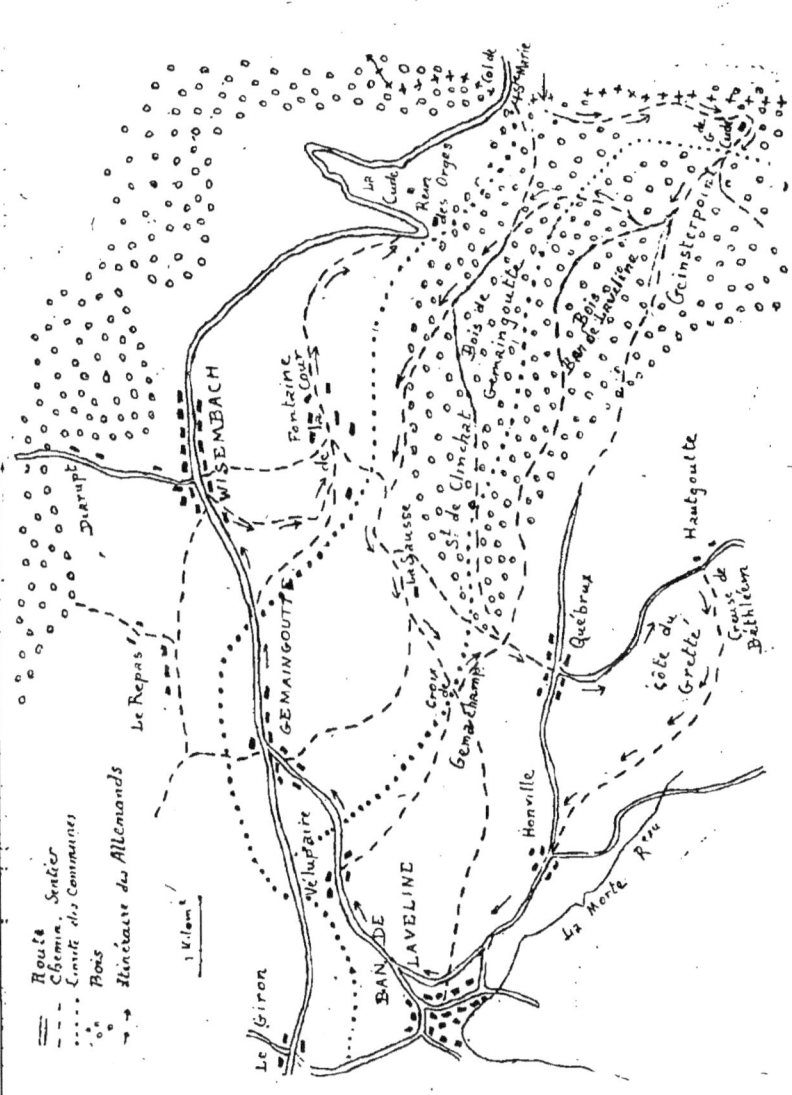

Région de Ban de Laveline et Wisembach

où, devant la mairie, exactement à 4 h. 20, il raconte ce qu'il a vu à M. Adrien Finance, ancien maire de Ban-de-Laveline, qui était allé à Wisembach et qui s'en retournait [1].

De la Croix de Gemachamp, sept cavaliers allemands sont allés décrire un losange d'un pourtour d'environ quatre kilomètres. Après avoir suivi la limite des communes pendant deux cents mètres, ils sont descendus à Québrux où ils ont croisé la route perpendiculairement. Ils ont remonté une partie de Hautgoutte, traversé quelques prés fangeux où les chevaux se sont enlisés un moment, puis ont remonté encore une forte pente de quelque cent mètres, longeant un précipice que l'on appelle dans le pays la « Creuse de Bethléhem ». Ils sont arrivés ainsi au sommet d'une côte en culture appelée le Gretté. Là, ils se sont arrêtés pour prendre un peu de nourriture. De cet emplacement, ils avaient vue sur le bas de la vallée de la Fave jusqu'à Frapelle, et de la vallée de la Morte jusqu'au col des Journaux. En descendant, ils ont rejoint le chemin

[1]. Immédiatement après cette communication, M. Finance va aux informations et la narration qu'on va lire combine les renseignements reçus par lui et ceux que j'ai recueillis d'autre part. M. Grandjean, maire de Ban-de-Laveline, M. Jeandel, instituteur à Honville, M. Vendling, instituteur à Wisembach et le facteur Aubert, de cette même localité, ont procuré les précisions les plus utiles. M. Billaudel, commissaire spécial à Saint-Dié, m'a beaucoup aidé pour la critique des témoignages et l'établissement des détails dans toutes ces violations de frontière.

vicinal de Québrux, un peu au-dessus du groupe scolaire de Honville. Là, M. Jeandel, instituteur de la section, et sa femme ont rencontré cinq de ces cavaliers. « Ils avaient, dit M. Jeandel, les carabines en bandoulière et tenaient leur revolver dans la main droite, prêts à faire feu. Ils nous ont parfaitement aperçus, mais ne nous ont pas adressé la parole. J'ajoute que je rentrais du service de caisse d'épargne de Laveline, que je fais tous les dimanches, et qu'il est par conséquent impossible que je me trompe sur la date. Ils marchaient au galop et j'ai dû m'effacer pour les laisser passer ; ils ne m'ont pas interpellé. »

Il était 5 heures du soir. De Honville, ces chasseurs allemands, se dirigeant vers Ban-de-Laveline, ont tourné avant l'église et ont continué leur chemin vers Wisembach par Vélupaire et Gemaingoutte. A Vélupaire, ils ont demandé à un sieur Colin la direction de Wisembach par ces mots : « Route Wisembach?» Sur la route, M. l'abbé Pierrat, curé de Wisembach, qui venait à Ban-de-Laveline, les a croisés. Il pouvait si peu supposer la présence de cavaliers allemands à cet endroit qu'il les a pris pour des chasseurs à cheval français et qu'il est descendu de bicyclette pour causer avec eux. S'apercevant de son erreur, il repartit en hâte et, tout essoufflé, annonça la chose à son confrère, M. l'abbé Adam, de Ban-de-Laveline. Les cavaliers — de nouveau au nombre de sept — s'étaient alors arrêtés sur le chemin de Vélupaire pour examiner de plus près le poste de chasseurs à pied qu'ils ont repéré de la Croix de Gemachamp et qui ne soupçonne rien. Arrivés à la chaîne de la douane, tendue en travers de la route, un des Allemands voulut passer sur le trottoir. Le cheval glissa, et ils retournèrent tous les sept sur leurs pas — avaient-ils aperçu les douaniers ? — pour prendre le chemin dit « des Enseignes », à la sortie de Wisembach, et aller sans doute rejoindre leurs camarades vers la forêt d'où ils étaient venus. Il était 5 heures et demie.

C'est alors que M. Grandjean, maire de Ban-de-Laveline, sentant la menace d'une approche subite des Allemands, prévient télégraphiquement le sous-préfet de Saint-Dié et lui demande — ce qui prouve une fois de plus combien la guerre était peu préméditée de notre part — s'il ne serait pas prudent d'évacuer les chevaux des propriétaires de la commune hors de la portée d'un coup de main possible.

Cette incursion a été toute pacifique, simplement parce que nos troupes, suivant les instructions gouvernementales, se tenaient scrupuleusement à dix kilomètres de la frontière. Les gendarmes eux-mêmes s'étaient retirés. La douane, postée en forêt, s'est repliée devant ceux qui pouvaient chercher à provoquer un incident. Ces Allemands ont causé avec plusieurs personnes, leur demandant ouvertement le chemin à suivre. Ils ont rencontré, entre autres, un garde communal qui, chasseur de profession, portait un fusil de chasse ; les apercevant à distance et les prenant sans doute pour des Français, il jeta son fusil dans la haie en bordure du chemin. Mais ils l'avaient vu exécuter son mouvement et ils sourirent en passant près de lui. Un gant, perdu par un de ces cavaliers, à la Sausse, a été porté à la gendarmerie de Wisembach.

Sans qu'ils aient été vus dans Wisembach, leur apparition dans le voisinage y jeta une certaine panique. Le même soir, vers 10 heures, une douzaine d'agents de douane, qui avaient reçu l'ordre de redescendre de la frontière et qui rentraient, furent pris pour des Allemands. Derrière eux venaient un certain nombre de personnes habitant les fermes voisines du Col (Cude, Rein-des-Orges, Basse-du-Coucou) ; elles disaient que les Allemands se portaient vers Wisembach. Plusieurs télégrammes prévinrent, dans la journée, le commissaire spécial de Saint-Dié qui, de son côté, avertissait le ministère de l'Intérieur par une première dépêche lancée à 3 h. 40 de l'après-midi et par une seconde dix minutes plus tard[1]. On croyait les régiments allemands tout proches. La receveuse des postes, à Ban-de-Laveline, ne voulant pas qu'ils pussent s'emparer de ses appareils, les brisa un peu avant 10 heu-

---

1. Ces télégrammes sont exacts pour l'indication du lieu où la frontière a été violée, mais reproduisent un bruit d'après lequel des coups de feu auraient été tirés et qui est controuvé.

res du soir. Le percepteur était déjà parti, avec sa caisse, pour Saint-Dié, où son arrivée ne fut pas sans exciter quelque crainte, et, à 11 heures, le commissaire spécial télégraphia au ministère de l'Intérieur : « Quelques détachements ennemis ont franchi la frontière entre Sainte-Marie-aux-Mines et Wisembach, ont enlevé le poste téléphonique du Rein-des-Orges, et se sont repliés. On s'attend à des escarmouches cette nuit. »

De fait, un détachement de uhlans s'était avancé le même soir, à 9 heures, jusqu'à la maison forestière du Rein-des-Orges où il a brisé les appareils téléphoniques ; puis il est reparti vers le col en suivant le chemin de la Cude. Ces soldats ne sont pas descendus jusqu'au village, mais ces renseignements ont été donnés de la façon la plus précise, dès le lendemain matin, à l'instituteur de Wisembach, M. Vendling, par les habitants demeurés dans leurs maisons, au Col et au-dessous du Col. Dans la nuit du 2 au 3, l'inquiétude était telle dans la localité que personne ne s'est couché.

Dans la matinée du 2 août, tous les commandants de troupes de la région avaient reçu communication du télégramme suivant : « Ministre de la Guerre insiste encore de la part du Président de la République, pour des raisons diplomatiques sérieuses, sur nécessité absolue de ne pas franchir la limite de démarcation indiquée par télégramme du 30 juillet, rappelée par télégramme du 1ᵉʳ août. Cette interdiction s'applique aussi bien à la cavalerie qu'aux autres armes. Aucun poste, aucune patrouille, aucun élément ne doit se trouver à l'est de la dite limite. Quiconque l'aurait franchie serait passible du conseil de guerre. Ce n'est qu'en cas d'une attaque nettement caractérisée que les présentes ne pourraient être appliquées. »

A la suite des faits que nous avons racontés et d'autres du même genre, ce même 2 août, à 5 heures de l'après-midi, nos troupes de couverture, maintenues rigoureusement en deçà de la zone de dix kilomètres, reçurent l'ordre d'occuper et de défendre tout le sol français. Mais, dans son message téléphoné aux commandants des secteurs de couverture, envoyé ce 2 août à 5 h. 30, le général Joffre ajoutait : « Cependant, pour des raisons nationales d'ordre moral et pour des raisons impérieuses d'ordre diplomatique, il est indispensable de laisser aux Allemands l'entière responsabilité des hostilités. En conséquence et jusqu'à nouvel ordre, la couverture se bornera à rejeter au delà de la frontière toute troupe assaillante, sans la poursuivre plus loin et sans entrer sur le territoire adverse. » Pour obéir à cette prescription, une compagnie du 10e bataillon de chasseurs se porta, dans la matinée du 3 août, jusqu'à la hauteur du col de Sainte-Marie, dans la forêt qui couvre la frontière. Il y eut aussitôt quelques incidents dont fait foi l'ordre envoyé ce même jour, à 1 h. 55 de l'après-midi, par le général commandant le XXI⁰ corps : « Quelques coups de fusil ont été échangés ce matin, 3 août, entre les postes français et allemands disposés des deux côtés de la frontière dans les bois du col de Sainte-Marie-aux-Mines. Je réitère les ordres déjà donnés pour que sous aucun prétexte aucun homme ne franchisse la ligne frontière. » Les troupes allemandes étaient loin d'avoir reçu le même ordre puisque, au cours de cette même journée, leurs patrouilles ont circulé de temps en temps dans les forêts qui dominent Wisembach. Leur audace, en constatant la discrétion prodigieuse que nous mettions à défendre notre frontière, allait croissant. Sur les avis qu'elles furent en état de donner, le mardi 4 août, à 5 heures du matin, un détachement d'infanterie, comprenant environ vingt-cinq hommes et venant de la forêt de Gemaingoutte, entra dans le village par deux chemins différents, la Fontaine-la-Cour et le Noyer. Ces soldats ont traversé tranquillement la localité, sans manifester aucune inquiétude et sans même se presser, causant et riant entre eux comme s'ils étaient dans la plus entière sécurité. Ils se sont arrêtés devant la gendarmerie, la poste, ont frappé à la porte de l'hôtel Bonnafoux et de la boulangerie Clavelin, se sont arrêtés ensuite devant la douane, puis devant la mairie où ils ont lu, arraché, déchiré et emporté quelques affiches ; enfin ils sont remontés vers le Chena par Diarupt où, en passant, l'un d'eux a demandé du pain à une femme de cette section.

Or, pendant que tous ces faits se passaient, on publiait en Allemagne un télégramme officiel de l'agence Wolff, daté du 3 août au matin, et dont voici la traduction : « Tandis qu'aucun soldat allemand ne se trouve sur le sol français, les Français ont, d'après des nouvelles officielles, franchi, avant la déclaration de guerre, en formation par compagnies, la frontière allemande et occupé les localités de Gottesthal (Valdieu), Metzeral et Sainte-Marie-aux-Mines, ainsi que le col de la Schlucht. » D'autres ont, depuis longtemps, établi combien sont mensongères les affirmations de ce télégramme relativement à Valdieu, à Metzeral et à la Schlucht. Le récit qu'on vient de lire prouve, de façon absolument définitive, la même fausseté pour ce qui touche à Sainte-Marie-aux-Mines. Si Sainte-Marie avait été occupée par nos troupes, les patrouilles allemandes ne se seraient pas promenées à leur aise dans le bois de Gemaingoutte et dans le bois du Chena — des deux côtés de la route qui conduit au col — et surtout, le général commandant le XXI° corps [1] en aurait été informé et aurait parlé à

---

1. Il faut croire que le général baron von Hoiningen, commandant le XIV° corps d'armée (Carlsruhe), trouva mauvais qu'on annonçât que des unités sous ses ordres auraient été chassées de Gottesthal, Metzeral, Sainte-Marie-aux-Mines, la Schlucht. Peut-être craignit-il l'émotion qui risquait de se répandre parmi les populations d'Alsace. Que ce fût par amour-propre ou par prudence politique, il crut nécessaire de publier

ses troupes d'autre chose que de coups de fusil entre petits postes de la frontière.

Dans le sinistre télégramme expédié de Berlin le 3 août, à 1 h. 5 de l'après-midi, à M. de Schoen, et qui ordonnait à celui-ci de demander ses passeports dans la soirée à 6 heures, il est affirmé que les troupes françaises « ont pénétré dans les Vosges par la route de montagne ». Le télégramme ne dit pas, et pour cause, de quelle route de montagne il s'agit. Nous pouvons déclarer que des cavaliers allemands étaient entrés en France sur plusieurs points des Vosges et notamment aux abords du col de Sainte-Marie et du col d'Urbeis.

mmédiatement un communiqué qui infligeait un demi-démenti aux nouvelles officielles : « Les bruits de combats malheureux en Alsace sont sans fondement. Les Français ont, en certains points, avec des patrouilles et de petits détachements, franchi la frontière, mais ont été partout repoussés. » Cet officier supérieur n'était pas libre de contredire la version du grand Etat-Major qui voulait que la frontière eût été violée par les Français, mais il signifiait galamment que Sainte-Marie-aux-Mines, pas plus que les autres localités, n'avait jamais été occupée.

On trouvera le texte du communiqué de l'agence Wolff et du communiqué du général von Hoiningen dans *le Mensonge du 3 août*, pages 219 et 221.

# CHAPITRE I

# Avant le bombardement

Le 26 août, à 8 heures du matin, Saint-Dié comprit que son temps d'épreuve commençait vraiment. Il l'attendait depuis quelques jours, et l'attente était d'autant plus cruelle que les espérances les plus extraordinaires, après des heures d'anxiété poignante, y avaient fait vibrer tous les cœurs.

Avant la déclaration de guerre, tout le monde était convaincu, à Saint-Dié, qu'en cas d'hostilités avec l'Allemagne, la ville avait toutes chances d'être envahie dès le début. On croyait savoir qu'elle n'était pas dans la zone où se porterait le premier effort des Français et qu'elle était, au contraire, dans celle où les Allemands, profitant des trouées préparées par le traité de Francfort, se jetteraient sur la Lorraine. La surprise fut grande quand on vit les événements s'engager dans une voie imprévue. Et, dès lors, on y avait vécu dans la certitude de la victoire prochaine, ou plutôt dans l'enthousiasme du triomphe qui semblait commencer. Les troupes dites de couverture qui remplissaient la région ne s'étaient pas bornées à protéger la frontière, tandis que les armées se concentraient à l'arrière. Elles avaient attaqué. On les savait à l'œuvre, derrière les crêtes voisines, dans cette Alsace libérée dont tant de fils attendaient depuis des années, à Saint-Dié même, l'heure bénie, l'heure sainte où ils pourraient rentrer chez eux sans y retrouver l'envahisseur. On se racontait la descente de nos soldats sur Sainte-Marie ou dans la vallée de la Bruche, vingt-quatre heures avant l'arrivée de toute dépêche officielle. On y savait, dès le 8 août au matin, que Thann, Altkirch, Cernay étaient en notre pouvoir. Le même soir, on y avait appris que Mulhouse était occupée par nos armées. Si elles en avaient obtenu l'autorisation, des foules auraient, en hâte, escaladé les cimes bleues que l'on contemple à l'horizon, pour dévaler vers les villes et les villages où l'on se savait espéré, appelé... Ne pouvant se visiter encore, les familles, dont les membres étaient séparés depuis si longtemps, s'envoyaient par-dessus les montagnes, par l'intermédiaire des soldats ou de quelques civils privilégiés, de petits cadeaux en signe d'affection. Les cigarettes et le chocolat de France répondaient aux « kougelhopfs » et aux « halbmonds » à la canelle, qui parlaient de l'Alsace. Ceux des habitants de Saint-Dié qui pouvaient, à la suite de nos soldats, pénétrer dans la vallée de la Bruche et à Sainte-Marie-aux-Mines emportaient avec eux des exemplaires de *la Gazette Vosgienne* et, pour donner aux frères alsaciens des nouvelles de France, les répandaient dans les localités traversées, ou même les y affichaient.

Un jour, le bruit courut qu'on avait rapporté à l'hôtel de ville le premier poteau frontière arraché par nos alpins. Ce n'était pas tout à fait exact. Un négociant de la ville, M. Paul Malé, était allé, dans son automobile, jusqu'à Saales. A la station terminus du petit chemin de fer qui descend vers Rothau et Schirmeck, il s'était emparé d'un drapeau allemand qui flottait naguère sur la gare et que nos soldats avaient descendu, ainsi que de trois casquettes et d'un uniforme abandonnés [1]. Il avait pris aussi la plaque ornée de l'aigle impérial qui était apposée sur le bureau de la douane allemande. Voyant des chasseurs qui venaient de renverser le poteau frontière, il leur avait demandé de briser la pierre de scellement afin de pouvoir rapporter le poteau. Malheureusement, au retour, son automobile étant trop chargée, il n'avait pas eu de place pour y mettre ce trophée. Mais, très vite, la plaque de la douane qu'il avait rapportée s'était muée, dans l'imagination du public, en la borne même de la frontière, cette borne qui dit à sa façon tant de choses... Une pierre au bord d'une route, cela n'est presque rien. La route passe devant elle. Elle est après ce qu'elle était avant. Rien n'y est changé. Mais, depuis quarante-trois ans, la pierre disait aux Alsaciens que, d'un côté, il y avait la douce liberté de France, et, de l'autre, l'oppression germanique.

---

1. A son retour dans Saint-Dié, la foule, attirée par la vue du drapeau, entoura sa voiture. Il fallut, au milieu des applaudissements et des hourras, distribuer des morceaux de l'étoffe symbolique. C'était exactement le 12 août.

Comment une légende ne se serait-elle pas immédiatement créée ?

Certaines journées avaient été des journées de joie délirante. Celle du 15 août l'avait été d'une façon très particulière. Elle avait commencé par l'annonce de 484 prisonniers capturés, dans la vallée de la Bruche, par le 1er bataillon de chasseurs à pied. Vers 11 heures et demie, ces prisonniers, dont le nombre s'était grossi et qui, maintenant, étaient plus de 500 et comprenaient dix officiers et une trentaine de sous-officiers (ils appartenaient presque tous au 99e régiment *bis* d'infanterie de réserve qui avait été formé à Saverne), étaient arrivés par la rue d'Alsace et étaient venus se ranger devant la mairie. Ils étaient escortés par une compagnie du bataillon qui les avait pris. Quelques instants auparavant, l'on avait vu arriver par la rue du Nord, et venant du col de Robache, dans une auto découverte, un superbe drapeau allemand dont le 1er bataillon de chasseurs s'était emparé aux combats de Saint-Blaise-la-Roche. Il appartenait au 132e régiment d'infanterie (1er régiment de Basse-Alsace). Tout en soie violette, déchiqueté aux deux coins et frangé d'or, il était coupé par deux bandes blanches en forme de X, portant au centre un aigle brodé en noir. La hampe était surmontée de l'aigle allemand. Il était tenu déployé par un sous-officier de cavalerie. Des acclamations avaient retenti et plus d'une paupière s'était mouillée, quand le grand oiseau rapace, symbole de la force détestée, avait été secoué au-dessus de la foule.

A midi enfin, l'on avait affiché à la mairie une dépêche annonçant officiellement de grandes victoires des Russes. La vibration profonde de tant d'émotions devait se prolonger en une volonté irréductible d'espoir et de confiance.

D'autres faits avaient donné à la population la sensation très précise que cette descente en Alsace était autre chose qu'un raid aventureux. Le 17 août, le sous-préfet de l'arrondissement, M. Marraud, le maire de la ville, conseiller général, M. Duceux, le capitaine de gendarmerie commandant les brigades de l'arrondissement, M. Casalta, et un membre de la Chambre de Commerce, M. Jules Marchal, avaient été chargés de franchir la ligne idéale qui ne marquait plus la frontière et de prendre contact avec les magistrats municipaux de nos anciens cantons de Saales et de Schirmeck, que nos soldats venaient de réoccuper[1]. A Saales, à Bourg-Bruche, à Saulxures, à Saint-Blaise, l'accueil avait été parfait. Le sous-préfet annonçait aux maires et aux

---

1. Le traité de Francfort a amputé l'arrondissement de Saint-Dié de tout le canton de Schirmeck, moins Raon-sur-Plaine qui fut rattaché au canton de Raon-l'Etape, et d'une grande partie du canton de Saales, avec les débris duquel fut constitué le canton de Provenchères. Voici la liste des communes qui faisaient partie de ces deux cantons :

*Canton de Saales.* — Saint-Blaise-la-Roche, Bourg-Bruche, la Grande-Fosse, Lubine, Lusse, la Petite-Fosse, Plaine, Provenchères-sur-Fave, Ranrupt, Saales et Saulxures.

*Canton de Schirmeck.* — Barembach, la Broque, Grandfontaine, Natzwiller, Neuvillers (qu'il ne faut pas confondre avec Neuviller-sur-Fave), Raon-sur-Plaine, Rothau, Russ, Schirmeck, Waldersbach, Wildersbach, Wische.

adjoints que, réincorporés dans leur ancienne patrie, ils relevaient désormais de la sous-préfecture de Saint-Dié et que, pour les questions de ravitaillement en farines, en sucre, etc., ils devaient s'adresser au maire de la ville. La municipalité, qui avait fait des approvisionnements pour la cité et les communes voisines, avait reçu des farines avec mission de les distribuer aux localités de l'Alsace libérée. L'on s'appliquait à préparer sans retard et visiblement du définitif.

Le 20 août, l'on parla beaucoup d'un passage mystérieux qui avait frappé toutes les imaginations. De 10 heures un quart à 10 h. 35 défilèrent, dans la rue Thiers, le 2ᵉ et le 6ᵉ régiments du génie, emmenant avec eux des ponts de bateaux. Hélas ! ces bateaux ne devaient pas dépasser la région et, le 22, les pontonniers étaient encore à Saint-Jean-d'Ormont et à Launois. Mais les imaginations les avaient vus tout de suite s'avancer beaucoup plus loin. Un rêve se réalisait, dont les âmes les plus ardentes étaient parfois visitées depuis des années, mais auquel elles n'osaient pas s'abandonner. Désormais, les pires épreuves ne pouvaient plus l'ébranler.

Pourtant, peu de jours après, les événements prenaient un aspect singulièrement inquiétant. Le 20 août, par ordre supérieur, un mouvement de repli avait commencé chez nos troupes descendues en Alsace. La nouvelle en était parvenue aux habitants de Saint-Dié par une sorte de rumeur vague dont personne ne pouvait indiquer l'origine. Elle n'avait pas diminué la confiance en l'avenir,

J'ai sous les yeux le journal d'un témoin dont les filles ont été surprises en Alsace par la déclaration de guerre et qui, cherchant à les rejoindre pour les ramener, est arrivé à Saint-Dié le soir du 21 août[1]. Il écrit le 22 : « Nous tombons sur un groupe où nous retrouvons des figures connues : le D$^r$ S... et le notaire H... avec leurs familles, arrivant de la vallée de la Bruche qu'ils ont dû quitter en présence du retour offensif des Allemands, abandonnant hâtivement leurs affaires et leurs biens... Il y a peu de jours, ils avaient accueilli à bras ouverts les Français dans leur marche victorieuse sur Schirmeck, et aujourd'hui ils ne peuvent courir le risque des représailles allemandes qui seraient implacables... Nous allons voir ensuite M. Marchal, un des principaux industriels de la région, qui nous fait le meilleur accueil... Tout de suite il se met à notre disposition pour nous faciliter, dans la mesure du possible, les moyens d'atteindre notre but ; il nous offre son automobile pour nous conduire aussi loin qu'on pourra aller au delà de Saales. Mais, à son avis, il est impossible de dépasser Bourg-Bruche pour le moment, car on se bat de nouveau vers Plaine. En tout cas, nous aurons des nouvelles fraîches dans la soirée, car il compte aller chercher

---

[1]. Ce document a été publié : A. Le Grand, *Jours de guerre en Alsace, journal d'une famille, août-septembre 1914* (Paris, Payot, éditeur). C'est, à ma connaissance, le seul document — d'autres viendront à leur heure — qui nous fasse pénétrer, par un témoignage précis, dans l'Alsace du début de la guerre. Le témoin ne dit, d'ailleurs, que ce qu'il a vu, et dans un cercle forcément très restreint.

des blessés à Saales pour les ramener à Saint-Dié, ce qu'il fait d'ailleurs tous les jours [1]. M. Marchal est très optimiste et il nous fait espérer que la vallée de la Bruche sera bientôt libre de nouveau. »

Cet optimisme était celui de toute la population. Il résistait vaillamment aux bruits les plus décourageants, à des bruits qui, malheureusement, n'étaient pas faux. « Des groupes, écrit le même témoin le 22, s'agitent sur la place de la gare et le restaurant est encombré par deux ou trois familles éplorées qui viennent d'arriver avec tout ce qu'elles ont pu prendre de leurs hardes pour embarquer dans le prochain train. Des gens sont venus, paraît-il, en fuyant, de Wisembach, racontant que les Prussiens ont franchi le col de Sainte-Marie et que les uhlans sont déjà en vue ! Nous tâchons de rassurer ces affolés de notre mieux ; mais, au fond, nous ne savons rien de ce qui se passe à quelques kilomètres. Je vais aux nouvelles chez M. Marchal, toujours

---

1. La fille de cet industriel, Mlle Germaine Marchal, allait, comme son père, chercher des blessés dans son automobile, jusqu'aux abords mêmes du champ de bataille. Une autre jeune fille de Saint-Dié, Mlle Adrienne de Lesseux, accompagnée de son tout jeune cousin, M. Hervé de Saint-Georges, qui sortait de son examen de baccalauréat, accomplissait, avec le même courage, des prouesses identiques ; Mlle Marguerite Malé en faisait autant dans une automobile que des amis lui avaient confiée. Plusieurs Déodatiens ont ainsi aidé le service de santé qui manquait souvent de moyens de transport. Je citerai M. Paul Malé et M. Louis Feltz. Ceux et celles qui accomplissaient ces courses quotidiennes avec une simplicité héroïque allaient, pour accomplir leur tâche, sur des routes bombardées, jusqu'à Provenchères, Saales, Wisembach et Sainte-Marie-aux-Mine.

bien renseigné et pour cause, car il n'hésite jamais à se rendre en personne aux endroits les plus exposés, pour ramener un blessé, jusque sur la ligne de feu. M. Marchal n'est pas encore revenu de sa randonnée quotidienne, mais toute sa famille est rassemblée dans le hall de sa villa. On est malheureusement un peu moins optimiste. Une dame qui vient de la mairie annonce qu'il y a eu effectivement un combat défavorable au col de Sainte-Marie...M.Marchal rentre sur ces entrefaites et nous rassure un peu. Des renforts importants vont à la rescousse et arrêteront sans doute l'offensive allemande. »

Cependant le nombre des malheureux en fuite devant l'envahisseur n'avait cessé d'augmenter. Il en venait de tous les villages et de tous les hameaux avoisinant la frontière, et tous ils annonçaient que les masses ennemies débouchaient de la trouée de Saales, des cols d'Urbeis et de Sainte-Marie, déferlaient sur les pentes occidentales des Vosges, se glissaient par tous les sentiers des forêts. Les mines accablées, convulsées, de ces pauvres gens en proie à une terreur de cauchemar avaient une singulière force de suggestion déprimante. D'affreuses histoires se colportaient, des récits d'atrocités commises par les barbares sur leur passage. Déjà les horreurs de Badonviller, de Blamont, de Noményl, de Maixe, en attendant celles de Gerbéviller, entraient dans leur gloire, dont elles ne sortiront jamais. Il y avait là de quoi affoler une population paisible. Elle refusait pourtant de croire à la réalité.

Certains spectacles, dont les Déodatiens ont toujours été très friands, contribuaient à les réconforter. Dans la nuit du 22 au 23, vers une heure du matin, c'est un passage de cavalerie. Le piétinement des chevaux dans les rues attire les curieux aux fenêtres. Dans la demi-obscurité, on finit par distinguer que ces cavaliers, sanglés dans leurs effets d'azur par la large ceinture rouge, sont des chasseurs d'Afrique. Si l'armée d'Afrique arrive, tout va bien ; elle fera bientôt de bonne besogne. Je reprends le journal que je citais tout à l'heure et je lis : « Ma femme va voir les Marchal et passe à la mairie ; nous aurons l'auto demain matin à 8 heures et l'autorisation de passer. » Voilà le détail qu'il faut relever. Le 23 août, alors que Lunéville est occupée par l'ennemi depuis la veille au soir et qu'un quartier de Raon-l'Etape est déjà détruit, les gens les mieux informés de Saint-Dié sont convaincus que, le lendemain matin, il sera possible d'aller en automobile au moins jusqu'à Saales. Ils se trompent, et beaucoup. Mais leur confiance est le fait moral qu'il est important de noter. Elle ne les abandonnera jamais dans les heures les plus graves.

Les fuyards continuaient d'affluer. Il en arrivait surtout de Colroy-la-Grande, de Provenchères, de Lusse, de Lubine, de Coinches[1]. Il en venait même de

---

1. Les scènes que nous notons à Saint-Dié se reproduisent, tout à fait identiques, dans toute la région. J'en lis des descriptions rigoureusement semblables chez les témoins les plus divers. Le terrorisme systématique des Allemands produit de tels effets que l'on se croirait revenu au temps où les populations fuyaient, épouvantées, devant les Croates ou les Hongrois de Jean de Werth et de Piccolomini. M. Paul Malé raconte

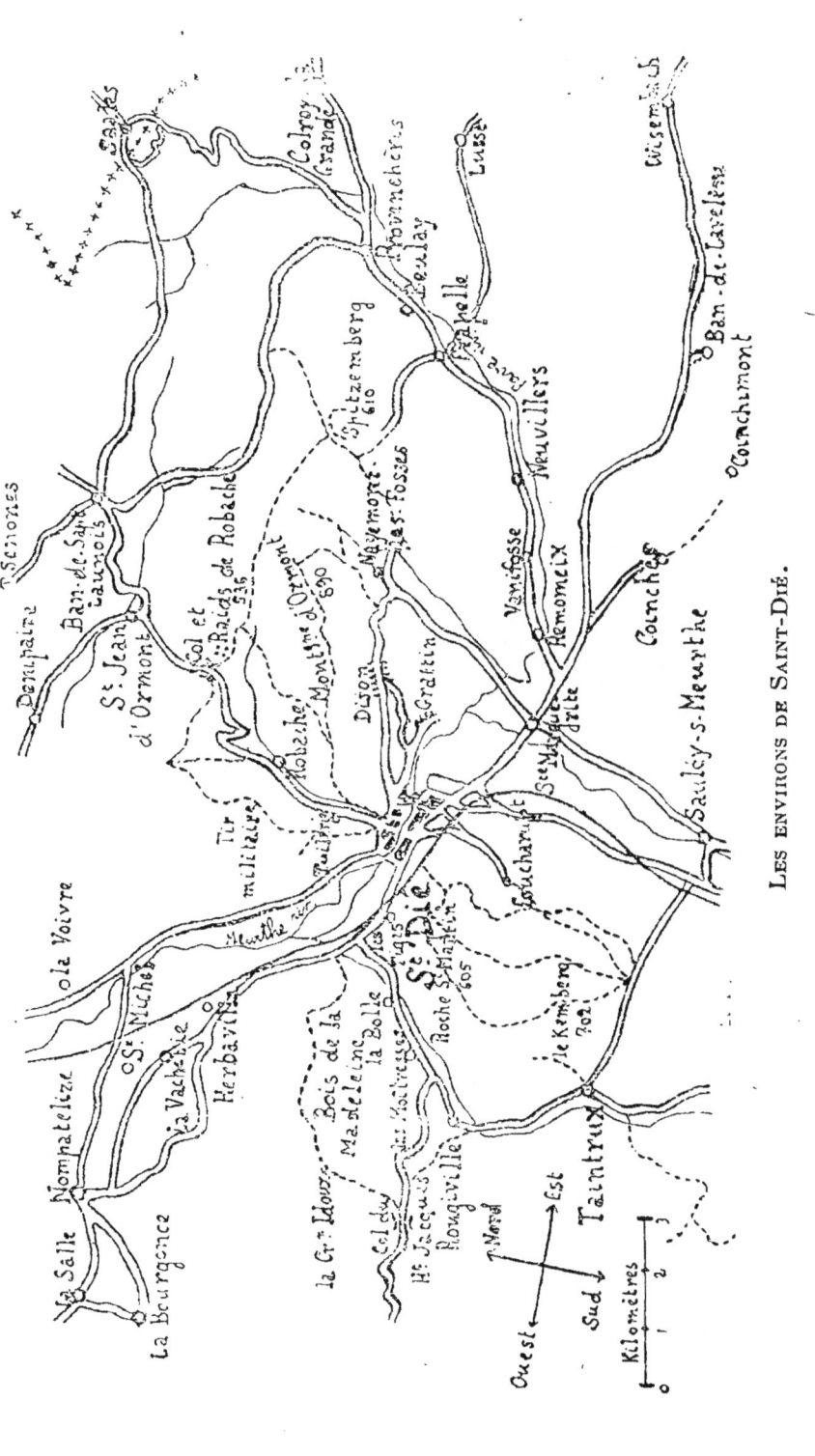

Les environs de Saint-Dié.

Raon et d'Etival. Ils étaient partis de chez eux brusquement, emportés par une de ces vagues de panique qui paralysent la réflexion, jetant dans une brouette ou dans une voiture d'enfant les objets les plus disparates et pas toujours les plus utiles,

ainsi, dans son journal intime, ce qu'il voit au nord-ouest de Saint-Dié le 26 août : « Il fallait gagner Bruyères. De la Bourgonce à Mont-Repos, un tas de gens fuyaient avec de petites voitures d'enfants et des chariots à échelles remplis de toutes sortes de choses, et poussant ou traînant vaches, cochons, chèvres, etc... Beaucoup avaient déjà passé la nuit dans la forêt où on les voyait campés avec leurs chariots et leurs bêtes. A Bois-de-Champ, où la route de Mont-Repos rejoint la route du Haut-Jacques, c'était bien pire. Il y avait une file ininterrompue de gens mélangés avec des convois militaires... A Bruyères, la rue était remplie de gens affolés, avec des paquets et des bagages de toutes sortes. Nous sommes passés avec bien du mal. »

M$^{lle}$ L. Jouault écrit de son côté, à Saulcy-sur-Meurthe, le 26 août : « Déjà, sur la place de l'église, plusieurs familles sont groupées attendant... quoi ? un signal de départ, sans doute... D'autres, plus heureux ou plus indépendants de caractère, s'en vont sans s'occuper de leurs voisins. Ils emmènent avec eux, qui une vache, qui une chèvre. Sur des voitures de toutes formes et de toutes dimensions, on voit de la literie, tout un fourniment de ménage, ou, pour mieux dire, d'objets hétéroclites entassés pêle-mêle. C'est inénarrable. Dans l'une de ces voitures, au milieu de tout un attirail sans nom, nous voyons émerger une pauvre figure d'infirme qui n'a de vivant que le regard, un de ces regards si pleins d'angoisse qu'on ne saurait oublier, et mon cœur saigne encore en y songeant... Comme nous nous dirigions vers le presbytère, beaucoup de personnes, en nous apercevant, vinrent au-devant de nous pour nous demander si nous partions d'ici. A ce moment-là, nous étions fermement décidées à nous en aller. Sur notre réponse affirmative, ce fut un branle-bas général pour la fuite. Pour faire plaisir à tout ce monde-là, il fut convenu qu'on se retrouverait à Anould. »

M$^{lle}$ Jouault n'est pas partie ; mais on voit, par son récit, quel était l'état d'esprit de ces fuyards éplorés.

partant même en pantoufles, les enfants portés sur les bras ou traînés par la main. Ces troupes s'arrêtaient parfois quelques minutes autour de l'hôtel de ville, puis elles s'en allaient, à la débandade, par la route de la Bolle, vers Rougiville, Bruyères, le plus loin possible de l'ennemi qu'elles croyaient sur leurs talons.

Les chefs de notre armée, pour des raisons impérieuses, avaient cru devoir envoyer à l'arrière certains otages. C'était souvent une réponse à des mesures prises par les Allemands contre des Alsaciens très authentiques et au sujet desquels les bruits les plus sinistres ne cessaient de courir. C'était aussi une défense contre des actes auxquels le communiqué du 14 août (matin) a fait allusion : « En Alsace, au cours des dernières opérations, on a surpris en flagrant délit d'espionnage plusieurs personnes. Ces coupables ont été traduits en conseil de guerre. Plusieurs d'entre eux, entre autres le maire et le receveur des postes de Thann, ont été fusillés. » Le maire de Saint-Dié fut prié, par un de ces otages, d'aller le voir à la maison d'arrêt où il avait été momentanément interné, dès le 18. C'était le maire de Sainte-Marie-aux-Mines, M. Goettel. Il avait été plusieurs fois en relations avec la municipalité de Saint-Dié, notamment au cours de négociations pour la construction d'un chemin de fer entre cette ville et Colmar par Sainte-Marie. Il savait bien la situation de famille de son interlocuteur (deux beaux-frères de celui-ci, originaires de Munster, s'étaient soustraits au service militaire allemand), et peut-être n'ignorait-il pas son action en Alsace reconquise, aux côtés du sous-préfet. Il le prévint qu'il était sur la liste noire et que, si les Allemands pénétraient à Saint-Dié, leur premier acte serait de l'arrêter et de l'expédier en Allemagne. L'avis était formel. Cependant l'arrivée de l'ennemi paraissait toujours peu vraisemblable. On pouvait, dans les heures où l'inquiétude s'exaspérait, se demander si le flot de l'inondation barbare n'arriverait pas jusqu'à la ville. Mais on était convaincu que, dans ce cas, le flot se retirerait immédiatement. On était confirmé dans cette conviction par une nouvelle absolument fausse, qui était venue on ne savait d'où, mais que toutes les bouches répétaient : Lunéville avait été évacuée après vingt-quatre heures seulement d'occupation. La vérité était que les Allemands n'avaient pas quitté Lunéville ; ils n'en sont partis que le 12 septembre au matin. Mais il suffisait qu'à Saint-Dié l'on crût le contraire pour en être réconforté.

Ainsi, le 24 août, on se représente volontiers, à Saint-Dié, que la situation est grave ; mais l'on est convaincu de se trouver au point précis où elle doit se rétablir, au point qui sera le centre de la défense victorieuse et peut-être le point de départ d'une offensive. On se raconte que nous venons de reprendre le col de Sainte-Marie-aux-Mines et de nous donner un peu d'air de ce côté. Des renforts, dit-on, arrivent sans discontinuer. A 6 heures du soir, en effet, ce même jour, un bataillon de chasseurs alpins débarque à la gare. C'est le 62ᵉ, d'Albertville, vigoureux, plein d'entrain, une de ces troupes qui sèment autour d'elles, en marchant, du courage et de l'espoir. Il défile au milieu des acclamations. Un taube vole au-dessus de cette scène d'enthousiasme. Il prend ses notes en vue de l'œuvre de mort. Mais la foule qui le regarde ne sait pas encore le rôle que jouent ces oiseaux sinistres dans la préparation des bombardements. Elle constate qu'il repart sans lancer de bombes, et cela lui suffit.

Pourtant, dès le 25 au soir, les nouvelles devenaient franchement mauvaises. Les formations sanitaires de l'armée avaient reçu l'ordre de se replier. Les hôpitaux devaient évacuer sans retard le plus grand nombre possible de leurs blessés. Ils obéissaient en hâte. Médecins, infirmiers et infirmières du service de santé devaient suivre les blessés. Il ne restait plus, dans chaque hôpital, que le personnel appartenant à Saint-Dié. A Saint-Charles, cependant, était demeuré le D$^r$ Bourgeat, désigné pour assurer les soins des blessés qui n'avaient pu être emmenés. L'évacuation des transportables était à peine terminée que d'autres commencèrent d'arriver. Ils n'étaient d'abord que quelques-uns. Puis, dans la soirée, plusieurs voitures à échelles en apportèrent. Il fallut recourir à des jeunes gens du quartier pour installer ces malheureux dans les salles.

L'autorité militaire ne dissimula pas aux chefs de la municipalité qu'il s'agissait de mettre la ville en état de défense pour barrer la route aux Allemands. La bataille, transportée de la banlieue et des bois dans les rues, devait amener fatalement, — si cette idée prévalait —, la destruction de la ville et le massacre de la population civile. Mais ce plan de résistance héroïque ne pouvait être sérieusement réalisé, du moins sous la forme qui fut envisagée pendant un instant très court et qui fut à peine discutée. Il y avait autre chose à faire que de transformer Saint-Dié en une forteresse improvisée. Si l'on ne parvenait pas à arrêter la poussée des ennemis sur les hauteurs de l'est, on s'efforcerait d'empêcher leur marche à l'ouest de la ville, avant l'entrée des voies qui conduisent sur Bruyères et sur Epinal.

Il était impossible aux habitants de ne point concevoir quelque chose de ce qui se passait. Le flot des fuyards, qui ne cessait de traverser la ville avec des remous d'affolement, semait les bruits les plus alarmants. Tandis que lettres et journaux n'arrivaient plus depuis plusieurs jours, quelques exemplaires de l'*Est républicain* et de l'*Eclair de l'Est*, apportés on ne sait comment, racontaient les horreurs perpétrées dans la Lorraine mise à feu.

Cependant, le matin encore, un nouveau bataillon d'alpins est débarqué à la gare. C'est le 51e. Il arrive, lui aussi, des vallées et des cimes de la Savoie. Son air crâne, quand il défile, l'arme à la bretelle, tout le long de la rue de la Bolle, pour aller au cantonnement, ranime bien des courages. Dans l'après-midi, quand il franchit, au pas cadencé, le pont de la Meurthe et monte dans la direction de Dijon, il cède à une inspiration du cœur, et, spon-

tanément, il entonne à pleine voix son chant favori :
« Les Montagnards, les Montagnards sont là ! »
Un frisson d'espérance secoue les habitants qui font
la haie. Qui donc se doutait que le 51ᵉ montait au
sacrifice ?

Ce passage des alpins avait apporté à Saint-Dié
sa dernière joie avant la vraie tragédie. Le reste de
la journée fut morne. Le défilé lamentable des
paysans en fuite continua. D'heure en heure, il était
devenu plus tumultueux. En même temps, une
foule fiévreuse se pressait à la gare. On avait annoncé qu'en prévision d'une arrivée possible des
Allemands, tout le matériel roulant du chemin de
fer allait être évacué et que le dernier train partirait le soir même. Vieillards qui avaient connu les
jours de 1870 et qui ne voulaient pas revoir les
Allemands, femmes affolées, enfants en pleurs,
blessés gémissants, parmi les infirmières et les
dames de la Croix-Rouge en quête d'une place pour
ces malheureux, encombraient le hall, débordaient
des salles, envahissaient les voies, suppliaient qu'on
les emmenât, s'entassaient dans les wagons. Le
convoi est dédoublé. A 10 heures et demie, les dernières voitures partent avec les dernières locomotives. Un train d'une longueur démesurée s'en va
lentement. Une théorie de fourgons automobiles
roule sur la route qui longe la voie. Le mugissement des trompes s'éloigne. Maintenant, c'est la
nuit et le silence.

## CHAPITRE II

# Le bombardement
# et la bataille des rues

Dès 6 heures du matin, le 26 août, un grondement sourd d'artillerie lourde fait entendre sa menace. Le bruit vient de la direction de Raon. Tout est calme du côté de Wisembach, mais ce calme paraît peu naturel. Vers 7 heures, la canonnade s'allume à l'est et, rapidement, redouble de violence.

Depuis la veille, un mouvement accentué de repli se manifeste parmi les troupes qui occupaient les hauteurs à l'est de Saint-Dié. Les alpins organisent une sorte de barrière vivante qui se sacrifiera, s'il le faut, pour protéger la ville. Le 62° bataillon, après une nuit (du 24 au 25) passée à Nayemont-les-Fosses, a reçu l'ordre de se porter sur Saint-Jean-d'Ormont, par les Raids de Robache. Il a pris position d'abord à Launois, puis entre ce village et le hameau de la Vercoste; il est seulement canonné. Le 51° s'est installé sur le plateau de Dijon et l'a mis hâtivement en état de défense. Depuis que les alpins sont là, ils assistent au passage d'unités désemparées qui sont en pleine retraite et qui, sans ordre, descendent vers Saint-Dié. Ce sont des fantassins, des artilleurs, des hussards démontés, et, mêlés à ces militaires, beaucoup de civils en fuite, des paysans et des femmes en cheveux qui portent des paniers et des manteaux. « Les hommes qui passent, sales et éreintés, écrit le lieutenant Belmont [1], disent que les Allemands sont à Provenchères, dix kilomètres devant nous... Les hommes du 22ᵉ d'infanterie qui se replient sur Saint-Dié étaient, il y a huit jours, à Sainte-Marie-aux-Mines, en pleine Alsace. De ligne en ligne, ils battent en retraite, harcelés par l'artillerie allemande... Voilà trois semaines qu'ils se battent, et ils ont couché plus souvent à la belle étoile que dans le foin. D'ailleurs, ils sont, malgré leur fatigue, gais et vaillants. Beaucoup brandissent triomphalement des trophées : qui un havresac poilu de soldat allemand, qui un chargeur, qui un casque à pointe ou un bonnet de police. »

D'autres racontent que les Allemands sont à Gemaingoutte et continuent d'avancer, que le col de Sainte-Marie, dans la même matinée du 25 août, a été pris, perdu, repris par les nôtres, mais que toutes les digues finissent par être crevées sous le poids de l'inondation. Les alpins du 51ᵉ ont leurs raisons de savoir l'ennemi tout près. Tandis que la compagnie du capitaine Rousse-Lacordaire se hâtait de

---

1. *Lettres d'un Officier de Chasseurs alpins*, pp. 26 et 27.

préparer ses tranchées de défense, le commandant du bataillon envoyait explorer l'orée de la forêt d'Ormont qui, à cinq cents mètres en avant, dressait son mystère inquiétant. Les patrouilles y avaient aperçu des fantassins allemands. Une d'elles avait ramené un caporal wurtembergeois blessé. Le bicycliste du capitaine Rousse-Lacordaire, le chasseur Beauquis, chargé d'un pli pour le commandant, avait rencontré brusquement trois uhlans à cheval. Sautant à terre, il s'était agenouillé, avait épaulé et tiré. Un cavalier avait vidé les arçons ; les deux autres avaient tourné bride, l'un d'eux recevant encore une balle dans le bras, et le chasseur était revenu, après l'accomplissement de sa mission, avec deux lances et un casque de uhlan. C'était le premier trophée du bataillon. La période des escarmouches ne devait pas être longue.

Elle a déjà cessé au nord de Saint-Dié. Depuis les premières heures de ce mercredi 26 août, la position que le 62ᵉ bataillon occupe à Launois est soumise à la canonnade ennemie : le bataillon se porte vers le col de Robache, puis il fait un nouvel effort pour revenir sur le point qui lui a été assigné et pour s'y maintenir. En débouchant du bois, il est pris sous un tel feu d'artillerie, d'infanterie et de mitrailleuses qu'il perd, en quelques minutes, plus de la moitié de son effectif. Le capitaine Moufflet rallie les survivants ; avec eux et avec un bataillon du 99ᵉ régiment d'infanterie en retraite, il occupe la crête qui va des raids de Robache au col du Bon Dieu. Il s'y accroche obstinément, s'efforçant de fermer la route aux Allemands qui veulent, à tout prix, progresser. Dans la soirée du 26, il n'aura pas moins de huit attaques successives à repousser [1]. La pression ennemie s'annonce formidable.

Dès le matin de ce même jour, sur le plateau de Dijon, l'attaque allemande s'est nettement dessinée. Soudain, l'artillerie allonge son tir. C'est le bombardement de Saint-Dié qui commence. A 8 heures, les premiers projectiles tombent à proximité de la ville, dans la région de Foucharupt. Puis, après cette annonce de ce qui va suivre, un arrêt se produit. A 10 heures, une seconde rafale arrive. Les grosses pièces allemandes de 105 tiraient de la butte de Beulay et de Coinchimont. Le repérage était, d'ailleurs, médiocre et le tir semblait hésitant. Les artilleurs ennemis paraissaient viser une construction située au milieu d'un parc, en arrière de la ligne du chemin de fer, dans la section du Faing, la propriété Ferry-Merlin. Ils tirèrent bien une trentaine d'obus avant d'en placer un dans le but. Tandis que cette pluie de fer et de feu tombait au sud-est de Saint-Dié, une autre s'abattait au nord-est, dans la vallée où se trouvent les fermes de l'« Enfer » et du « Paradis ». La ville n'était pas

---

[1]. Du témoignage de chasseurs que j'ai interrogés moi-même, il ressort que des sections allemandes, pour attaquer, s'étaient coiffées de bérets d'alpins. Comme le brouillard était intense et qu'on distinguait malaisément les uniformes, la vue de ces bérets fit croire à nos chasseurs qu'ils tiraient sur des camarades, et ils cessèrent un instant leur feu, ce dont l'ennemi profita tout de suite.

encore atteinte. Mais l'orage se rapprochait. Les rafales passaient par-dessus les alpins tapis sur les hauteurs de Dijon. Elles semblaient dirigées sur la gare et les ponts de la Meurthe. A midi, elles tombent sur Saint-Dié même. Un obus éclate entre le pont, la maison Grégoire et l'hôtel du Globe qui forment l'entrée de la rue Thiers. L'explosion brise les glaces et abîme les devantures jusqu'à la hauteur de l'épicerie Sirugue. Au même moment, un obus tombe sur cet immeuble. M$^{me}$ Sirugue et sa fille, M$^{me}$ Tourmann, sont blessées, la dernière très grièvement. Deux autres obus pénètrent par la toiture dans l'annexe de l'hôtel du Globe.

Ce furent des moments terribles pour les hôpitaux. En vain avaient-ils, la veille, obéi à l'ordre d'évacuation. A peine les blessés qui les remplissaient étaient-ils partis, que d'autres étaient apportés. De nouveau, il en venait de toutes les directions. A l'hôpital Saint-Charles, le personnel sanitaire, qui n'avait pu trouver place dans le dernier train, parti de Saint-Dié dans la soirée du 25, était rentré à minuit. Dès l'aube, il eut du travail. Les blessés affluaient. La consigne était de les renvoyer plus loin, le plus tôt possible. Un convoi de voitures réquisitionnées s'organisa devant la maison. A 9 heures du matin, au milieu du vacarme d'artillerie qui se rapprochait, il s'ébranla, accompagné du personnel qui, cette fois, s'en allait définitivement. Mais les blessés continuaient d'arriver. Une installation de fortune fut faite dans la cour, en face de la porte d'entrée, permettant de les

panser hâtivement et de les réconforter un peu
avant qu'ils reprissent leur voyage. Les plus atteints
étaient installés dans les salles. Un second convoi,
celui-ci automobile, et comptant cent places, fut
envoyé pour chercher tous les blessés restant ; avec
tous ceux qui gisaient déjà dans la cour, il fut plus
que comble avant qu'on pût y installer ceux de la
maison. A ce moment, les obus pleuvaient sur la
ville. Le train s'éloigna, faisant espérer qu'il reviendrait dans la soirée ; mais la route était barrée, et
une quarantaine de Français demeurèrent dans l'hôpital. D'autres devaient encore y entrer la nuit suivante.

A l'hôpital n° 7 (ambulance du Collège), on avait
bien obéi à l'ordre d'évacuation. Mais, dans l'après-midi du mercredi 26, un cortège navrant fit halte
devant la maison. C'étaient tous les blessés de l'hôpital de Moyenmoutier qui se sauvaient, quelques-uns véhiculés dans des voitures de rencontre, d'autres péniblement installés en cacolet, presque tous
se traînant à pied. Affolés par le bombardement qui
semblait les talonner, emportés par la panique qui
chassait les paysans de leurs villages, ils avaient
hâte de fuir au loin ; mais, épuisés par la perte de
sang, exténués par cette longue marche, ils étaient
décidément incapables de gravir les pentes du
Haut-Jacques. En peu d'instants, quatre-vingts lits
furent occupés.

Le bombardement, d'ailleurs, n'avait duré que
quelques instants, — peut-être un peu moins d'une
demi-heure. Un « taube », qui volait au-dessus

des hauteurs de Dijon, avait aperçu les alpins. Il y avait eu dès lors, pour l'ennemi, autre chose à faire qu'à démolir des maisons inoffensives et blesser des civils dans une ville ouverte. Avant de reprendre cette besogne moins urgente pour lui, il se mit à repérer et à « marmiter » les « Loups noirs »[1]. Les obus commencèrent à tomber en dehors de Saint-Dié sur les tranchées de fortune où, frémissants d'impatience et immobiles par ordre, les défenseurs de la ville attendaient le choc de l'infanterie wurtembergeoise. Dans la plaine de Sainte-Marguerite, deux officiers du 51ᵉ bataillon, le capitaine Aweng et le lieutenant Gourcy, sont déjà atteints, le second mortellement. Sur le plateau, le bombardement fit plus de bruit que de mal.

Depuis la veille, la chaleur était devenue intolérable. Le ciel était de plomb. Un orage se formait. Il éclata soudain, vers 5 heures du soir, avec une violence de cyclone. Des trombes de pluie s'écrasèrent sur Saint-Dié et ses environs. L'artillerie allemande se tut. Le calme était revenu. Il devait durer toute la nuit.

L'orage fini, des ondées se succédèrent de temps en temps. Dans cette nuit d'encre, les unités qui ne s'étaient pas rabattues pour organiser leur résis-

---

[1]. C'est là le vrai surnom que les Allemands, dès le début de la guerre, ont donné à ces alpins qu'ils redoutaient si fort. Peu à peu, à cette appellation s'est ajoutée celle de « Diables noirs », qui est restée concurremment avec la première. Celle de « Diables bleus », qui est devenue conventionnelle chez nous, n'est pas celle que l'on trouve dans le langage des prisonniers allemands.

tance sur Mandray et Saint-Léonard, continuaient de traverser en désordre le plateau de Dijon, dévalaient par Grattin et le plateau du Comice (que l'on appelle aussi, dans le pays, le « Concours »), menaçaient d'entraîner dans leur repli les alpins qui avaient pris position entre la ville et l'ennemi en marche et qui, à l'aube du 27, étaient solidement installés sur les positions qu'ils préparaient depuis le 25.

Aux abords de l'hôtel de ville, le spectacle était cruel. Les débris de troupes en retraite y affluaient de toutes les voies, comme s'ils s'y étaient donné rendez-vous. C'étaient des hommes appartenant à des régiments divers, tantôt isolés, tantôt par groupes, des fantassins, des artilleurs, des cavaliers plus ou moins démontés, tout poussiéreux, harassés, éclopés. Le commandant Grardel, de l'Etat-Major du 14ᵉ corps, revenu récemment de Grèce, et qui avait tenté, la veille, de mettre la ville en état de défense, assisté de quelques gendarmes, les retenait, s'efforçait de rétablir un peu d'ordre dans leur tumulte, les replaçait sous l'autorité de leurs gradés. Beaucoup traversaient la ville et s'engageaient sur la route de Rougiville ou sur les sentiers qui mènent au Haut-Jacques. Les autres se massaient et l'on se demandait s'ils ne serviraient pas dans une bataille des rues que l'on commençait à prévoir.

Le maire avait cédé, le matin, aux avertissements de son collègue de Sainte-Marie-aux-Mines, et s'était rendu à Brouvelieures, où le sous-préfet s'installait en même temps. Les deux adjoints, MM. Louis Burlin et Ernest Colin, restaient à la tête de la municipalité. Le premier avait passé à la mairie la journée du 26. Le soir, il était rentré, non pas à son domicile ordinaire, mais dans une maison qu'un de ses amis, M. Charles Andrez, avait mise à sa disposition au quai Pastourelle et où, après avoir renvoyé ses enfants à Paris, il s'était installé avec M$^{me}$ Burlin. Son collègue l'avait remplacé à l'hôtel de ville et avait assisté à tous les va-et-vient douloureux de la nuit. A l'aube, M. Burlin étant revenu, M. Colin se retira pour prendre un peu de repos.

Il était 4 heures et demie. A ce moment, le tonnerre du canon éclata soudain. Il semblait tout proche. Les gros obus visaient en effet le 51$^e$ bataillon d'alpins sur le plateau de Dijon et jusqu'à Sainte-Marguerite. Quelques pièces de 75 et une batterie de montagne ne pouvaient maîtriser cette avalanche. La compagnie du capitaine Rousse-Lacordaire reçut l'ordre de tenter un assaut contre le bois dont la masse sombre semblait, quoique silencieuse, une menace perpétuelle. Héroïquement, elle marcha au sacrifice : « A peine les premiers éclaireurs étaient-ils entrés dans la forêt, raconte le lieutenant Belmont [1], qu'une fusillade furieuse a commencé, accompagnée de cris, d'appels sauvages. Le capitaine, qui me précédait, me donne l'ordre de faire avancer vite ma section dans

---

1. *Op. cit.*, pp. 31, 32 et 33.

la direction qu'il m'indique. Mais la fusillade redouble, part de tous les côtés à la fois, des hommes commencent à tomber lourdement, sans bruit, sur la mousse. Alors le capitaine, qui était pâle et très ému, s'est dressé dans le bois en criant de toute sa voix : « A moi ! A moi ! A la baïonnette ! » Tout de suite, au premier mouvement pour se lancer en avant, il est tombé affalé en arrière... Pauvre capitaine Rousse ! Je le verrai toujours, la tête renversée, les genoux pliés, emporté à travers les balles par deux de ses hommes qui le portaient sous les bras. Avant de mourir, il leur a dit encore : *Vous remercierez ma compagnie pour moi*, et puis : *Vous prendrez les ordres du capitaine Dechamps*. Il a même dit à son caporal qui l'emportait de prendre son sabre et de le donner à son fils. Et il est mort comme un héros... »

Le marmitage, en quelques minutes, avait atteint des proportions formidables. Plusieurs officiers sont tués, les sous-lieutenants Girard, Bonimont et Leymond. Les compagnies perdent bon nombre de leurs gradés.

Décimés, écrasés, disloqués, les deux bataillons d'alpins faisaient une résistance désespérée. La veille au soir (26 août) sur la crête qu'il avait à défendre, le 62ᵉ bataillon avait repoussé huit attaques successives. Pendant la nuit du 26 au 27, il avait été cerné presque complètement. Menacé de manquer de cartouches et privé de vivres, sans autre eau que celle de la pluie qui, par moments, tombait à torrents, il n'a pas cédé. Il a deux chefs énergiques :

le capitaine Moufflet et le capitaine Huot. Autour d'eux — mais malheureusement sans que les deux groupes parviennent à avoir entre eux une liaison suffisante — la plupart des chasseurs se rallient et tiennent bon. Le groupe du capitaine Huot, le plus faible, s'accroche le plus qu'il peut sur les pentes qui descendent vers la Meurthe, puis réussit à passer la rivière sans être encerclé. Pendant ce temps, le capitaine Moufflet, qu'une partie du bataillon croyait perdu, se cramponne obstinément sur les pentes de Robache. Il se raidit contre une pression qui s'aggrave d'heure en heure. Quelques-unes de ses sections, comptant plus de blessés que de valides, sont contraintes, sur le matin, de se replier dans Saint-Dié et font leur apparition autour de l'hôtel de ville.

Vers 6 heures et demie ou 7 heures, des fractions désorganisées du 51ᵉ commençaient d'y arriver à leur tour. A mesure que ces dernières, obligées de se retirer des hauteurs de Dijon, puis du plateau du Comice, descendent dans les rues, le tir de l'artillerie allemande s'allonge et des obus se mettent à tomber dans les maisons. Mais il s'agit moins d'un bombardement que d'un combat d'artillerie qui se déroule. La plupart des projectiles passent par-dessus Saint-Dié ; on dirait qu'ils visent à atteindre des troupes qui marcheraient sur la route de Rougiville ou sur les flancs des bois de la Madeleine : quelques-uns éclatent en ville. Cette canonnade dure jusqu'à 10 heures et demie environ. Une accalmie se produit alors. Quelques instants auparavant, M. Burlin était rentré à la maison du quai Pastourelle pour prendre un peu de nourriture. C'est un peu après — exactement vers 11 h. 10 ou 11 heures un quart — que trois jeunes filles, affolées de terreur, arrivent en courant à l'hôtel de ville. Elles disent que les Allemands, sous les pires menaces, les ont chargées d'un message pour le maire. Ne le trouvant pas, elles se précipitent dans la direction de son domicile, rue de la Bolle. On racontera plus loin cette action d'éclat des Allemands [1].

Cependant, nos soldats, autour de quelques officiers encore valides, font effort pour se rallier. Ils ne peuvent se décider à abandonner la ville sans combat. Quelques patrouilles allemandes, qui se sont aventurées à leur suite entre les premières maisons, ont reçu des coups de feu qui ont brisé leur élan. Le sous-lieutenant Allier, descendu de Dijon avec sa mitrailleuse sur son épaule, s'était arrêté au moment de pénétrer plus avant dans la ville et, installant sa pièce au milieu de la rue, avait décimé une de ces patrouilles qui le suivait. Le lieutenant de Serbrun avait réussi à maintenir autour de lui, parfaitement groupée, toute sa section. Tandis que des fantassins — du 30ᵉ régiment — se reforment devant les magasins des « Galeries Modernes », les alpins se concentrent surtout devant l'hôtel de ville. C'est là qu'est le chef du 51ᵉ bataillon, le commandant Dechamps. Les chas-

---

1. Voir pages 86 et suiv.

seurs se précipitent vers divers points de la ville pour construire des barricades. Un groupe, sous la conduite du lieutenant de Landouzy, s'empresse de fermer la rue du Nord. Il fait main basse sur des chaises de la cathédrale, des brouettes, des voitures à bras, des futailles vides, une armoire, des planches et des pierres destinées à une bâtisse en construction, et il a bientôt quatre barricades solides et garnies de matelas et de couvertures. La maison de l'octroi, en face d'une barricade qui ferme l'avenue de Robache, est occupée par six chasseurs et l'adjudant Agnellet qui se déclarent prêts à s'y sacrifier. « De là, écrit le lieutenant de Serbrun qui vient rejoindre le lieutenant de Landouzy, nous avions une position formidable, flanquée par nos barricades. J'avais demandé du renfort. On m'envoya une section d'infanterie sous la conduite d'un sergent-major rengagé. Il occupa une usine [1], nous flanquant davantage encore sur notre gauche. Il faudrait le canon pour nous déloger de là. Mais l'ennemi viendra-t-il par là ? »

D'autres groupes font un travail semblable dans la rue Saint-Charles (presque à l'angle de la rue des Frères Simon), dans la rue de l'Orient (en face de l'école communale), dans la rue d'Alsace (entre l'épicerie Blaise et la pharmacie Meyer). Le sous-lieutenant Birmann va s'occuper de barrer la route de Raon-l'Etape. Mais, l'ennemi ne paraissant pas s'avancer de ce côté, il revient prendre un poste

1. Il s'agit de l'usine Claude et Duval, à l'entrée de l'avenue de Robache.

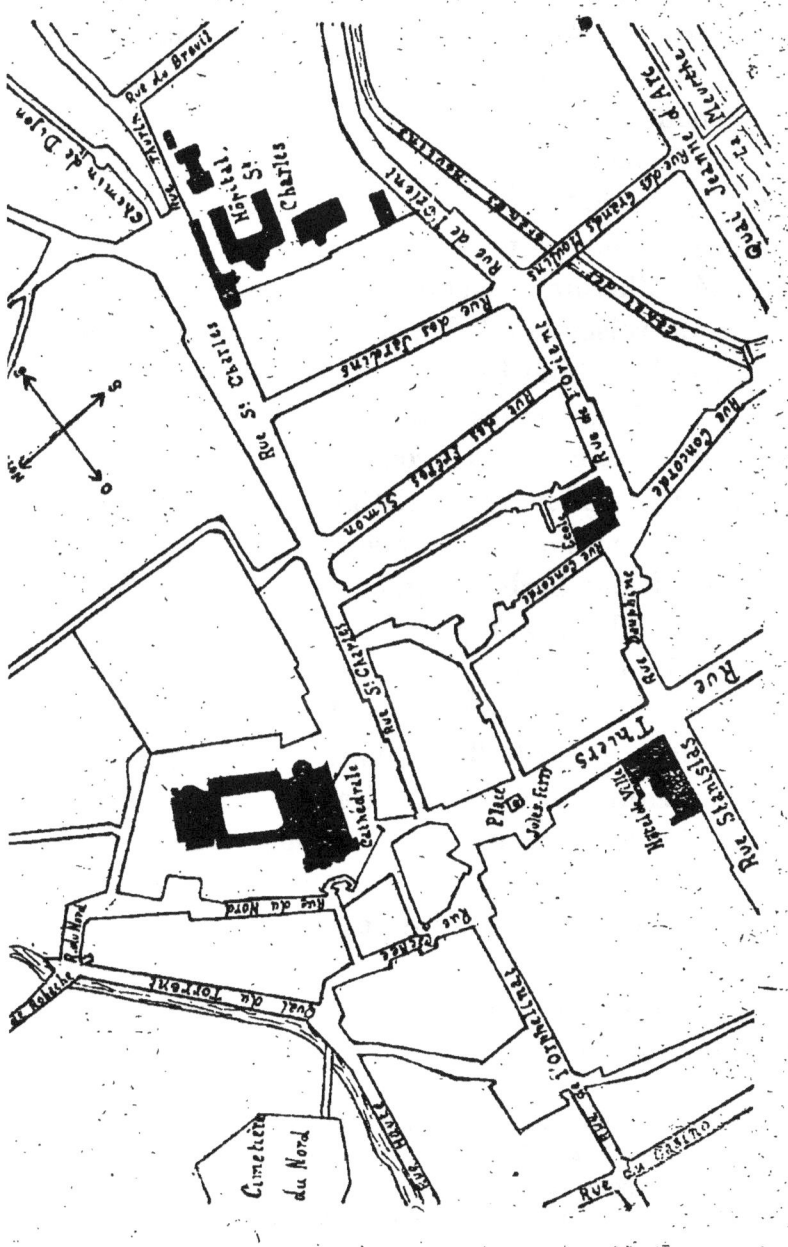

SAINT-DIÉ. — QUARTIERS DU NORD ET DU NORD-EST.

de combat au cœur de la ville. La section de mitrailleuses du 51°, réduite à trois ou quatre servants et une seule pièce, est avec son chef, le sous-lieutenant Allier, sous les arcades de l'hôtel de ville. Elle se grossit de quelques chasseurs et d'un sergent du 62°. A 11 heures et demie, avec des outils que leur prête l'appariteur de la mairie, cette poignée d'hommes installent leur unique mitrailleuse au croisement de la rue Thiers et des rues Stanislas et Dauphine. De l'endroit où ils sont, ils prennent d'enfilade toutes ces voies : de quelque côté qu'arrive l'ennemi, ils seront en état de le recevoir. La barricade de la rue Saint-Charles dirige quelques coups de feu sur une troupe allemande qui, dans des conditions barbares qu'on dira plus loin, vient par la rue Thurin et, momentanément, s'arrête.

Les alpins du 51°, qui se préparaient à résister dans cette région septentrionale de la ville, n'ont pas à livrer la bataille attendue. C'est que leurs camarades du 62°, sous les ordres du capitaine Moufflet, retiennent encore les Allemands vers les Raids de Robache. L'ennemi ne parvient pas à les déloger. Mais il réussit à faire passer, par les bois au sud des Raids, des masses nombreuses qui se mettent à descendre vers Saint-Dié et y arriveront dans l'après-midi [1]. Immobiles à côté de leurs barricades,

---

[1]. Cette fraction du 62° bataillon soutient, pendant toute la journée, des luttes héroïques et trop peu connues. Vers 6 heures du soir, se sentant entièrement isolé, le capitaine Moufflet décide de se replier sur Denipaire en suivant la ligne des crêtes qu'il a fait reconnaître et qui paraissent libres. En arrivant près du village, il se heurte dans le bois à des

les défenseurs de la ville sentent cruellement leur fatigue. « Le temps était affreux, écrit le lieutenant Belmont, tout le monde était éreinté, silencieux, affalé dans les coins, contre les murs, pendant que les obus tombaient sur la ville [1]. » « Les habitants sont terrorisés, écrit de son côté le lieutenant de Serbrun. De braves femmes plus courageuses que les autres nous apportent du café, du vin. Ainsi, deux bonnes sœurs, dont je garderai toujours le souvenir impérissable, m'offrent du vieux vin. Je ne puis retenir l'angoisse de la faim qui me torture et je leur réponds : « Oh ! mes « sœurs, ce n'est pas du vin, mais du pain qu'il nous « faudrait ! » Elles s'éclipsent et reviennent bien vite avec une grosse miche de pain et des boîtes de conserve ; puis elles repartent pour en rapporter d'autres... Elles ont fait bien des heureux... A midi, je suis forcé de réveiller mon camarade qui dort à poings fermés : nous avons reçu l'ordre d'évacuer la ville. » L'ordre était, en effet, donné

forces allemandes qu'il parvient à refouler. Mais il est aussitôt canonné avec violence. Il se retourne vers le champ de tir de Saint-Dié. Il est suivi par des patrouilles ennemies ; mais, pied à pied, il leur résiste. A minuit, ignorant tous les événements de la journée, il envoie une patrouille vers Saint-Dié. Quelqu'un — on ne sait qui — dit à ses hommes que la ville est encore « occupée par les Français ». Il décide d'y aller. Un peu après le village de Marzelay, il tombe sur des troupes ennemies qui ouvrent le feu à bout portant. Il commande : « En avant, à la baïonnette ! » Mais, étant en tête, il tombe frappé d'une balle en pleine poitrine. Sa troupe se jette alors dans le lit de la Meurthe, réussit à passer la rivière et trouve sur la rive gauche l'autre groupe du 62e sous les ordres du capitaine Huot.

1. *Op. cit.*, page 34.

de se replier vers la route de la Bolle et des Tiges.

La lutte a été plus vive et plus longue dans la rue d'Alsace. Les chasseurs du 51°, qui se repliaient de Sainte-Marguerite pour rejoindre leurs camarades descendant de Dijon, n'avaient reculé que pied à pied ; et, se dissimulant des deux côtés de la rue, dans les encoignures des portes, ils n'avaient cessé de faire le coup de feu. Avec les fantassins du 30° régiment, ils ont construit et défendu la barricade qui devait barrer l'avance vers l'église Saint-Martin.

Les chasseurs se reforment en colonne et sortent de la ville sous la pluie et dans la boue. A peine le gros du bataillon arrive-t-il au passage à niveau des Tiges qu'il retombe sous le feu de l'artillerie allemande. Il s'est engagé, pour marcher dans la direction de la Bolle, dans le petit chemin de la cote 354.

Des lisières du bois Saint-Martin, une fusillade intense éclate, balayant la route et atteignant même nos pièces de 75 installées au nord de la Bolle, vers la ferme du Bihay. Le colonel Crepey, commandant l'artillerie divisionnaire de la 28° division, est sur la route des Tiges. Il charge le capitaine Antoine Brun, officier forestier, attaché à l'Etat-Major de la division, de prendre le commandement de quelques sections de fantassins qui sont là sans chef et de se porter avec elles sur les pentes du bois pour essayer d'enrayer l'offensive ennemie qui semble se dessiner. Puis il donne l'ordre au commandant Gay, qui vient d'arriver au sud de

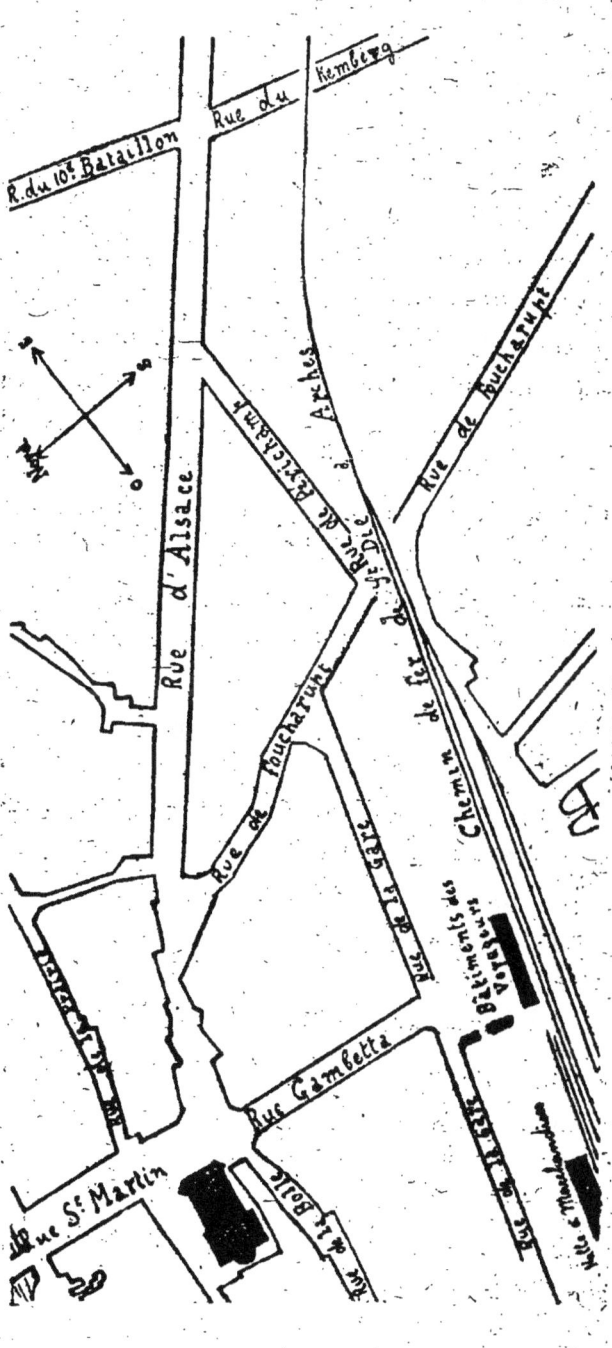

Saint-Dié. — La rue d'Alsace et ses abords.

la Bolle, avec un bataillon du 99ᵉ d'infanterie [1], de couvrir la partie nord de ce village et l'enlèvement du matériel, dont presque tous les servants et les attelages sont tués. L'opération se poursuivra avec succès jusqu'avant dans la nuit. En même temps arrive au passage à niveau le commandant Grardel qui avait officiellement le commandement des troupes restant dans Saint-Dié et qui avait essayé, avec une fougue entraînante, d'organiser la lutte. Il déclare qu'il faut faire un nouvel effort pour conserver la ville.

Les alpins rebroussent chemin et rentrent dans Saint-Dié sous une pluie d'obus. C'était une tentative désespérée. Deux compagnies environ poussent jusqu'à la rue d'Alsace. Les lieutenants de Landouzy, de Serbrun et Birmann entraînent leurs patrouilles dans la rue d'Alsace jusqu'au delà de la barricade qui avait été dressée à l'entrée de la rue. Mais les tirailleurs allemands, postés dans les mansardes, rendent impossible l'avance par ce côté. Alors, les uns par la rue de la Croix, d'autres en traversant les maisons et les jardins, les chasseurs gagnent la rue de la Prairie qui est d'abord plus facile à défendre. Une barricade les dissimule

---

1. Ce bataillon, après une sanglante affaire le 24 à Saulxures, dans la vallée de la Bruche, avait lutté le 25 au Ban-de-Sapt, et, reculant pied à pied, avait encore été fortement éprouvé le 26 au hameau de la Culotte, au-dessous des Raids de Robache. Son chef était, depuis le 25, le commandant Gay, ancien capitaine du 13ᵉ bataillon de chasseurs alpins, qui avait, à l'Etat-Major de la 56ᵉ brigade, participé à l'offensive de la Bruche.

admirablement et les protège contre les ricochets. Mais un obus la démolit tout à coup et blesse la plupart de ses défenseurs. Un commandant d'infanterie, dont je n'ai pas retrouvé le nom, essaie de galvaniser encore les combattants. Il y réussissait quand deux obus, éclatant l'un dans la rue, l'autre sur une maison, multiplient les blessés. L'élan de ces braves garçons est brisé. De nouveau, il faut battre en retraite. On leur en a déjà envoyé l'ordre par deux fois. Ils obéissent.

Aussi bien il n'en était que temps. Les tirailleurs allemands, qui s'étaient glissés sur les flancs de la côte Saint-Martin, dominaient la petite troupe de fantassins qui, sous les ordres du capitaine Brun, s'efforçaient héroïquement de leur tenir tête. Invisibles parmi les sapins, ils avaient continué de tirer à coup sûr. L'inévitable avait fini par se produire. Le capitaine Brun avait été grièvement blessé; sa petite troupe, fauchée, avait dû se replier, et la fusillade ennemie, avec une violence nouvelle, battait comme grêle le hameau des Tiges. Dans le même instant, d'autres forces allemandes tournaient par le nord. La route de Saint-Dié à Herbaville était totalement balayée par le feu des tirailleurs wurtembergeois. La retraite, sembla-t-il, risquait d'être coupée. Elle fut difficile aux derniers éléments qui franchirent le passage à niveau; l'adjudant Charrat fut tué au milieu d'un groupe décimé, et le lieutenant Birmann, au moment où, avec beaucoup d'énergie et de sang-froid, il essayait d'abriter la retraite des restes de sa compagnie entre les maisons des Tiges, tomba mortellement atteint.

Peu à peu, un même mouvement s'était accompli dans le reste de la ville. La mitrailleuse, installée devant la mairie, n'en partit que lorsqu'elle courut le danger d'être prise. L'officier qui la commandait ne pouvait, lui non plus, se résoudre à quitter Saint-Dié. Il n'en sortit qu'un des derniers. Deux ou trois alpins étaient encore restés en embuscade sous les arcades de l'hôtel de ville. A 2 heures et demie, un sergent ennemi débouche, avec quelques-uns de ses hommes, de la rue Saint-Charles. Un alpin l'abat d'une balle. La troupe disparaît. On n'a su que plus tard dans quelles conditions elle est venue jusque-là [1]. Les alpins sont seuls. Ils se retirent.

Pendant tous ces incidents, le bombardement a été intense sur la ville. Entre 2 et 3 heures, un témoin a entendu passer cinq cents obus environ. Plusieurs maisons sont incendiées. M. Burlin est préoccupé par le feu qui dévore un de ces immeubles, celui de MM. Andrez-Brajon, dans la rue des Frères Simon, et qui menace de gagner une fabrique de baguettes dorées et ses énormes approvisionnements de bois, ce qui mettrait le quartier en péril. Il s'y rend, accompagné de M. Muller, ancien conseiller municipal. Par bonheur, quelques hommes de bonne volonté parviennent à enrayer les flammes et empêcher une catastrophe. Pendant

---

1. Voir page 98.

que M. Burlin est là, un homme de Sainte-Marguerite, M. Wilhelm Hug, s'est présenté à l'hôtel de ville.

L'ennemi était arrivé à Sainte-Marguerite vers 10 heures et demie du matin. Son avant-garde était composée de quelques centaines d'hommes ; le gros de la troupe suivait par derrière, assez près. Un tir régulier d'artillerie, qui s'allongeait progressivement, couvrait sa marche. Nos fantassins et les chasseurs alpins se repliaient en faisant le coup de feu. A peine entrés dans Sainte-Marguerite, les envahisseurs ont commencé par mettre le feu, — « à la main », disent tous les témoins — à plusieurs maisons. M. Wilhelm Hug, qui parle l'allemand correctement, les a suppliés d'épargner la sienne. Ils ont accueilli sa prière. Mais, vers une heure de l'après-midi, un groupe de soldats est venu le chercher par ordre du général commandant. Celui-ci lui remet une lettre. Il faut aller immédiatement la porter au maire de Saint-Dié. Si le messager n'est pas de retour dans une demi-heure, la ville sera détruite de fond en comble. M. Hug objecte qu'il a trois kilomètres à parcourir pour arriver jusqu'à la mairie et qu'il lui est impossible d'accomplir en si peu de temps une marche de six kilomètres aller et retour. On le jette alors dans une automobile. Quand celle-ci arrive de l'autre côté du pont de Sainte-Marguerite, les balles sifflent de toutes parts. Un officier qui se trouve dans la voiture la fait arrêter, disant qu'il ne veut pas s'exposer à être tué ; il fait descendre l'otage et lui commande de se rendre immédiatement à Saint-Dié. Malgré la fusillade, M. Hug s'exécute. Il arrive à l'hôtel de ville. C'était juste au moment où M. Burlin venait de se rendre à l'incendie des magasins Andrez-Brajon. M. Hug remet la lettre du général allemand à la concierge, M$^{me}$ Ravaud. Celle-ci se rend chez M. Kléber, directeur des travaux de la ville et dont le domicile est contigu à la mairie, et lui remet le message. Il était ainsi conçu :

Monsieur le maire de Saint-Dié, je vous avertis qu'on ne fera pas de mal à aucune personne civile qui ne portera pas des armes. Au contraire, on brûlera chaque maison d'où l'on tirera sur les troupes allemandes. Faites part à vos concitoyens de ce que je viens vous écrire.

Le général commandant en chef :<br>
Von Knoerzer.

M. Kléber était dans une situation terrible. Il n'avait pas le temps de faire chercher les chefs de la municipalité. Il sentait qu'un bombardement impitoyable pouvait commencer d'une minute à l'autre. Il comprend qu'il n'a qu'à céder. Ecrasé par la responsabilité qu'il doit assumer, le cœur serré, les jambes brisées d'émotion, sûr pourtant d'accomplir un devoir, il se rend à la mairie et, dans la loge du concierge, sur un coin de table, il rédige une note sur papier officiel. Sa main tremble tellement qu'il doit recommencer à plusieurs reprises. Il n'écrit d'ailleurs que quelques mots :

Seul à la mairie et dans l'impossibilité de faire prévenir la municipalité, j'ai l'honneur d'informer M. le général von Knoerzer que je fais hisser le drapeau blanc sur l'hôtel de ville. Je recommande la population civile à sa bienveillance.

KLÉBER, employé de la mairie.

Il remet le billet au vieillard qui repart. Puis, accompagné de M<sup>me</sup> Kléber qui l'a rejoint, il se met sur la porte. L'attente ne sera plus très longue. A ce moment — il est 4 heures un quart — M. Burlin revient à la mairie. Il est toujours avec M. Müller. Il apprend de M. Kléber ce qui vient d'arriver. Il l'embrasse avec émotion. Il fait aussitôt poser une affiche qui avait été préparée dès la veille. On la colle au coin de la mairie et l'appariteur est envoyé en ville pour placer les autres exemplaires. Il aura beaucoup de peine à le faire : il rencontre partout des Allemands qui menacent constamment de le fusiller.

M. Burlin court au quai Pastourelle pour chercher M<sup>me</sup> Burlin et la conduire à l'hôtel de ville. Il voit un premier contingent d'Allemands qui arrivent à la file indienne par le quai Carnot en passant devant la Caisse d'Epargne. Il exhorte au calme les rares personnes qu'il aperçoit. On entend de divers côtés les coups de feu que les Allemands tirent en s'avançant, pour s'assurer qu'il n'y a pas de combattants devant eux. D'autres troupes viennent par la rue d'Alsace et débouchent sur la place Saint-Martin. Deux ou trois automobiles, chargées de sous-officiers et de soldats qui ont le fusil braqué à droite et à gauche, parcourent en trombe les rues centrales pour voir si elle sont vraiment vides d'adversaires... M. Burlin est de nouveau à la mairie. Le second adjoint, M. Colin, le secrétaire, M. Gérard, le receveur municipal, M. Lavalle, le commissaire de police, M. Ducher, arrivent successivement. C'est alors que les premières compagnies allemandes, s'ébranlant de la place Saint-Martin, font leur apparition sur le pont de la Meurthe. Elles marchent en rangs compacts. Les officiers sont au milieu de leurs hommes. Le doigt sur la détente, prêts à tirer, les soldats surveillent les maisons à droite et à gauche. Au coin de la rue Stanislas, deux ou trois officiers ou sous-officiers se détachent du groupe. M. Kléber s'avance et leur montre le drapeau blanc et l'affiche : « So, so », disent-ils. Les troupes passent outre. Elles ont l'air d'aller vers l'avenue de Robache. Au même moment, des cyclistes allemands arrivent par la rue du Nord et la rue Saint-Charles et s'arrêtent place Jules Ferry. Il est 5 heures un quart environ. L'occupation de la ville est commencée.

Il ne reste aux Allemands qu'à rendre cette occupation sensible à tous par un acte hautement symbolique. Trois gendarmes, dont un gradé, se présentent à la mairie. Sans descendre de cheval, ils appellent : « Der Bürgermeister ! » M. Burlin s'avance et déclare qu'il fait fonction de maire. Le gradé répond : « Qui est celui-ci ? » M. Burlin : « C'est le second adjoint. » Le gradé commande :

« Avancez ! » et, faisant écarter les chevaux de ses hommes, il signifie par un geste à M. Burlin qu'il doit se placer entre eux. Et maintenant, en marche ! Il n'y a personne dans les rues. Les chevaux, tout en restant au pas, vont vite. M. Burlin, toujours encadré par les deux cavaliers qui ont le revolver au poing, a quelque peine à suivre. Il demande à plusieurs reprises : « Où me conduisez-vous ? » Ses gardiens ne desserrent pas les dents. Sur le grand pont, le gradé se décide à dire : « Vous montrer à la population. » Les Allemands avaient bien peut-être cette idée, mais ils en avaient encore une autre.

Arrivé sur la place Saint-Martin — il est 6 heures — l'étrange cortège s'engage dans la rue d'Alsace. Tout à coup, il s'arrête devant les cadavres de deux chasseurs alpins. Il y a là aussi une petite charrette à bras. On fait comprendre à M. Burlin qu'il doit y charger les deux corps. Trois ou quatre personnes se montrent alors et viennent l'aider. Puis, il faut se remettre en marche, et la petite charrette suit. On va jusqu'au n° 59, devant l'ancienne maison de M. Alphonse Lévy.

Il y a là, sur le trottoir, les cadavres de cinq Allemands. Le gradé vocifère, sur un ton de plus en plus furieux, des commandements que M. Burlin n'arrive pas à comprendre. L'adjoint appelle M. Prêcheur, qui habite là et qui sait l'allemand. On s'explique. Il faut que, sans retard, ces morts soient ensevelis. Le père de M. Burlin sort dans la rue. Quelques habitants des maisons voisines, MM. Alphonse Lévy, Jung, Feltz, Th. Bernheim, viennent à leur tour. Ordre est donné que tous se mettent à la triste besogne. On cherche le break de M. Burlin père. On y charge les cinq corps. On en ajoute encore quatre, et tous ensemble, sous la conduite des trois gendarmes qui ont toujours le revolver au poing, prennent, derrière la voiture, la rue du Kemberg. Le convoi fait halte devant un terrain communal, qui est face au séminaire. On y creuse rapidement une fosse et, tandis qu'on la prépare, M. Alphonse Lévy doit fouiller les cadavres, enlever leurs médailles d'identité, recueillir tout ce qu'ils ont dans leurs poches. Un de ces Allemands avait sur lui 60 francs d'or français. Quand la sinistre opération est terminée, tout le monde est ramené rue d'Alsace et, là, relâché. Les Allemands ont montré avec élégance qu'ils sont les maîtres [1].

La nuit tombe. Une troupe, qui était allée en reconnaissance jusqu'au bout de la rue de la Bolle, revient alors au pas de parade, et le bruit lugubre

---

[1]. Cette idée de prendre le maire d'une localité et, pour bien montrer leur pouvoir, de lui imposer les pires tâches sous les yeux de la population, a été mise en pratique en d'autres endroits. A Coinches, par exemple, dans l'arrondissement de Saint-Dié, les Allemands, après avoir emprisonné le maire, M. Bertrand, dans une cave et l'y avoir retenu pendant cinq jours, sans autre nourriture que celle que les siens pouvaient lui faire parvenir plus ou moins en cachette et sous la menace perpétuelle d'une exécution sommaire, ont imaginé de se servir de lui pour lui faire enterrer les détritus du bétail qu'ils tuaient. Ils lui ont ensuite imposé de traîner jusqu'à Saales, avec quelques-uns de ses concitoyens, un chariot chargé de leurs débris militaires.

des lourdes bottes, frappant le sol en cadence, met l'angoisse et la rage au cœur des habitants qui écoutent dans leurs demeures : il leur annonce que l'occupation de la ville est un fait accompli.

## CHAPITRE III

# L'entrée des Allemands

L'occupation de Saint-Dié était commencée. Elle ne l'était pas d'une façon ordinaire. L'article 23 du règlement de La Haye, que l'Allemagne, par ses représentants officiels, s'était engagée à respecter, est ainsi conçu :

Il est notamment interdit :
...b) De tuer ou de blesser par trahison des individus appartenant à la nation ou à l'armée ennemie.
Il est également interdit à un belligérant de forcer les nationaux de la partie adverse à prendre part aux opérations de guerre dirigées contre leur pays.

Nous allons voir comment, à Saint-Dié, l'Allemagne a traité sa signature [1].

1. Les Conventions de La Haye, qui fixaient, entre nations civilisées, « les droits et les coutumes de la guerre », ont été signées le 18 octobre 1907. Il n'est pas inutile de rappeler que, lors de la discussion de ces textes, le représentant de l'Allemagne, le baron Marschall de Bieberstein, crut devoir déclarer : « Les actes militaires ne sont pas régis uniquement par les stipulations du droit international ; il y a d'autres facteurs. La conscience, le bon sens et le sentiment du devoir imposé à

Les premiers Allemands qui entrèrent dans la ville arrivaient par la rue Thurin, c'est-à-dire par une voie qui prolonge la route venant de Grattin et qui est dominée sur la droite par des maisons accrochées à une pente rapide jusqu'au chemin de Dijon. Ils redoutaient des coups de feu qui pouvaient partir de ces positions plongeantes. D'autres détachements avaient mission de pénétrer par ce chemin de Dijon ; mais ceux qui s'avançaient en bas ne pouvaient pas savoir dans quelle mesure leurs camarades les protégeaient. La patrouille qui avait été accueillie par la mitrailleuse du lieutenant Allier, et qui s'était repliée en désordre, avait sans doute exagéré l'importance des défenses qui semblaient les attendre. Les Allemands eurent un instant d'hésitation. La ville était-elle disposée à se rendre, ou bien devait-elle être un champ de bataille ? Depuis les temps historiques les plus reculés, il y a un moyen fort simple de résoudre ce problème : c'est l'envoi d'un parlementaire. Un officier s'avance, accompagné d'un homme qui porte un drapeau blanc et d'un autre qui, avec un tambour ou un clairon, attire l'attention des combattants. Il n'est pas dans les traditions de l'armée française de tirer sur ceux qui se présentent dans ces conditions. Les Allemands ont adopté à Saint-Dié d'autres méthodes, ou plutôt ils en ont

l'humanité seront les guides les plus sûrs. Nos officiers, je le dis hautement, rempliront toujours, de la manière la plus stricte, les devoirs qui découlent de la loi non écrite de l'humanité et de la civilisation. »

renouvelé de fort anciennes et qui sont antérieures à toute civilisation [1].

A l'entrée de la rue Thurin est la fabrique de bonneterie qui appartient à la Société Emile Blech et Cⁱᵉ. Le comptable de la maison, M. Visser, avait passé la nuit du 26 au 27 août, avec sa famille, dans la cave de la maison de son patron, située en face de sa propre demeure. Dès 5 heures et demie du matin, on entendait les gens de Grattin qui descendaient en se sauvant. Vers 6 heures et demie ou 7 heures, d'après les souvenirs de M. Visser, — mais il était probablement un peu plus tard — une première patrouille allemande arrive. Elle est composée de deux soldats, ou plutôt deux soldats de cette patrouille — elle pouvait être plus nombreuse — sonnent à la porte que la concierge leur ouvre. Ils regardent dans la cour, se contentent de dire : « Pas danger », et se retirent. Vers 10 heures, une autre troupe survient. En quelques minutes, la cour est entièrement pleine de soldats. M. Visser, qui est remonté de la cave, est au milieu de cette foule. Un officier vient à lui, braque son

---

[1]. Des faits qui vont être racontés, il faut rapprocher celui-ci que je tiens d'un capitaine du 11ᵉ bataillon de chasseurs alpins, lequel est tout prêt à en déposer : « Le 27 août 1914, ma compagnie se trouvant déployée à la lisière du bois au nord de Denipaire, pour une mission spéciale, je vis déboucher de la crête cotée 520 une forte reconnaissance d'infanterie ennemie, précédée de quelques hommes en éclaireurs qui s'avançaient vers nous. Une rafale de mousqueterie, subite et violente, les fit disparaître. Environ deux heures après, ils revinrent, précédés d'une dizaine de civils, hommes, femmes et enfants. Nous ne pouvions plus faire usage de nos armes. »

revolver sur sa figure et lui dit : « Vous, me conduire. » Mme Visser, en larmes, se jette au cou de son mari, demandant à l'officier si on va faire du mal à celui-ci. « Non, répond-il, soyez tranquille. » Pendant ce temps, les Allemands, qui se sont répandus dans le jardin, tirent contre les alpins qui se trouvent dans la prairie du Breuil. On pousse Visser. On lui fait comprendre par des bourrades qu'il doit marcher. On sort ainsi dans la rue. Sur le seuil de la porte, un autre homme est encadré de soldats. C'est le nommé Chotel, dit « le blanc Chotel ». Il demeure rue d'Ormont. Un de ses camarades l'avait chargé de faire une commission à Grattin. En route, il était tombé sur les Allemands en marche et avait été arrêté et ramené. Chotel est très calme. Il encourage la femme et la fille de Visser qui ne font que pleurer et qui supplient les Allemands pour celui qu'ils ont l'air de vouloir prendre comme otage. Il répète à ces deux femmes en larmes : « N'ayez pas peur. Vous voyez bien que l'officier vous dit que nous ne risquons rien »...

On se met en marche. Visser et Chotel sont en tête du groupe, avec des soldats à leur droite, à leur gauche, derrière eux. En réalité, on piétine presque sur place. Les Allemands n'ont pas l'air de savoir exactement comment ils pénétreront dans la ville. Ils enfoncent les portes des maisons à coups de haches et à coups de crosses et poussent de continuels hourras. « Je n'étais pas aussi rassuré que Chotel, raconte Visser [1]. Je commençais à

---

1. Nous recueillons ce récit de la bouche même de la victime.

deviner ce qu'on voulait faire de nous. Devant la maison de M. Peccate, je décidai ma femme et ma fille à rentrer chez nous, leur disant que ce n'était pas là leur place. J'ajoutai que je les rejoindrais le plus tôt possible. Je remis à ma femme l'argent que j'avais sur moi. Par bonheur, j'oubliai, dans la poche de mon pantalon, deux pièces de cinq francs. Chotel et moi, nous étions donc seuls. Nous continuons à avancer, mais très lentement. »

Au moment où le cortège arrive à la petite maison de M<sup>me</sup> Litz, un soldat allemand, qui a traversé la rue du Breuil, et qui se trouve ainsi au coin de la rue du Breuil et de la rue Thurin, contre le mur de l'hôpital, est en vue de la barricade qui est dans la rue Saint-Charles, au coin de la rue des Frères Simon. Il reçoit une balle en pleine figure. Il tombe. L'officier, furieux, se tourne vers Visser : « Ce sont vos sales Français. Ils tirent sur nos soldats, jusqu'au coin des rues. » Au même instant, les Allemands se jettent dans la maison de M<sup>me</sup> Litz. Ils en ramènent les nommés Léon Georges et Henri Louzy. Ce dernier est sourd et muet. On les pousse vers Visser. A ce moment-là, Chotel, Louzy, Georges et Visser sont sur une même ligne, au milieu de la rue, Chotel à droite et Visser à gauche, sur le trottoir qui longe le mur de l'hôpital, les autres entre eux deux. L'officier crie : « Vous allez marcher devant, de front. » Il commande : « Marche ! » Son revolver est braqué, et si les malheureux refusent d'obéir, leur sort est réglé. Ils font ainsi une dizaine de pas. Tout à coup Visser aperçoit, en travers de la rue Saint-Charles, une barricade garnie de soldats français qui tirent vers la rue Thurin. Les Allemands ripostent. Les otages sont entre deux feux. Ils étaient alors exactement devant le jardin de la maison Villermaux. Chotel tombe sur ses genoux et sur ses mains. Du sang sort de son pantalon. Il crie : « Assassins ! Lâches ! » Il s'étend. Il est mort. Quelques minutes ou quelques secondes plus tard, Léon Georges, à son tour, tombe mort sans pousser un cri. Louzy s'échappe en courant, il suit le mur de l'hôpital. Les Allemands lui crient : « Halte ! Halte ! » Il n'entend rien, naturellement, et ne s'arrête pas. On a su depuis qu'il avait reçu une balle dans le poignet.

Visser est seul au milieu de la fusillade. A ce moment, il reçoit dans le bas-ventre, au-dessus de la cuisse, un fort coup qui le fait tomber. C'est une balle qui vient de l'atteindre. Par bonheur, elle a frappé les deux pièces de cinq francs qu'il avait dans sa poche. Les deux pièces sont tordues et comme rivées l'une à l'autre ; mais, du moins, aucun organe n'est atteint. « Je crois que je m'évanouis, raconte Visser. En tout cas, ce ne fut pas long, car, rouvrant les yeux, j'entendis que les balles sifflaient au-dessus de moi. Je n'osais pas faire un mouvement. Je fis le mort. Il me semblait que, si je bougeais si peu que ce fût, j'étais tué. Je ne peux pas dire combien de temps je restai dans cette position. Je sentais que mon sang coulait. Je dus avoir deux ou trois faiblesses. A un moment donné, la fusillade s'étant interrompue, les Prussiens, marchant l'un derrière l'autre en suivant le trottoir de la rue Thurin, se mirent à avancer vers la rue Saint-Charles. A côté de moi passa un soldat prussien que je reconnus pour l'avoir vu dans la cour de l'usine lorsqu'ils m'avaient pris. Je lui fis un geste de supplication. Il s'approcha de moi, m'aida à me relever, et me conduisit près de l'officier qui m'avait obligé de marcher devant les troupes. L'officier me dit : « Vous saurez que ce « sont des balles françaises qui vous ont blessé et « non pas des balles allemandes. » Ce n'était pas le moment de discuter. Visser ne répliqua pas. Reconduit chez lui, il fut porté dans l'après-midi à l'hôpital de Foucharupt. Quant aux corps de Chotel et de Georges, ils restèrent plusieurs jours devant la porte de l'hôpital. C'est le père de Chotel qui les a ramassés et inhumés.

Au numéro 8 de la rue Thurin, dans une de ces maisons qui semblent grimper sur la côte jusqu'au chemin de Dijon, habite M. Edouard Georges, qui n'a aucun rapport avec Léon Georges dont il a été parlé. Les Allemands, commençant à fouiller toutes les maisons, entrent chez lui. Il se porte au-devant d'eux pour leur montrer que la maison n'est pas vide. L'un d'eux le menace de son révolver. Un autre le prend par le bras et on le fait descendre ainsi jusqu'à la rue Thurin, où il reste sous la garde de six soldats armés. Ses filles étaient, avec plusieurs personnes qui s'y étaient rassemblées, dans la maison située en face du numéro 8. L'une d'elles, M<sup>lle</sup> Marie Georges, regardant à travers les vitres, a vu les Allemands pénétrer dans sa maison, dont les portes étaient ouvertes, et revenir en poussant devant eux son père. Elle fait un mouvement. L'officier l'aperçoit à travers la vitre, lui fait signe de sortir, et lui demande en allemand si elle parle cette langue. Elle ne le comprend pas. Un soldat répète la question en français. Elle répond qu'elle ne sait pas l'allemand. L'officier aperçoit alors M$^{lle}$ Lucie Georges qui s'est approchée de sa sœur, ainsi que deux autres jeunes filles, M$^{lle}$ Cretin et M$^{lle}$ Schubert. Ces deux dernières savent l'allemand. Elles vont servir d'interprètes. L'officier commande : « Vous allez sortir de chez vous et obéir. Trois de vous vont aller trouver le maire. Vous lui direz que, si la ville ne se rend pas, elle sera mise à feu et à sang. » Il ne parle d'ailleurs de prendre aucune précaution pour sauvegarder leur vie et prévenir le feu éventuel des Français. Il faut qu'elles aillent sous la mitraille qui guette l'entrée des bataillons wurtembergeois. Les malheureuses sont affolées. On ne leur laisse pas le temps de la réflexion. Elles croient même comprendre que la vie, ou tout au moins la liberté de leurs parents, dépend de leur obéissance.

Les deux demoiselles Georges et M$^{lle}$ Cretin partent en courant. Elles suivent un instant la rue Thurin, tournent dans la rue du Breuil, enfilent la rue de l'Orient, sont obligées de se faire faire un passage entre une barricade et le mur, et, par la rue Dauphine, arrivent à la mairie. Il doit être 11 heures. Elles voient la porte fermée. Elles repartent, toujours courant, par la rue Stanislas et la rue du Collège, traversent le parc, franchissent le pont du parc, et parviennent rue de la Bolle. Des chasseurs les ont arrêtées à plusieurs reprises, leur criant qu'elles vont se faire tuer. Elles n'écoutent rien ; elles courent toujours. Elles sonnent à la porte du maire. On leur répond qu'il n'est pas là, mais que les adjoints sont chez eux.

A ce même moment, par l'autre côté de la rue de la Bolle, arrive, également en courant, M$^{lle}$ Schubert que les Allemands avaient d'abord retenue, mais pour l'envoyer également en mission avec une autre jeune fille, M$^{lle}$ Landmann, qui habite aussi rue Thurin et dont ils se sont emparés. Ont-ils cru que leurs premières messagères se soucieraient fort peu de leur rapporter la réponse municipale ? Se sont-ils méfiés de la terreur qui pouvait les paralyser ? Le fait est qu'ils ont intimé à M$^{lle}$ Schubert et à M$^{lle}$ Landmann le même ordre qu'aux trois malheureuses qui sont déjà parties. Elles doivent, à leur tour, courir vers l'hôtel de ville. Elles s'en vont en hâte, comme les trois autres viennent de le faire, rue de la Bolle.

Maintenant, les deux groupes, très embarrassés, délibèrent, en phrases haletantes, entrecoupées, sur le trottoir. Ils décident que l'un d'eux ira appeler le premier adjoint, M. Louis Burlin, que l'on croit à son domicile ordinaire, à côté de sa fonderie de la rue du Petit-Saint-Dié. L'autre groupe ira chez le deuxième adjoint, M. Ernest Colin, rue d'Alsace. Les demoiselles Georges et

# L'ENTRÉE DES ALLEMANDS

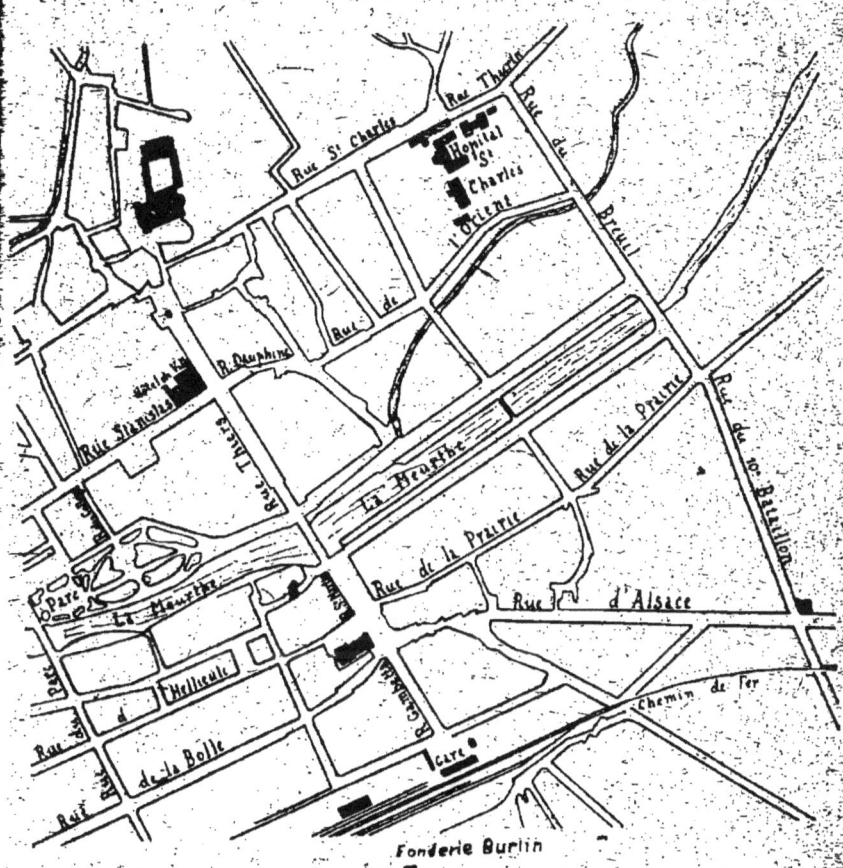

Saint-Dié. — Itinéraire des messagères-otages.

N. B. — Afin de faciliter les recherches, on n'a inscrit sur ce plan que les noms des rues suivies par les messagères. L'immeuble marqué dans la rue de la Bolle est la maison du maire ; celui qui est marqué au coin de la rue du Dixième-Bataillon et de la rue d'Alsace est le café de l'Univers ou café Colotte.

M⁽ˡˡᵉ⁾ Cretin se rendent chez M. Burlin. C'est le moment où le bombardement sur la gare est le plus intense. Elles sont obligées de traverser la ligne du chemin de fer. Toutes les trois trébuchent et tombent. Elles se relèvent et chacune demande aux autres si elles ne sont pas blessées. Elles arrivent à la fonderie qui est vide. Elles s'y égarent. Elles n'y trouvent pas M. Burlin, puisqu'il s'est fixé au quai Pastourelle. Elles retraversent la voie, toujours courant et trébuchant, passent devant l'église Saint-Martin, remarquent à ce moment-là qu'il est midi à l'horloge, franchissent le grand pont. Elles sont de nouveau à la mairie... Qui sait si ceux qu'elles cherchent ne sont pas à la gendarmerie ou à la sous-préfecture ? M⁽ˡˡᵉ⁾ Lucie Georges veut y courir. Elle va jusqu'au Collège. Mais le bombardement redouble. Les shrapnells pleuvent. Elle revient sous les arcades. Les chasseurs essaient de retenir les messagères qui leur semblent vouées à une mort certaine. Elles repartent, prennent la rue Dauphine, tournent dans la rue Concorde où elles doivent franchir une petite barricade à l'angle de la ruelle qui conduit à la place Jules-Ferry. Elles débouchent rue Saint-Charles et se trouvent ainsi derrière la barricade d'où les alpins, une heure plus tôt, ont tiré dans la direction de la rue Thurin, et qui est, à ce moment-là, abandonnée. Elles sont obligées de l'escalader. A l'entrée de la rue Thurin, elles voient les cadavres de Chotel et de Léon Georges. L'officier allemand les attendait. Il les interroge brutalement. Elles sont obligées de dire qu'elles n'ont trouvé ni le maire, ni les adjoints. Il a l'air de plus en plus irrité. Un témoin prend peur, demande grâce pour elles. L'officier daigne répondre : « On ne leur fera pas de mal. »

Il est à peu près une heure. Le père des demoiselles Georges est toujours entre les soldats armés qui le gardent dans la rue Thurin, tandis que leurs camarades opèrent un pillage consciencieux de sa demeure. On a commencé par la cave. On a continué par le buffet dans lequel on a pris toutes les provisions : café, sucre, confitures, pain, etc..., ne laissant que les macaronis, probablement parce qu'ils étaient crus. Il a vu tomber Visser, mais sans se rendre compte comment celui-ci a été amené à l'endroit où il a été atteint d'une balle.

Les Allemands continuent d'avoir peur des maisons entre lesquelles il faut s'engager pour entrer dans la ville. Ils renoncent à prendre M. Georges comme bouclier vivant ainsi qu'ils ont fait des autres otages. Ils le chargent d'aller, de maison en maison, jusqu'à la cathédrale et de crier, dans chacune, aux habitants que, si le moindre coup de feu était tiré, toutes les maisons seraient brûlées et toute la population exterminée. Il est prévenu que, si le moindre accident arrive à un seul soldat allemand, on commencera par le fusiller, lui. Il part, fait sa tournée douloureuse et revient. Au lieu de le mettre en liberté, on le replace sous la surveillance de ses gardiens. Ce n'est qu'à 4 heures que, sur les instances de M$^{lle}$ Lucie Georges, on se décide à relâcher cet homme inoffensif.

Pendant que les demoiselles Georges et M^lle Cretin accomplissaient leur course affolée de la rue de la Bolle à la fonderie Burlin, de la fonderie Burlin à la mairie, et de la mairie à la rue Thurin, M^lle Landmann et M^lle Schubert allaient à la recherche de M. Colin, rue d'Alsace. Arrivées à la place Saint-Martin, elles ne peuvent pas s'engager dans la rue d'Alsace qui est fermée par une barricade, d'où les alpins tirent dans la direction de Sainte-Marguerite. Elles font un détour par la rue de la Prairie et parviennent à la rue du Dixième-Bataillon, par où elles veulent rejoindre la rue d'Alsace. Mais, à quelques pas de celle-ci, au moment où elles atteignent le café Colotte, des coups de feu s'échangent dans la rue d'Alsace entre les Allemands qui, venant de la direction de Sainte-Marguerite, se sont avancés jusqu'à la rue du Dixième-Bataillon, et les Français qui sont postés à leur barricade. Un groupe d'Allemands leur crie : « Halte ! » On les arrête et on les enferme dans la salle à manger de la brasserie.

Il y a là un certain nombre de civils, peut-être dix, peut-être vingt. Elles sont si troublées qu'elles ne les comptent pas. Un officier vocifère avec brutalité. Tout à coup, elles l'entendent interroger violemment deux vieillards arrivés, comme elles, par la rue du Dixième-Bataillon, et arrêtés au moment où ils allaient tourner dans la direction de Sainte-Marguerite. Ce sont deux paysans qui, à l'aube, épouvantés par l'approche des Allemands, ont abandonné leur maison. Maintenant, ils pensent à leur bétail dont personne n'a soin et ils veulent aller lui donner de la nourriture. C'est leur idée fixe. L'officier a un sourire méchant. « En attendant, commande-t-il, prenez chacun une chaise et allez vous asseoir au milieu de la rue. » Devant leur ahurissement de terreur, il daigne donner une explication : « Les Français tirent sur nous ; il n'y a que ce moyen d'arrêter leur feu ou de les calmer. » Chacun des deux infortunés dut prendre lui-même une chaise dans la salle du café et aller s'asseoir au lieu indiqué. M$^{lle}$ Landmann et M$^{lle}$ Schubert, retenues momentanément prisonnières dans le café, affirment que les deux hommes restèrent là au moins une heure. Il est vrai que les Français, dès qu'ils les aperçurent, cessèrent de tirer. Mais les deux malheureux étaient à ce point déprimés au bout de cette épreuve qu'ils n'entendirent pas l'officier quand celui-ci les autorisa à rentrer dans le café.

Cet officier s'appelait le lieutenant Eberlein. Il a été si fier de son opération de guerre qu'il a tenu à la raconter lui-même. On lit sous sa signature, dans les *Münchner Neueste Nachrichten*, numéro du 7 octobre 1914, *Vorabendblatt*, p. 2, le récit suivant :

... Mais nous avons arrêté trois autres civils et alors me vient une bonne idée. Ils sont installés sur des chaises et on leur signifie d'avoir à aller s'asseoir au milieu de la rue. Supplications, d'une part ; quelques coups de crosse de fusil, d'autre part. On devient peu à peu terriblement dur. Enfin, ils sont assis dehors, dans la rue. Combien de prières angoissées ont-ils dites, je l'ignore, mais leurs mains sont continuellement jointes comme dans une crampe.

Je les plains, mais le moyen est d'une efficacité immédiate.

Le tir dirigé des maisons sur nos flancs diminue aussitôt, et nous pouvons maintenant occuper la maison en face et sommes ainsi les maîtres de la rue principale. Tout ce qui se montre encore dans la rue est fusillé [1].

---

1. Le lieutenant Eberlein continue ainsi son récit :
« L'artillerie, elle aussi, a travaillé vigoureusement pendant ce temps, et lorsque, vers 7 heures du soir, la brigade s'avance à l'assaut pour nous délivrer, je puis faire le rapport : « Saint-« Dié est vide d'ennemis. »

« Comme je l'ai appris plus tard, le ...* régiment de réserve qui est entré à Saint-Dié plus au nord a fait des expériences tout à fait semblables aux nôtres. Les quatre civils qu'ils avaient également placés dans la rue ont été tués par les balles françaises. Je les ai vus moi-même étendus au milieu de la rue, près de l'hôpital.

« Lieutenant en premier : A. EBERLEIN. »

Dans son récit d'un cynisme presque sadique, l'officier allemand se flatte d'avoir infligé ce traitement à *trois* civils. Mlle Landmann et Mlle Schubert ont entendu l'ordre donné aux *deux* vieillards, mais elles n'affirment pas que le même ordre n'ait pas été donné à une troisième personne. Leur préoccupation n'était guère de prendre des notes à l'intention des historiens. Mlle Landmann se souvient seulement qu'il y eut une altercation violente entre l'officier et un jeune homme si bouleversé qu'elle l'a cru atteint d'aliénation mentale. C'est peut-être la troisième victime de l'ingénieux lieutenant.

Le lieutenant Eberlein n'a pas été seul à trouver toutes naturelles les pratiques dont ses camarades et lui ont usé à Saint-Dié. Soldats et officiers n'ont éprouvé aucune gêne à les raconter eux-mêmes, dans la vallée de la Bruche, après leur repli. Une infirmière demandait à un médecin-major s'il était vrai que

Pendant que les deux vieillards sont ainsi au milieu de la rue, arrive, venant de la direction de Sainte-Marguerite, M$^{lle}$ Suzanne Sudre. Institutrice à Senones, elle s'était rendue pour les grandes vacances chez ses parents, concierges de l'usine dite de Périchamp, qui est à l'extrémité de la rue d'Alsace et qui appartient à M. Jules Marchal. Dans la matinée du 27, toute la famille, sous le bombardement, s'était réfugiée dans la cave. Douze personnes au moins étaient dans ce petit emplacement. Vers 9 heures, un obus ayant percé un mur de la maison à l'entrée de l'escalier, toute cette troupe va chercher, malgré le danger, un autre refuge chez M. Antoine, dont la maison est contiguë à celle de l'octroi. Le nombre en avait été grossi. Il y avait bien là vingt-cinq personnes. Vers 10 heures, un bicycliste allemand vient se poster à l'angle du chemin des Cités d'Anould et de la rue d'Alsace. Il fait des signaux ; et, quelques instants après, un détachement, probablement une compagnie, passe sans encombre. Ce détachement est suivi presque aussi-

---

leurs soldats s'étaient abrités derrière des cadavres allemands. « Pourquoi pas ? répondit le major. Il est tout simple que des morts servent encore à quelque chose. Nos troupes ont bien mis, à Saint-Dié, des civils vivants devant elles. »

Cette histoire s'est si bien répandue dans la contrée qu'elle a fini par s'y déformer en passant de bouche en bouche. Le journal d'une jeune fille, que j'ai sous les yeux et que j'ai déjà cité, montre bien ce qu'elle est devenue : « A Saint-Dié, raconte-t-on, ayant été surpris par les Français pendant leur repas, ils poussèrent les gens chez qui ils se trouvaient devant eux pour s'en faire un rempart et tirer à leur aise. Inquiètes, nous nous demandions si nous aurions le même sort le cas échéant. »

tôt par un autre. Ces Allemands n'ont pas encore dépassé la caserne du 10ᵉ bataillon de chasseurs qu'une fusillade crépite. Aussitôt, on les voit repasser à la débandade. L'un d'eux, qui a l'air d'un officier, reste, mortellement atteint, au milieu de la rue, en face de la maison de M. Girard, une maison qui, par représailles, a été, le soir, mise au pillage et incendiée. Bon nombre d'Allemands, profitant de la facilité que leur offre l'immeuble de l'octroi pour pénétrer dans les jardins, se sauvent par là et, escaladant les murs de séparation, ils se ruent dans la maison où la famille Sudre est réfugiée. On leur ouvre la porte cochère sur la rue ; ils se précipitent ; on est momentanément débarrassé d'eux. D'autres avaient franchi les murs qui séparent la caserne Kellermann de l'usine Marchal.

Après cette algarade, une assez longue accalmie, sous le bombardement qui continue. Vers 11 heures, la porte est enfoncée à coups de crosses. Tout le monde est obligé de remonter de la cave. On fait mine de forcer tous ces civils à sortir dans la rue, alors que le bombardement fait rage. Il y avait des canons allemands près de la ferme des Dames et, plus près encore, devant la maison Simon. L'officier qui commande la troupe hurlante s'adresse à Mˡˡᵉ Suzanne Sudre : « Vous voyez, là-bas — il montre le café de l'Univers ou café Colotte, au coin de la rue du Dixième-Bataillon, — vous voyez, làbas, ce drapeau blanc et ces hommes qui font des signaux aux fenêtres, allez leur dire qu'ils viennent me parler. Vous pouvez leur promettre qu'il ne leur sera fait aucun mal. » La mère de M^lle Sudre essaye de protester. L'officier réplique : « Si l'on ne marche pas, vous allez être tous fusillés. La ville sera mise à feu et à sang. » Ce disant, il tend à M^lle Suzanne Sudre un mouchoir blanc et lui fait signe de marcher.

M^lle Sudre obéit. Elle arrive à l'endroit indiqué. Elle a constaté, en s'approchant, que ce ne sont pas des Français qui font des signaux, mais des Allemands qui, de la fenêtre du café, agitent un drap blanc probablement pour que leurs compatriotes ne tirent plus sur le café. Mais un autre détail la frappe encore plus. Elle voit deux vieillards assis sur des chaises et exposés aux balles qui peuvent venir du côté de la ville. Elle est à ce point saisie par ce spectacle qu'elle en oublie sa mission. Il faut que le lieutenant Eberlein lui demande ce qu'elle vient faire pour qu'elle pense à s'acquitter de son message. L'officier lui commande d'aller dire à ceux qui l'envoient que le café est occupé par des Allemands et qu'il ne faut pas tirer sur lui. Elle refuse de se charger d'un message verbal et exige que la réponse soit écrite. Elle revient à son point de départ. Ceux qui se sont ainsi servis d'elle ne dissimulent pas l'admiration qu'ils ont pour son courage, ne soupçonnant peut-être pas les sentiments de mépris que leur acte devait lui inspirer. Le bombardement du café est arrêté. Il doit être environ midi. M^lle Landmann et M^lle Schubert sont retenues encore plusieurs heures dans le café Colotte. Elles ne parviennent à rentrer rue Thurin que vers 4 heures. Pour y revenir, elles escaladent les barricades abandonnées.

Les Allemands avaient un peu progressé, mais toujours suivant la même méthode. Ne pouvant se résoudre à pénétrer sans bouclier dans une ville, ils s'étaient introduits dans l'hôpital Saint-Charles et, dès le vestibule, avaient mis la main sur M. l'abbé Michel, aumônier de l'établissement. C'est maintenant au tour de l'abbé Michel de marcher devant eux. On suit la rue Saint-Charles. On dépasse la barricade déserte. On va déboucher dans la rue du Nord, aux abords de la place Jules-Ferry. L'abbé Michel et, à son côté, un sergent allemand sont en tête du cortège. Au moment où ils sortent de la rue Saint-Charles, un alpin, posté sous les arcades de l'hôtel de ville, aperçoit le sergent, épaule, tire. Le sergent tombe, foudroyé. La patrouille allemande croit avoir affaire à une nombreuse troupe. Elle repart à la débandade et l'abbé Michel en profite pour monter en courant à la cathédrale [1].

Cependant, à 4 heures, par le grand pont et la rue Thiers, des compagnies allemandes sont arrivées jusqu'à l'hôtel de ville. Saint-Dié est occupé. Il ne restait plus aux Allemands qu'à s'assurer que les soldats français n'étaient plus là. Pendant la fin de la journée, des détachements vont parcourir les principales rues. Ils n'en avaient pas fini avec les méthodes employées dès le matin.

---

1. Voir plus haut p. 72.

Mgr Foucault, évêque de Saint-Dié, avait été prié, dans l'après-midi du 27, par M. le chanoine Gentilhomme, supérieur du grand séminaire de la rue Haute converti en ambulance, d'aller visiter les blessés qui étaient soignés dans l'établissement. L'évêque, accompagné de son premier vicaire général, M. l'abbé Chichy, s'était rendu à son invitation. Vers 6 heures et demie environ, il rentrait à son domicile. Soudain, le prélat et son compagnon se heurtèrent à un gros de soldats allemands qui venaient vraisemblablement de la rue Saint-Charles et se dirigeaient vers l'ouest de la ville. Deux officiers sommèrent les deux prêtres de faire demi-tour et de marcher devant la patrouille. L'abbé Chichy, qui ne sait pas l'allemand, retrouva pourtant dans sa mémoire le mot « Bischof » et, leur montrant les galons vert et or du chapeau de l'évêque et sa croix pastorale, il répétait son unique mot : *Bischof*. Sans l'écouter, les officiers répondirent, se faisant écho l'un à l'autre et avec toute la dureté de l'accent tudesque : « Pas danger, pas danger. » Tout en disant cela, ils poussaient les deux prêtres par le bras vers la colonne en marche, laquelle ne s'arrêta nullement. Elle était considérable. M. l'abbé Chichy l'évalue à cinq ou six cents hommes. Il fallait marcher. Quand la troupe passa devant le séminaire, M. le chanoine Gentilhomme était sur la porte. Se souvenant qu'il parlait convenablement l'allemand, le prélat et son vicaire général pensèrent qu'il pourrait leur rendre des services. Ils lui firent signe de s'approcher. Les Allemands refusèrent d'écouter ce qu'on essayait de leur dire et les trois prêtres, encadrés de soldats, durent, sans s'arrêter une minute, continuer leur marche. On s'avança ainsi, par la rue Haute, jusqu'à la rue des Trois-Villes, à un endroit découvert, du côté de la prairie, vers la Meurthe, et, de l'autre côté, face à l'entrepôt de bières Thouvenin. Là, on fit halte un bon moment. Des soldats apportent aux prêtres, du côté de la prairie où ils étaient, sur le bord de la route, un banc pris en face. Mais ils refusent de s'en servir. Aucun coup de feu n'ayant été tiré, la patrouille, vingt minutes s'étant écoulées, estima qu'elle avait rempli sa mission. Elle rebroussa chemin, ramenant avec elle les trois otages. M. le chanoine Gentilhomme put rentrer au séminaire. Le prélat et son vicaire général, parvenus aux environs de la place Jules-Ferry, eurent également la liberté de rentrer chez eux.

L'on a appris depuis qu'une poignée de chasseurs alpins, du 62° bataillon, étaient aux aguets derrière un mur, aux abords de la brasserie Thouvenin. Mais, placés comme ils l'étaient, ils ne purent pas apercevoir la patrouille allemande. S'ils l'avaient vue, ils auraient sûrement tiré, et le bouclier vivant formé par les trois prêtres aurait été atteint.

Relisons l'article 23 du Règlement de La Haye :

Il est notamment interdit :

... *b*) De tuer ou de blesser par trahison des individus appartenant à la nation ou à l'armée ennemie.

Il est également interdit à un belligérant de forcer

les nationaux de la partie adverse à prendre part aux opérations de guerre dirigées contre leur pays.

Il est vrai que la guerre s'était ouverte sur cette proclamation : *Not kennt kein Gebot.*

## NOTE

Mon enquête minutieuse sur les faits qu'on vient de lire était terminée, quand j'ai pu me procurer un exemplaire du célèbre numéro des *Dernières Nouvelles de Munich ;* je me suis empressé d'examiner le récit complet d'Eberlein, et non plus seulement le passage désormais classique, et que tout le monde sait par cœur, sur les civils mis sur des chaises. J'ai trouvé, à côté de traits psychologiques qu'il serait fâcheux de négliger, une confirmation rigoureuse de tout ce que j'avais établi par mes propres moyens. On pourra lire, en appendice, le texte complet de l'article. Relevons-en ici quelques détails.

Le 27 août, vers 6 heures du matin, deux compagnies allemandes dont l'une est celle d'Eberlein, le lieutenant faisant fonction de capitaine, se dirigent sur Saint-Dié. Elles sont inquiétées dans leur marche par le feu de l'infanterie française : il s'agit, évidemment, du feu de nos fantassins qui, tout en se repliant et en s'abritant comme ils le peuvent, tirent sur l'ennemi dont ils s'efforcent de ralentir la progression. Ce fait, qu'Eberlein n'indique pas, a son importance. Les deux compagnies avancent assez vite pour qu'il leur arrive de se trouver sous les obus allemands. Elles parviennent aux abords de Sainte-Marguerite. Là, elles reçoivent des coups de fusil qui partent ou semblent partir des maisons. Ce que j'ai dit ci-dessus indique suffisamment qui les avait tirés. Est-il utile d'ajouter que ceux qui les avaient tirés continuaient de se replier ? Les Allemands fouillent les immeubles, n'y trouvent pas les soldats français qui ne leur ont pas fait l'honneur de les attendre. Ils y saisissent des civils et, sans plus, incendient les maisons. Ils reçoivent de l'arrière l'ordre de brûler le village et ils se mettent tout de suite à l'exécuter. Le bon apôtre qui les commande décrit « les femmes et les enfants qui pleurent, les hommes qui gesticulent, le bétail qui mugit et qui court partout... » et il déclare, presque la larme à l'œil, qu'il n'oubliera jamais ces images.

On arrive devant Saint-Dié, salué comme la « Terre Promise », où l'on espère goûter quelques jours de bon repos. On fait halte à la première usine et l'on attend les ordres. L'ordre arrive, de la brigade, pour la compagnie Eberlein, d'entrer dans Saint-Dié et de traverser la ville qui ne doit plus contenir de troupes françaises. Les cinq premières sections vont en avant-garde. Les cyclistes précèdent. Le reste de la troupe avance en colonne. Cette formation n'est pas sans imprudence. Eberlein l'avoue. Pour s'en excuser, il invente un mensonge : « Tout est si tranquille, les gens sont dans la rue, les jeunes filles sourient. » Il n'y a là rien de vrai. Tous les habitants étaient dans leurs caves. Eberlein oublie qu'il vient lui-même de faire allusion au tir de l'artillerie allemande qui s'allongeait à mesure que les troupes avançaient. Passons. A l'entrée de Saint-Dié, un vieillard se précipite vers Eberlein, lui dit qu'il est Allemand et qu'il va guider sa troupe. Eberlein trouve tout naturel de rencontrer, à point nommé, un Allemand installé dans la ville et prêt à les aider. Ici encore, n'insistons pas. L'individu déclare que les soldats français ont tous quitté la ville : Comment pouvait-il le savoir ?...

On passe devant une caserne vide. A ce moment, dans une rue qui débouche à droite, on aperçoit quelques pantalons rouges. Au même instant, les cyclistes reviennent en hâte. Ils prétendent qu'ils se sont avancés jusqu'à une cinquantaine de mètres de l'hôtel de ville et que, soudain, ils se sont trouvés en face d'une barricade. Ce qu'ils ont pris pour l'hôtel de ville, c'est l'église Saint-Martin dont on voit la tour au bout de la rue ; la barricade dont ils parlent est celle qui ferme la rue d'Alsace entre l'épicerie Blaise et la pharmacie Meyer. « Voir, sauter de côté, faire volte-face fut l'œuvre d'un instant, et déjà sur notre colonne serrée éclate la première salve. L'enfer semble s'être ouvert et les maisons crachent du feu. L'effet de la salve est terrible. Neuf hommes, dont quatre mourants, se roulent dans leur sang. Comme par miracle, je ne suis pas touché, bien que je me sois porté en avant avec mes deux adjudants... Un instant, la compagnie est paralysée d'effroi. Tous se pressent contre un mur, sans que personne sache d'où viennent les coups de feu... » Bon nombre d'hommes, sans se soucier d'en savoir plus, prennent la fuite. Eberlein ne le dit pas ; mais on les a vus passer en débandade devant l'usine de Périchamp.

Le guide qui s'était offert à Eberlein se jette dans la maison qui forme le coin et sur laquelle Eberlein lit : « Café de l'Univers ». « A moi ! crie Eberlein. Dans la maison ! » La porte est enfoncée, les vitres des fenêtres volent en éclats, et, tandis que les balles pleuvent dans le café, une quarantaine d'hommes sont autour de lui. Nous avons dit où étaient les autres. On occupe les fenêtres du rez-de-chaussée et du premier étage. On organise la défense, tables et chaises sont jetées dans la rue, on fait des meurtrières dans le galetas, on tire sur des chasseurs alpins qui essaient de se glisser le long des maisons. Il y a des blessés parmi les Allemands, on s'occupe d'eux. Sautons ces détails.

Soudain, le sol tremble : les obus éclatent en face de la maison. C'est l'artillerie allemande qui entre en jeu. Encore un obus ! Cette fois, il tombe un peu plus près de la barricade. « Il y a bien quelque chose pour nous, écrit Eberlein ; mais nous respirons. Mon adjudant W. a dû prévenir la brigade de notre situation et indiquer dans quelle maison nous sommes. » L'adjudant W. ne serait-il pas l'« officier » (?) qui, au milieu de la débandade de la patrouille allemande, est tombé mortellement blessé en face de la maison Girard? Par surcroît de précaution, Eberlein fait accrocher un drap blanc à la fenêtre du toit... Il est superflu de faire remarquer combien tout ceci confirme le récit de la famille Sudre. L'officier qui dirigeait le bombardement de la barricade était intrigué par le linge blanc qu'il voyait flotter sur le café de L'Univers ; il se demandait si c'était un signe fait par des Français et quel sens ce signe pouvait bien avoir.

Continuons à lire le récit d'Eberlein : « Deux heures se passent. Tout à coup, par la fenêtre du rez-de-chaussée, dont l'appui est très bas, deux jeunes personnes très élégantes se précipitent dans le café... » Nous savons de qui il s'agit, ce sont M$^{lle}$ Landmann et M$^{lle}$ Schubert au cours de la mission que les Allemands, entrés par la rue Thurin, leur ont imposée. Ici, remarquons à quel point Eberlein voit gros. Il est possible, il est même probable que les deux jeunes filles tenaient à la main leur mouchoir afin de demander par gestes qu'on les épargnât. Eberlein prétend que chacune d'elles portait et agitait un drap de lit ! Naturellement, l'avantageux officier ajoute que les jeunes filles se sont jetées à ses pieds. Il vaut la peine de l'entendre parler : « La situation devient alors pour moi hautement dramatique. L'une d'elles parle allemand. Elle profère des mots entrecoupés que je rassemble. Leur mère et leur sœur ont été prises par les Allemands ; elles-mêmes doivent aller chercher le maire de Saint-Dié ; sinon, elles seront fusillées toutes deux comme otages. Le général leur a donné une demi-heure pour porter ce message. Mais elles sont tombées sous le feu de notre artillerie et de notre infanterie et, enjambant les cadavres de nos soldats, elles ont sauté dans notre maison. » Remarquons qu'Eberlein n'éprouve aucun étonnement ; il trouve tout naturel que ses compagnons d'armes aient osé charger d'une telle tâche, et sous la mitraille, deux jeunes Françaises. Nous ne nous en plaignons pas : ce manque de sens chevaleresque nous procure une confirmation précise de notre récit. Prenant des airs d'importance, Eberlein ajoute qu'il fait mettre les jeunes filles à l'abri des bombes : « Je les tranquillise, je leur dis que je parlerai personnellement plus tard avec M. le général. » C'est alors que lui vient la « bonne idée » qui lui vaudra toute sa célébrité. On a déjà lu le récit de ce « m'as-tu vu » du crime contre le droit des gens.

## CHAPITRE IV

## Devant la trouée barrée

Si les Allemands avaient espéré dépasser rapidement Saint-Dié pour s'élancer, dans une marche irrésistible, sur Epinal, leur déception fut vive dès le 28 août. Leurs troupes, dans la soirée du 27, étaient arrivées jusqu'au bout de la rue de la Bolle. Mais elles s'étaient arrêtées aux environs du tissage André Busch et C$^{ie}$ et de la rue d'Hellieule prolongée. Les détachements qui étaient parvenus jusque-là n'y ont même pas passé la nuit. « Ils avaient peur de la montagne », disent ceux qui les ont vus ce jour-là. Ce quartier est, en effet, dominé par la côte Saint-Martin et ses bois épais. De cette grande masse sombre, un ouragan de feu pouvait s'abattre sur la route qui, presque dès la sortie de Saint-Dié, s'engage dans une vallée profonde, entre des hauteurs hérissées de forêts.

Cette route est, pour une armée qui veut déboucher de Saint-Dié, le passage à conquérir. Dans la matinée du 28, des détachements de uhlans font leur apparition. Ils arrivent au pas, prudemment, par la rue de la Bolle et par la rue d'Hellieule; mais, à leur tour, ils ne dépassent pas l'endroit où les patrouilles s'étaient arrêtées la veille. Ils regardent avec leurs jumelles dans la direction du passage à niveau, où le chemin de fer de Lunéville coupe la route convoitée ; ils explorent aussi les pentes noires de sapins et qui les inquiètent. Ils descendent de cheval et installent une sorte de poste à côté du débit Colin. Cependant, par la rue de la Bolle, les troupes allemandes arrivent. Lentement, avec méfiance, se glissant d'abord le long des maisons, puis, quand il n'y en a plus, dans le fossé, à l'abri d'une forte palissade, les soldats arrivent jusqu'au passage à niveau des Tiges, le franchissent presque en rampant et se répandent dans le hameau, qu'ils occupent. C'est de cette position qu'il s'agit maintenant de se ruer sur la route de Bruyères.

Cependant, en face d'eux, la résistance s'organisait. Une contre-attaque est préparée par le général Putz, commandant la 28e division, qui a groupé autour de lui, entre les Moîtresses et Rougiville, à cheval sur les routes de Taintrux et du Haut-Jacques, les éléments de sa division qu'il a pu reconstituer. Le 51e bataillon de chasseurs alpins, qui s'est reformé à Rougiville, sous les ordres du commandant Dechamps, avec les lieutenants Belmont, de Landouzy, Sauzet, de Serbrun, Allier et Gouyt, prendra par les bois Saint-Martin. Un bataillon du 75e régiment s'avancera par la route et le côté sud du chemin de fer. Un bataillon du 99e régiment[1] s'est massé, en se défilant à travers les bois de la Madeleine, vers une des scieries de la Ménantille, celle qui est plus au sud. Il attaquera par la voie du chemin de fer et, s'il le peut, par les prairies situées entre la voie et la Meurthe. Enfin, on espère que la 27ᵉ division, qui, la veille, a été fortement engagée vers Saint-Michel, pourra appuyer le mouvement par la vallée de la Meurthe. On essaiera de reconquérir la ville ; mais il s'agit surtout d'y enfermer l'ennemi et de l'empêcher d'en sortir. Il faut barrer solidement la trouée des Vosges et, pour donner le temps à l'armée française de fermer cette porte, tenir le plus longtemps possible ce qui en est, pour ainsi dire, la serrure : le passage à niveau des Tiges.

Vers 3 heures de l'après-midi, le 51ᵉ bataillon est au pied de la cote 354. Il se repose quelques minutes. On lui fait une distribution de pain, la première depuis le 25 août. Les Allemands, qui soupçonnent ce mouvement, dirigent sur la route un bombardement intense. Soigneusement défilés, les chasseurs, toujours en liaison avec les éléments du 75ᵉ régiment qui continuent de garder la route, se dirigent, d'un côté de la vallée, vers les bois de la Madeleine et, de l'autre, vers les bois de Saint-Martin. Quelques groupes restent à proximité des Tiges. Tout se fait en silence ; rien n'annonce l'action qui se prépare. Une violente canonnade a

---

1. C'est ce même bataillon qui, la veille, a eu à couvrir, à la Bolle, l'enlèvement du matériel d'artillerie. Un autre groupement du 99ᵉ opérait dans la région, mais plus au nord.

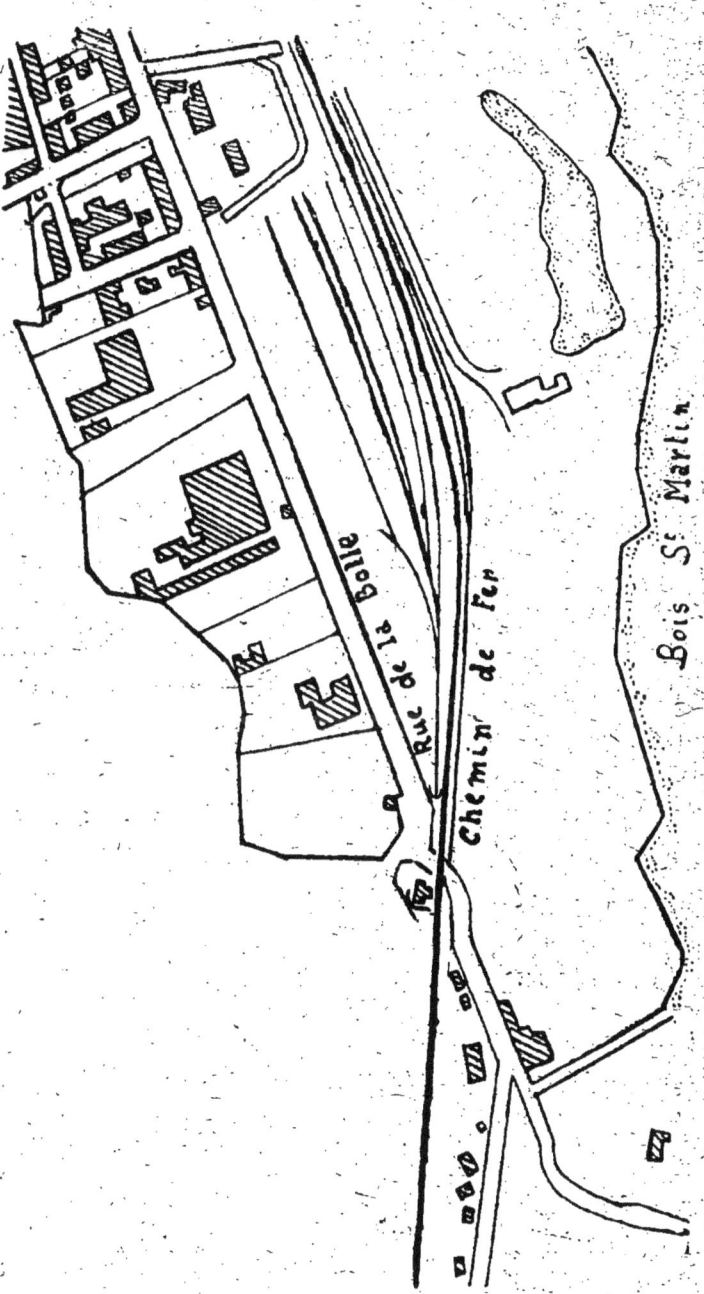

Saint-Dié. — Passage a niveau des Tiges

retenti, au contraire, dès 2 ou 3 heures, vers le nord-ouest de Saint-Dié. Ce sont nos 75 qui tirent dans la direction de Robache. Les Allemands se demandent s'ils vont être attaqués de ce côté de la ville.

La contre-attaque est fixée à 5 heures. Le commandant Gay, du 99e, dont le bataillon avait encore été affaibli par l'envoi forcé de deux compagnies comme soutien d'artillerie à la Bolle, se trouve devant des prairies marécageuses et qui ont encore été inondées par les pluies torrentielles des jours précédents. Il ne peut y engager ses hommes sans les exposer à s'y enliser et à être décimés par le feu de l'ennemi. Il glisse le long de la voie du chemin de fer, sur sa droite. Aux Tiges, il rejoint les éléments du 75e qui s'y trouvent et un groupe de chasseurs du 51e. Tout à coup, sur la route de Rougiville, les clairons sonnent la charge. Sur la côte Saint-Martin, à la lisière des bois, la fusillade crépite. C'est le 51e bataillon qui engage la lutte. Au même instant, sur la route, le commandant Gay lance les hommes en avant et, malgré la violence d'un tir de barrage hâtivement déclanché, le hameau des Tiges, en quelques minutes, est enlevé d'assaut à la baïonnette. Les Allemands partent en débandade, abandonnant les quelques prisonniers qu'ils ont pu faire. Ils se reforment à l'abri des premières maisons de la ville, et principalement dans la rue des Cités. Ils veulent s'y accrocher. Mais le commandant Gay décide qu'on les refoulera un peu plus loin. Déployés en tirailleurs dans le pré qui termine, en pente un peu rapide, la côte Saint-Martin, les chasseurs et les fantassins ont pour mission de reconnaître l'entrée de la ville, de la déblayer et d'occuper le passage à niveau des Tiges. Ils dépassent même ce point et prolongent leur assaut dans les maisons et dans les jardins. Quelques groupes de fantassins arrivent jusqu'à la Meurthe et des chasseurs atteignent les abords de la gare des marchandises. A 5 heures et demie, toute la partie avancée du faubourg est occupée [1].

Cependant, une contre-attaque allemande, qui se dessine sur la côte Saint-Martin, contraint de ne pas laisser dans un isolement dangereux le 51e bataillon qui y fait le coup de feu. Ordre lui est donné de se replier. De son côté, le commandant Gay constate devant lui un tel vide qu'il a la sensation d'être attiré dans un piège. Il arrête le mouvement. Il fait fouiller celles des maisons qu'il trouve ouvertes, et son impression est confirmée par le

---

[1]. Dans la maison Villemin, à la lisière des bois Saint-Martin — et qu'il ne faut pas confondre avec la ferme Villemin, dans le hameau des Tiges, au bord de la route — le capitaine Brun, presque moribond, perçoit le bruit de la contre-attaque. On lui dit de quoi il s'agit et que les Allemands cèdent. Faisant alors un effort surhumain, il murmure : « Je veux essayer de me lever pour aller les repousser, moi aussi. » Il retombe sur son oreiller ; et c'est dans cette maison abandonnée, — le chef de la famille, M. Villemin, avait été tué le soir du 27 par un obus et Mme Villemin fut obligée d'emmener, le soir du 28, ses six enfants et sa vieille mère — que le capitaine agonisa jusqu'au matin du 29 dans une solitude cruelle, tout vibrant à la pensée d'une avance française et désolé de n'avoir point sa part dans la victoire entrevue. (Voir pages 68 et 71.)

témoignage des personnes qu'il peut interroger : Saint-Dié est plein de troupes ennemies. Il comprend qu'il est, lui aussi, en flèche. Il décide de tenir simplement le passage à niveau et de s'y cramponner pour la nuit. Il en confie la défense au sous-lieutenant Roger Allier qu'il a connu dans les Alpes. C'est sur ce point que se replient les chasseurs qui peuvent se trouver encore dans les premières maisons de la ville. Le sous-lieutenant, avec cette résolution froidement passionnée qui en impose aux hommes, assigne à chacun son poste de combat.

Pendant la nuit, les Allemands, qui n'osent pas s'avancer plus loin que la rue d'Hellieule prolongée, ferment la rue de la Bolle avec une barricade faite de bancs, de volets de fenêtres, de brouettes, de charrettes, de paquets de sacs vides, etc... Ils braquent, devant la maison Tisserand, deux mitrailleuses qui, à tout moment, arrosent on ne sait quel but. Ils passent la nuit à se fortifier et à patrouiller. Au moindre bruit, ils tirent, au hasard, des coups de feu. Ils entrent dans toutes les maisons qui sont là. Ils obligent les habitants — ce ne sont guère que des femmes avec leurs enfants, les hommes, sauf quelques vieillards, étant partis — à leur préparer du café chaud. Dans la maison Amann, qui forme le coin de la rue de la Bolle et de la rue des Cités, ils surprennent trois fantassins du 99e qui n'avaient pas pu se retirer avec leurs camarades. Ils les font prisonniers et, vers 9 heures du matin, ils les fusillent dans la rue des Cités, devant la maison Scareder [1]. C'est le commencement d'une série de crimes qui, dès ce moment, se déroule avec une rigueur impitoyable.

Il faut ici se poser une question. Ces attentats contre le droit des gens ont-ils été improvisés dans l'emportement des passions déchaînées, ou bien ont-ils été perpétrés par ordre ? Les troupes dont nous avons à raconter les exploits appartenaient à la VIIe armée allemande, sous les ordres du général J. von Heeringen. Celle-ci comprenait, entre autres, le XIVe corps actif, commandé par le général von Hoiningen, le XIVe corps de réserve, commandé par le général von Schubert, et la 30e division de réserve, commandée par le général von Knoerzer. Or, dans le XIVe corps actif, une brigade de la 29e division, la 58e, dite la « brigade jaune », à cause de la couleur des pattes d'épaule en temps de paix, était commandée par le général-major Stenger, et l'on possède les plus sinistres détails sur une consigne délibérément donnée par ce général à ses subordonnés et systématiquement exécutée par ceux-ci. La formule de cette consigne a été révélée, dès l'époque, par nombre de prisonniers appartenant à cette 58e brigade. C'est une prescription pour laquelle cet officier supérieur avait d'ailleurs un

---

[1]. Leurs cadavres sont restés là un certain nombre d'heures et ont été ensuite jetés sur l'espace non bâti qui est en face de la rangée de maisons de la rue. Un témoin, Mme Ducoudard, a cru voir deux soldats à pantalons rouges et un bleu. Mais un autre témoin, Mlle Saltzmann, qui a été forcée de les enjamber, affirme nettement que c'étaient trois fantassins.

goût spécial. On sait, par la déposition précise d'un sous-officier du 112ᵉ régiment d'infanterie, qui fait partie de cette brigade, que, le 9 août, à la suite de la bataille de l'Isle-Napoléon, il avait déjà commandé de ne faire aucun prisonnier et d'achever tous les blessés [1]. La résistance rencontrée par le XIVᵉ corps aux abords de Saint-Dié avait provoqué, dans l'après-midi du 26 août, le renouvelle-

---

1. Voici, entre beaucoup d'autres, deux dépositions de prisonniers allemands :

1° A..., soldat au 142ᵉ régiment d'infanterie.
Serment prêté.

« Le 26 août dernier, vers 3 heures, le 2ᵉ bataillon, auquel j'appartiens, était en avant-garde dans la forêt de Thiaville, quand l'ordre de la brigade ordonnant d'achever les blessés et de ne plus faire de prisonniers a été transmis dans les rangs et répété d'homme à homme. Aussitôt après communication de cet ordre, dix ou douze blessés français, qui gisaient çà et là à l'entour du bataillon, ont été achevés à coups de fusil. Deux heures après, vers 5 heures du soir, j'ai été moi-même blessé et fait prisonnier et ignore ce qui s'est passé par la suite. »

2° I..., soldat au même régiment.
Serment prêté.

« A la bataille du 26 août, près de Thiaville, vers 4 heures de l'après-midi, notre capitaine (4ᵉ compagnie) nous donna un ordre analogue à celui que je viens de lire, nous disant qu'il était provoqué par les cruautés des Français à notre égard. »

De ces dépositions, il convient de rapprocher des extraits des carnets trouvés sur deux prisonniers, dont le second est détenu en Angleterre :

1° Carnet du soldat Anton Rothacher, 7/142 Mullheim, 7ᵉ compagnie du 142ᵉ régiment d'infanterie, 58ᵉ brigade d'infanterie (général Stenger), XIVᵉ Corps d'armée :

« Donerstag, 27 Ag. 1914. — ...Die gefangenen u. verwundeten Franzosen werden alle erschossen, weil sie unsere Verwundete verstümpeln u. misshanden. Brigadebefehl. » — Jeudi, 27 août 1914 — ...Les prisonniers et blessés français sont tous fusillés, parce qu'ils mutilent et maltraitent nos blessés. Ordre de la

ment de cet appel à la sauvagerie préméditée. L'ordre était communiqué verbalement par les officiers aux diverses unités de la brigade et passé, d'homme à homme, dans les rangs. Il nous est parvenu sous deux formes qui sont presque identiques : « A partir d'aujourd'hui, dit l'une des versions, il ne sera plus fait de prisonniers. Tous les prisonniers, blessés ou non, doivent être abattus. » (« Von heute ab werden keine Gefangene mehr gemacht. Sæmmtliche Gefangene, verwundet oder unverwundet, sind niederzumachen. ») « A partir d'aujourd'hui, dit la seconde version, il ne sera plus fait de prisonniers. Tous les prisonniers seront abattus. Les blessés, armés ou non, seront abattus. Même les prisonniers en grandes formations seront abattus. Il ne doit pas rester un ennemi vivant derrière nous. » (« Von heute ab werden keine Gefangene mehr gemacht. Sæmmtliche Gefangene werden niedergemacht. Verwundete, ob mit Waffen oder wehrlos, werden

---

brigade.)(Nous avons respecté l'orthographe du document original.)

2° Carnet de Reinhart Brenneisen, réserviste, appartenant à la 4e compagnie du 112e régiment d'infanterie :

« Aug. 21 1914, Mühlhausen. — Auch kam Brigadebefehl sæmmtliche Franzosen, ob verwundet oder nicht, die uns in die Hænde fielen sollten erschossen werden. Es dürften keine Gefangenen gemacht werden. » (L'ordre est venu de la brigade de fusiller tous les Français, blessés ou non, qui nous tomberont entre les mains ; on ne doit faire aucun prisonnier.)

On trouvera tous ces documents et, en particulier, le texte complet des deux carnets cités, dans le tome III-IV des *Rapports et procès-verbaux de la Commission d'enquête*, pages 67, 69, 71.

niedergemacht. Gefangene auch in grœsseren Formationen werden niedergemacht. Kein Feind bleibt lebend hinter uns. »)

Les gradés qui ont transmis cet ordre ont essayé parfois d'en donner une raison. Certains ont affirmé que c'était une représaille contre les soldats français, qu'ils accusaient de mutiler les blessés allemands : il y a une histoire d'yeux crevés que l'on a mise en circulation dans les troupes que l'on voulait exciter au carnage. Un « feldwebel » de la 5⁰ compagnie du 112⁰ donna une raison plus brutale : « Le transport des blessés offre trop de difficultés [1]. » C'est cette consigne d'égorgement sys-

[1]. Il nous faut reproduire ici le récit de cet incident, tel qu'il a été fait par le sous-officier X..., du 112⁰ d'infanterie de l'active (4⁰ Badois, 58⁰ brigade, 29⁰ division, XIV⁰ Corps d'Armée), le 19 février 1915, à Dannemarie.

Le 25 (ou 26) août 1914, X... occupait, avec la brigade entière (le 112⁰ et le 142⁰ régiments), la forêt de Sainte-Barbe, aux environs de Bertrichamps.

Vers les 2 heures de l'après-midi, le « feldwebel » de la 5⁰ Cie du 112⁰ sortit de son portefeuille un papier dont il lut le contenu à haute voix à la compagnie. Voici le texte de ce feuillet :

« Von heute ab werden keine Gefangene mehr gemacht. Sämmtliche Gefangene, verwundet oder unverwundet, sind niederzumachen. » (« A partir d'aujourd'hui, il ne sera plus fait de prisonniers. Tous les prisonniers, blessés ou non, sont à abattre. »)

Le feldwebel ajouta de sa propre autorité :

« Wir können, nach Aussage unserer Vorgesetzen, keine Gefangene mehr brauchen, angeblich, weil der Transport zu viel Schwierigkeiten bietet. » (« A entendre nos supérieurs, nous ne pouvons plus faire de prisonniers, soi-disant parce que le transport offre trop de difficultés. »)

Les sous-officiers et soldats ont en partie (à peu près par

tématique qui explique sans doute bien des crimes perpétrés par les troupes allemandes, les jours suivants, dans toute cette région, et qui sont désormais bien établis.

On sait que, dès le 26 août, de nombreux blessés français ont été achevés dans la forêt de Thiaville et sur la route de Saint-Benoît. Rien n'autorise à penser que les troupes qui opéraient au sud-est de

moitié) approuvé cette décision; les autres ont murmuré en protestant à mi-voix. Quelques sous-officiers et X... ont ouvertement blâmé la décision. Quelques-uns, à mi-voix, ont dit qu'ils n'exécuteraient pas l'ordre.

Cette décison venait du Corps d'armée, car un soldat du régiment 169 de l'active (faisant partie de l'autre brigade, 84, de la 29e division), a raconté à X... que le même texte leur avait été lu également.

Le même jour, un sous-officier a amené trois fantassins français prisonniers, vers les 4 heures de l'après-midi, et les a présentés au général Stenger, commandant la 58e brigade. X..., qui se trouvait à dix pas du général, a entendu ceci :

Le général, d'un ton de reproche : « War Ihnen der Befehl nicht bekannt ? » (« L'ordre n'était-il pas connu de vous ? »)

Le sous-officier ne répondit rien et parut contrit.

Le général, d'un ton plus raide : « Sie mussen doch den Befehl kennen ! » (« Vous devez pourtant connaître l'ordre ! »)

Le sous-officier s'excusa mollement, comme quelqu'un pris en faute.

Le général se tourna vers le Oberstleutnant Neubauer, commandant le 112e régiment, et lui dit : « Was soll ich jetzt mit den Leuten anfangen ? ich kann sie doch vor meinen eigenen Leuten nicht niederschiessen lassen ! » (« Que dois-je maintenant faire de ces hommes ? Je ne peux pourtant les faire fusiller devant mes propres hommes ! »).

Le colonel répondit, mais sans que X... pût comprendre, et le général ordonna de conduire les trois Français derrière le front des troupes dans la forêt. En même temps, il ordonna à un lieutenant de les suivre.

Environ trente minutes après, l'on entendit quelques coups

cette région et qui composaient le XIV° corps de réserve n'ont pas reçu et exécuté, avec la même docilité passive et méthodique, un même ordre donné par des officiers imbus d'une même doctrine de terrorisme. Les bois d'Ormont garderont probablement le secret des atrocités qui ont pu être commises sur des malheureux incapables de suivre leurs camarades dans la retraite [1].

---

de feu, et le bruit se répandit aussitôt, confirmé par les soldats, que les trois Français avaient été fusillés.

Le soussigné, X..., déclare que ce récit est strictement conforme à la vérité.

Signé : X...

Vu : Dannemarie, le 19 février 1915.

Le général, commandant le Groupement Sud,
Signé : CHATEAU.

(*Rapports et procès-verbaux de la Commission d'enquête*. T. III-IV, pp. 72 et 73.)

1. J'ai recueilli, à Dijon, des indices troublants de ce qui s'y est passé. Je relèverai, dans les notes de M<sup>me</sup> Victor Morel, ce qu'elle a vu au moment où les Allemands achevaient d'occuper le plateau et où leurs premières sections arrivaient au « Concours » :

« Nous ne pensons pas à les compter, mais nous regardons. Les uns inspectent les alentours avec des lunettes d'approche, un autre retourne au monticule, lève son sabre bien haut et l'agite plusieurs fois tandis qu'un deuxième, penché, tire plusieurs coups de revolver, la main presque à terre ; nous sommes figés d'horreur, car l'idée nous vient à tous qu'il vient de se commettre un crime. »

D'autre part, M<sup>me</sup> Morel a reçu d'un soldat blessé à qui elle a donné les premiers soins à Dijon et que les Allemands, au moment de leur départ de Saint-Dié, ont jugé intransportable, le récit suivant de ce qui lui est arrivé : « Lorsque je me découvris une dernière fois pour viser, je reçus une balle sous l'œil droit et je tombai à la renverse, évanoui. Je suis resté quelques minutes ainsi ; et lorsque je revins à moi, je ne savais

Ces exécutions de prisonniers qui, d'après les soldats de Stenger, leur étaient commandées, nous allons voir ceux de la 26ᵉ division de réserve (général von Soden) et ceux de la 30ᵉ (général von Knoerzer) les multiplier comme suivant un plan préconçu. Ont-ils, eux aussi, obéi aveuglément à une consigne féroce? Ont-ils accompli d'eux-mêmes les actes de barbarie qui étaient ordonnés à leurs camarades ? De ces deux hypothèses, des enquêtes ultérieures diront sans doute quelle est la vraie [1].

C'est dans le faubourg des Tiges que la consigne de mort devait recevoir son illustration la plus

pas trop ce qui venait de se passer. Enfin je me débarrasse de mon sac et essaie de prendre une position plus commode. Lorsqu'on s'aperçut que je bougeais, l'on essaya de m'achever en me logeant cinq balles de revolver. » Ce soldat fit le mort et ne fut ramassé que quelques heures plus tard.

1. Je ne prétends pas résoudre dès maintenant ce problème d'histoire. Mais j'ai sous les yeux un document que je ne dois pas omettre. C'est la déposition d'un prisonnier appartenant à la 5ᵉ compagnie du 110ᵉ régiment d'infanterie de réserve (badois), du XIVᵉ corps de réserve, régiment qui a opéré à Saint-Dié. J'y lis :

« C'était vers le milieu du mois d'août, après la bataille de Mulhouse, à laquelle mon régiment n'a pas pris part ; nous nous trouvions dans un village dans la région de Schlestadt ; mon bataillon, le 2ᵉ du régiment, fut rassemblé sur la place vers 5 heures du soir ; le général nous fit une allocution publique et nous exhorta à faire preuve de courage, il nous dit textuellement ceci : « A partir de ce moment, il vous est défendu de faire aucun prisonnier. Je vous donne expressément l'ordre de tuer les blessés ennemis que vous pourrez rencontrer et aussi les soldats qui voudraient se rendre. » Je ne puis vous dire si c'était un général de brigade ou de division, son nom m'échappe. Lorsqu'il nous parlait, il était entouré d'officiers,

complète. A l'aube du 29 août, un brouillard intense barrait l'horizon. Il était impossible aux Allemands de deviner ce qui se passait à cent mètres d'eux. Ils hésitaient à se mettre en marche. Vers 8 heures du matin, la fusillade commença du côté français. Pendant une demi-heure, elle fut intense. Les Allemands piétinaient sur place. Ils braquaient des mitrailleuses dans la direction de la côte Saint-Martin, qui semblait recéler un ennemi invisible, et ils tiraient au hasard. Par les rues qui traversent le chemin de fer, ils s'acheminaient vers la côte, décidés à tout faire pour s'y glisser. C'était à elle surtout qu'ils en voulaient, persuadés que la mort ne pouvait venir que de là. Elle leur venait aussi d'ailleurs. La petite troupe de chasseurs qui, sous les ordres du lieutenant Allier, était postée au passage à niveau, prenait d'enfilade la rue de la Bolle. Les Allemands, parmi lesquels son tir faisait des ravages, étaient en fureur. Ils prétendirent que l'on avait tiré sur eux des maisons qui bordaient la route. Le prétexte était futile. Ils le savaient mensonger.

Dès les premières heures du 29, ils ont visité les maisons, menaçant de mort les civils qui cacheraient des soldats français. Ils ont ainsi fouillé les trois maisons Stiffel dont l'une (le n° 3) était entièrement abandonnée. Ils n'ont trouvé de soldats

et plus particulièrement se tenait auprès de lui notre capitaine. *Je sais que le général a donné le même ordre, à la même date, aux autres bataillons de mon régiment et au 109° régiment d'infanterie qui faisait brigade avec le mien. Je crois du reste que cet ordre a été donné dans tout le XIV° corps d'armée.* »

dans aucune. Pourtant, dans celle qui était vide, deux pauvres alpins se cachaient encore. Harassés de fatigue, ils s'y étaient attardés la veille au soir et y avaient passé la nuit. Au matin, ayant probablement entendu les menaces faites aux voisins, constatant que le quartier était plein d'Allemands et que la fuite leur était impossible, ils ont décidé de se rendre. Ils paraissent à une fenêtre du deuxième étage et font un signe avec un mouchoir blanc. Les Allemands montent dans la maison et les ramènent. Les fusils sont cassés sur le mur et les deux hommes sont emmenés par la rue de la Bolle. Il est 7 heures ou 7 heures et demie.

Il est incontestable que deux soldats allemands ont été blessés et un sous-officier tué par des balles françaises, au coin de la rue des Cités et de la rue de la Bolle. Mais, quand ils ont été atteints, les trois malheureux fantassins du 99e surpris dans la cave de la maison Amann étaient prisonniers depuis bien des moments ; et les deux alpins capturés dans une des maisons Stiffel n'ont pas tiré un seul coup de feu. Les seules balles françaises qui pouvaient arriver là venaient, soit de la côte Saint-Martin, soit du passage à niveau des Tiges. Les Allemands devaient s'en rendre compte. Mais leur dépit de ne pouvoir avancer ne connaissait plus de bornes. Ils commandent soudain — il est 8 heures et demie — aux habitants de la partie droite de la rue des Cités de rester chez eux, et ils allument l'incendie dans les immeubles qui bordent la rue de la Bolle.

C'est la maison Froehly qui prend feu la première et, presque en même temps qu'elle, au coin de la rue des Cités, la maison Amann [1]. Les témoins sont unanimes à dire la rapidité formidable avec laquelle les flammes surgissent et dévorent tout. Les soldats jettent dans les maisons des produits qu'ils portent dans de petits sacs [2]. Un crépitement sec se fait entendre aussitôt. Des flammes claires jaillissent. En quelques minutes, tout n'est qu'un brasier. Les pastilles Ostwald sont de bonne qualité. Un côté de la rue des Cités brûle. Le long de la rue de la Bolle, les flammes dévorent, l'une après l'autre, les maisons et atteignent celles de la rue d'Hellieule prolongée, ainsi que la scierie Petitcolin. Les Allemands ne se contentent pas de voir l'incendie gagner de maison en maison. Pour que tout aille plus vite, ils continuent de jeter des matières inflammables. Quand tout ce côté de la rue d'Hellieule prolongée est détruit, on allume l'autre côté. De toutes ces habitations, des femmes sortent, folles de terreur. Elles sont obligées de passer parmi les tirailleurs allemands qui, couchés à plat ventre, visent la côte Saint-Martin. Elles s'enfuient à travers la mitraille et ont de la peine à franchir les barricades qui ferment la rue d'Hellieule. Après la destruc-

---

1. On se doute de la peine que j'ai eue à reconstituer la marche de cet incendie. Je n'y serais jamais parvenu sans l'aide de M. Clemencet, inspecteur primaire.

2. Il semble bien qu'ils se soient aussi servis de pétrole. Un témoin, M. Petitcolin, a vu des soldats manier des bidons.

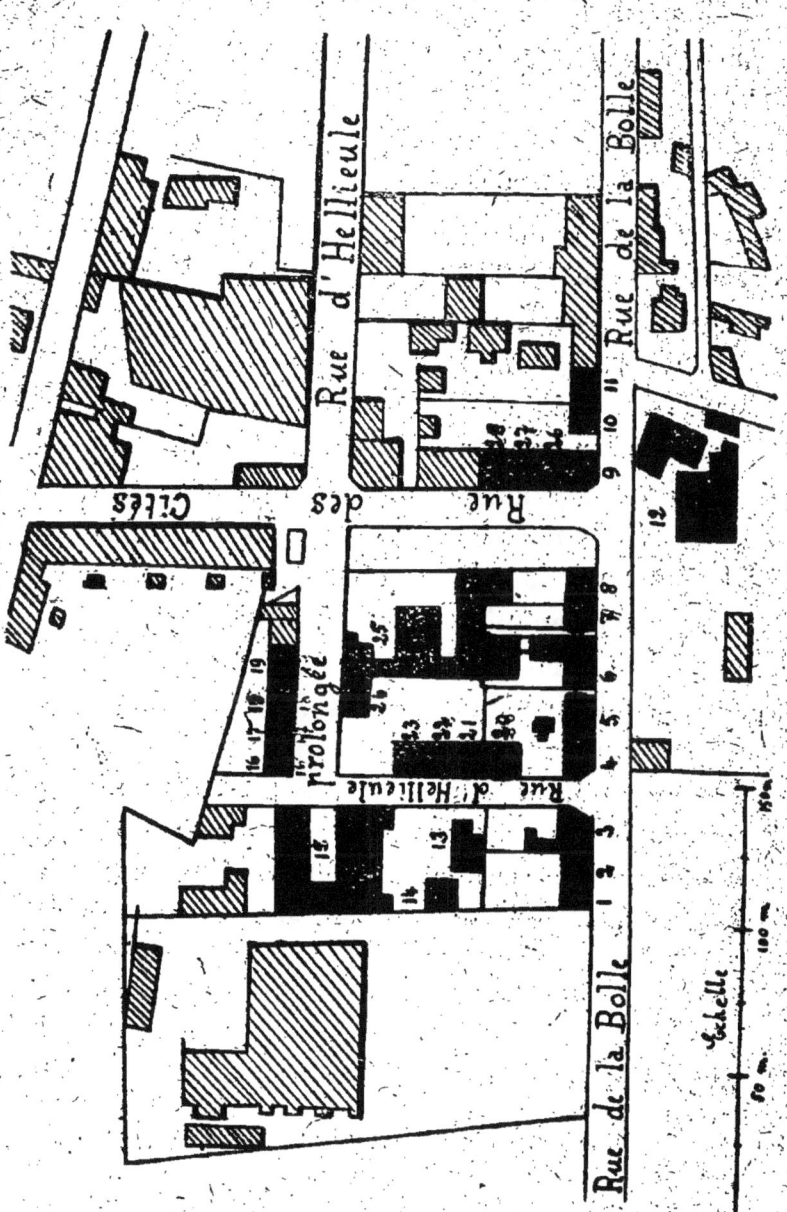

SAINT-DIÉ. — INCENDIES DU FAUBOURG DE LA BOLLE.

tion de la rue d'Hellieule prolongée, l'incendie continue rue de la Bolle, dans la direction du tissage André Busch et C$^{ie}$. Un peu plus tard, de l'autre côté de la rue, la maison Tisserand (usine de bougies) est incendiée.

Le feu devait durer toute la journée et toute la nuit suivante. Il fut même rallumé à l'aube du 30 août, vers 4 heures et demie, en bordure de la rue de la Bolle. Il avait gagné, de proche en proche, un dépôt de planches de chêne. A quelque distance, un hangar de l'usine Jules Marchal, rempli de marchandises, s'effondrait dans le feu [1].

Tout cet incendie a été si peu improvisé dans un mouvement de colère que les Allemands avaient coupé les conduites d'eau et invitaient ironiquement les habitants à faire fonctionner les robinets. Il y avait, parmi la horde hurlante, trois Alsaciens, dont deux de Mulhouse et un de Chatenois. Ils prétendirent aider les quelques personnes qui voulaient essayer de sauver leurs maisons. Ils excitèrent une grosse hilarité. Celui de Chatenois étant monté, sans quitter son fusil et sac au dos, sur le toit de la maison Chachay pour contribuer à

---

[1]. Voici la liste des maisons incendiées. Les chiffres entre parenthèses indiquent leur emplacement sur le plan :
*Rue de la Bolle :* Charlier (1 et 2), Pauch (3), Braun (4), Koch (5), André (6), Laurent (7), Froehly (8), Amann (9), Keltz (10 et 11), usine Tisserand (12). *Rue d'Hellieule prolongée :* Duday (habitation, 13, et entrepôt, 14), Pailloux (15), Cherrier (16), Mussot (17), Vogelsberger (18), Etienne (19), Braun (20), Stiffel (3 maisons, 21, 22, 23), Martin (24), Petitcolin (habitation et scierie, 25). *Rue des Cités :* Amann (26), Mathiou (27), Feltz (28).

éteindre le feu, ses camarades, en gaieté, secouaient l'échelle sur laquelle il était. Cette hilarité lourde et bruyante des incendiaires signifie bien, à sa façon, qu'ils agissaient froidement et non pas dans une explosion de fureur [1].

Pendant ces scènes de destruction, le combat se développe. Les Allemands ont compris que le passage à niveau est énergiquement défendu. Le brouillard ne leur a pas permis de distinguer tout d'abord à quelles forces ils ont affaire. L'intensité de la fusillade qui part de ce point leur fait illusion. Ils sont loin de soupçonner que le passage à niveau n'est gardé que par une quinzaine de chasseurs et un sous-lieutenant. Quand ils sauront la vérité, leur rage touchera à l'exaspération. Ils installent, au milieu de la rue de la Bolle, derrière leurs barricades, la mitrailleuse qui tirait, au début de la matinée, dans la direction de la côte Saint-Martin, et ils dirigent son feu sur le passage à niveau. Vers 9 heures, le brouillard se lève et les défenseurs du passage à niveau ont devant eux un spectacle qui, pendant quelques minutes, fait hésiter leur feu. Ils ont aperçu nettement, à l'endroit sur lequel ils tirent, deux chasseurs alpins. Ils se demandent s'ils n'ont pas des Français en face d'eux. Le commandant Gay, mis au courant,

---

1. Pendant ce jour et pendant tous les jours où ils sont restés dans le quartier, les Allemands demandaient du vin ou en prenaient dans les caves. Aux personnes qui n'avaient pas de vin, ils réclamaient du café. L'une d'elles a dû leur en servir, en une seule fois, trente-deux verres.

regarde avec sa jumelle. Il distingue bien, à son tour, deux alpins ; mais, derrière eux, il distingue non moins nettement un gros de soldats allemands. Les prétendus alpins ne peuvent être que des Allemands déguisés. Le feu reprend. Pendant plus de deux heures, les Allemands n'oseront pas tenter une action directe. Cependant, leurs soldats, franchissant la rue de la Bolle, dépassant la ligne du chemin de fer, grimpant le long de la côte Saint-Martin, rampant dans le bois, étaient parvenus à tourner le passage à niveau. D'autres troupes, déployées en tirailleurs, esquissaient une action convergente à travers la prairie d'Hellieule. A ce moment, c'est-à-dire aux environs de 11 heures, les alpins du passage à niveau n'étaient plus que quelques-uns. Le sous-lieutenant qui les commande écrit en hâte quelques lignes : « Des forces ennemies s'avancent du côté est de Saint-Dié et vont nous contourner. Faites le nécessaire. » Il signe le billet et le remet au caporal Chaumont qui doit tenter de l'apporter au commandant Gay. Il ignore que, depuis un moment déjà, le commandant est blessé et a été porté à la ferme du Bihay, où il sera bientôt fait prisonnier. Quelques minutes plus tard, il est lui-même blessé aux jambes. Gisant sur le sol, il ne cesse d'exhorter ses hommes : « Ne vous occupez pas de moi, leur dit-il. Que les blessés se cachent, s'ils le peuvent, dans la maison du garde-barrière. Quant aux autres, ils doivent tenir jusqu'au dernier. »

Une grêle de balles continue de pleuvoir. Bientôt, il ne reste plus debout qu'un seul homme, le chasseur Carroux, qui se jette dans la maison et fait encore le coup de feu par la fenêtre jusqu'au moment où il a le bras fracassé par une balle. Il n'y a plus sur le terrain que des morts, des mourants, et un officier blessé. Les Allemands ne risquent plus rien à s'en emparer. Ils se précipitent sur la position que quelques hommes leur ont âprement disputée.

Tandis que le petit groupe d'alpins, commandé par le sous-lieutenant Roger Allier, défend, jusqu'au dernier homme, le passage à niveau, une section du 99e régiment d'infanterie est disposée en tirailleurs le long du talus du chemin de fer et surveille la grande prairie. A une centaine de mètres en arrière, d'autres fantassins du même régiment occupent les maisons en bordure de la grande route qui traverse les Tiges et qu'ils ont fermée d'une barricade, et, dirigés par le capitaine Isnard, tirent par les fenêtres, par-dessus la voie du chemin de fer. Soudain, l'ennemi, qui s'est glissé peu à peu dans les bois de la côte Saint-Martin, ouvre le feu et se dispose à déboucher. C'est le moment où le sous-lieutenant Allier, au passage à niveau, constate qu'il va être cerné. La section de fantassins qui est postée le long de la voie ferrée se sent attaquée par derrière. Le lieutenant Perret la ramène de l'autre côté de la route vers un monticule où il veut s'efforcer d'arrêter les ennemis. Au moment d'arriver à cette petite crête, il est accueilli par une grêle de balles et est grièvement blessé au pied. Il atteint, cependant, avec une dizaine de ses hommes, une petite maison d'où ils essaieront de résister. Par malheur, la construction sur laquelle ils comptaient n'est qu'un hangar sans fenêtres ; il est impossible de la défendre. Les soldats s'élancent hors de cette souricière. Ils rejoignent les défenseurs de la barricade. La petite troupe commence à se replier. Croyant que toute retraite lui est barrée, elle se réfugie dans les maisons voisines. Un certain nombre de ceux qui la composent se portent un peu en arrière, où ils sont regroupés avec la dernière fraction de réserve du bataillon. Une trentaine d'hommes restent rassemblés dans une ferme du hameau des Tiges, la ferme Villemin. Pendant qu'ils hésitent sur la conduite à tenir, les mitrailleuses allemandes, qui, des pentes de la côte, balayaient la route, ont été transportées jusqu'à celle-ci. Les malheureux sont entièrement coupés de l'arrière. Ils n'ont avec eux aucun officier ni sous-officier pour organiser la défense ou un coup de désespoir : le lieutenant Perret, qui les commandait tout à l'heure, gît dans le hangar où les Allemands vont le faire prisonnier ; sur la pente qui domine le passage à niveau, le sous-lieutenant Vernet vient d'être tué ; le commandant Gay est tombé, grièvement blessé, à côté de la ferme du Bihay. Ils sont exténués de fatigue et de faim.

Tandis que, tassés dans la cuisine de la ferme, ils cèdent à l'accablement, le flot ennemi arrive. Il s'arrête devant la porte. Un lieutenant désigne l'immeuble. Au moment où ses hommes vont l'envahir et, peut-être, commencer le massacre, un civil, M. Antoine Vogt, 69 ans, tisserand à Saint-Dié, qui était venu se réfugier chez sa belle-fille à la ferme Villemin, et qui est dans la cave, dit aux fantassins : « Rendez-vous. » Il transmet cette demande en langue allemande, mais il perçoit très nettement cette réponse : « Il n'y a pas de pardon; il faut qu'ils y passent. » Sa belle-fille, née Aubry, entend également ces mots : « Nous ne voulons pas de prisonniers. » Mais les fantassins n'ont pas compris. L'un d'eux agite un mouchoir en guise de drapeau blanc. Le lieutenant répond par un mouvement qui est pris pour un geste d'assentiment. On fait signe au soldat de mettre bas les armes. Il dépose son fusil au milieu du couloir et s'avance vers la porte. Comme des automates, ses camarades commencent à en faire autant. A mesure qu'ils sortent, on leur prend leur fusil et on le brise contre la pierre du seuil. Une fois dehors, on les fait mettre à genoux dans le jardin de la maison. Puis, on les conduit devant la façade, à un mètre du mur, face à la route, et on leur fait lever les bras en l'air. Tout à coup, ils comprennent qu'on va les fusiller. Ils sont alors sept ou huit, rangés à la file. Ils se précipitent vers l'officier et demandent grâce. On les repousse à coups de crosse contre le mur. On jette à leurs côtés ceux de leurs camarades qui ont continué de sortir un à un, et un feu de peloton, à cinq pas, répond à leur cri de détresse.

Deux de ces malheureux, les soldats Palayer et François Reynard, ne sont pas atteints par les balles. Mais ils tombent, entraînés par leurs voisins qui sont tués. Ils font les morts et, quand les Allemands sont partis pour continuer leurs efforts dans la direction de Rougiville, chacun d'eux rampe au milieu des cadavres et cherche à se mettre en sûreté. Apercevant une échelle, Palayer monte dans la grange et se cache dans le foin. Il n'y est que depuis un instant quand un Allemand vient inspecter cette grange ; il enfonce sa baïonnette dans le foin, et se retire sans avoir rien découvert. Palayer reste six jours dans le fenil, n'ayant pour nourriture qu'un paquet d'oignons. Au bout de ces six jours, il entend des obus tomber autour de la maison (ce sont les Français qui tirent sur les Allemands). L'idée lui vient de descendre à la cave. L'autre rescapé, Reynard, y était descendu peu d'heures après l'exécution et y avait retrouvé cinq camarades. Ceux-ci, entendant le feu de salve et croyant deviner ce qui se passait, étaient rentrés dans la ferme et s'étaient cachés de leur mieux [1].

---

1. Voici le récit de l'un d'eux, le soldat Blanc, élève ecclésiastique : « L'un de nous dit : On les fusille !... Le défilé continue quand même. Mon tour vient : je m'engage dans le couloir. Un Allemand, baïonnette au canon, debout sur le seuil, faisait avancer les prisonniers ; d'autres Allemands remplissaient la route. Au moment de franchir le seuil, celui qui me précédait fait brusquement demi-tour et me saisit aux épaules ; au même moment, j'aperçus très nettement la fumée d'un coup de feu. La porte de la cave était ouverte : nous nous y engouffrons précipitamment ; nous étions cinq. » (*Rapports et procès-verbaux de la commission d'enquête*, t. III-IV, pp. 103-108.)

« Je ne sais pas, dit le soldat Palayer, combien de mes camarades sont restés morts ou blessés dans cette fusillade. Ce que je sais, c'est que, de trente que nous étions dans la cour de la ferme, nous ne nous sommes retrouvés que sept dans la cave. Les autres ont-ils tous été tués ou blessés ? Je l'ignore, mais c'est probable. » Ce que nous pouvons ajouter, c'est que les victimes de cet assassinat de prisonniers ont été ensevelies à quelques pas de l'endroit du meurtre [1].

1. Les rescapés, réfugiés dans la cave, ont été délivrés par les Français le 11 septembre. Les tombes qui ont été creusées auprès de la ferme Villemin n'existent plus. Les corps qu'elles renfermaient ont été portés au cimetière de la Rive gauche, dit cimetière de Foucharupt. Elles étaient au nombre de deux : dans l'une, il y avait 40 corps, et dans l'autre, 15. Outre les prisonniers fusillés, elles renfermaient d'autres soldats qui avaient péri dans le combat... à moins qu'ils n'aient été achevés. Sur le nombre des hommes qui se trouvaient dans la ferme, l'hésitation n'est pas permise. Les rescapés de l'exécution parlent tous d'une trentaine, et c'est le chiffre que donnent deux témoins de l'affaire, M$^{me}$ Vogt, née Aubry, et M$^{me}$ Marchal, née Martin. J'ai interrogé moi-même la première le 10 décembre 1914 (tandis que sa déposition n'a été recueillie dans l'enquête officielle que le 17 septembre 1915) et elle était, à cette époque, comme elle l'a été plus tard, très affirmative sur ce chiffre. Le témoignage de M$^{me}$ Marchal-Martin, qui est absolument identique à celui de M$^{me}$ Vogt, est décisif pour la raison suivante qui ne figure pas dans l'enquête officielle. Cette dame, qui habite Foucharupt, s'est trouvée aux Tiges le 29 août très accidentellement. Partie de Saint-Dié le 28, à l'approche des Allemands, elle y rentrait, le soir du même jour, dans l'automobile de M. Scareder. Un officier français avait arrêté la voiture pour la charger de blessés à évacuer. M$^{me}$ Marchal-Martin n'a pu continuer son voyage (c'était le moment de la contre-attaque); elle est entrée dans la ferme Villemin, où elle ne connaissait personne, et elle y a passé la nuit dans la cave. Partie le len-

Non loin de là, un autre crime du même genre s'accomplissait. D'autres éléments du 99ᵉ se repliaient, en résistant, dans la prairie qui domine la route et la voie du chemin de fer. Treize hommes sont isolés. Ils sont brusquement entourés par cent cinquante ou deux cents soldats du 120ᵉ régiment d'infanterie de réserve. Ils ne peuvent s'échapper et ils sont à bout de forces. On leur fait signe de se rendre. On leur prend leurs fusils qu'on brise. On leur commande, par gestes, de quitter leur équipement. On les fait se dépêcher par des bourrades dures. Puis, soudain, on les fait mettre sur une seule ligne. Un soldat passe devant eux et leur demande leurs porte-monnaie. La scène est dirigée par un officier de haute taille qui, au moment de commander le peloton d'exécution, ricane et allume un cigare. Le soldat Lucien Ballot devine qu'on va les fusiller. Il part à toutes jambes. A peine s'est-il élancé qu'un feu de salve retentit. Lui-même est atteint. Il tombe et, pour qu'on ne l'achève pas, il fait le mort.

La bande des exécuteurs continue sa route, et Ballot passe sa journée, immobile, dans des souffrances atroces. « Toute la soirée, dit-il, j'entends des colonnes boches qui passent près de moi, sur la route, cherchant à découvrir les Français qui se sont

demain, vers une heure, pour Foucharupt, elle n'est plus revenue aux Tiges. Quand on l'a interrogée sur ce qu'elle y avait vu le 29 août, elle n'en avait jamais causé avec aucun témoin du drame. Or, elle affirme que les soldats étaient dans la ferme au nombre de trente.

retirés. Longue est la journée. Enfin, à 8 heures du soir, quatre brancardiers allemands s'approchent. Ils posent leur brancard tout près de moi et ils me découvrent. Je montre mes blessures. Ils me prennent et me transportent à l'ambulance provisoire. » Le lendemain, on transfère Ballot, sur une voiture à bras, au grand séminaire de la rue Haute, transformé en hôpital.

A l'endroit indiqué par Ballot pour cette scène atroce, une tombe collective de soldats du 99e existe en effet. C'est un cas qui a échappé à la recherche de la commission d'enquête et que nous ajoutons à son dossier.

Les Allemands continuaient de fouiller les maisons des Tiges. Ils arrivent à la maison de M$^{me}$ Berger, née Meyer, et le drame qui se joue alors est un des pires de la journée.

Le matin, vers 6 heures et demie, M$^{me}$ Berger avait entendu appeler au secours, et ces cris semblaient venir d'un pré situé à proximité de sa maison et de l'autre côté de la voie. Des soldats français, qui se trouvaient devant sa demeure, sont allés voir ce qui se passait. Ils ont ramené un blessé appartenant au 21e bataillon de chasseurs à pied. Il paraissait avoir la jambe gauche fracassée. On l'a introduit dans la maison et placé sur un fauteuil, dans la cuisine. Le malheureux était resté dans le pré près de deux jours et deux nuits, sans aucun soin. Il était transi de froid et absolument incapable de se mouvoir. Quelques minutes plus tard, d'autres soldats français, qui se repliaient, déposèrent un autre blessé, celui-ci du 51e bataillon de chasseurs alpins. Gravement atteint à la cuisse droite, il était épuisé par une très forte hémorragie. Il fut placé tout près du premier blessé, et par terre, à cause de sa jambe qu'il voulait tenir allongée. Pendant ce temps, les soldats français, qui continuaient de défendre le hameau des Tiges, tiraient sur les Allemands dans la direction de la Meurthe. Vers 10 heures et demie du matin, nos troupes s'étaient entièrement retirées. Seul, le petit groupe d'alpins luttait toujours au passage à niveau. Vers midi et demi, une patrouille allemande (du 120e d'infanterie de réserve, paraît-il [1]), arrive devant la maison. Elle y pénètre, voit les deux blessés et ne dit rien. Quelques instants plus tard, six autres soldats allemands font mine d'enfoncer la porte de la salle à manger pour entrer plus vite; mais, voyant ouverte la porte de la cuisine, ils y entrent, revolver au poing, et demandent pourquoi ces deux blessés sont là. Mme Berger leur répond qu'ils sont grièvement atteints et incapables de marcher. Un soldat, roulant des yeux furieux, veut les obliger à se lever. N'y parvenant pas, il ressort avec les autres; mais, vers 2 heures et demie, il revient. Il tutoie Mme Berger, l'interroge encore sur ces blessés. Puis, il lui crie en allemand — elle comprend un peu cette langue, sa mère étant Alsacienne — : « Fahr ab ! » (Va-t'en !) Elle sort. Quelques minutes après, il la rappelle et lui dit,

---

1. Il faut remarquer que ce sont des soldats du 120e d'infanterie de réserve qui ont fusillé Ballot et ses camarades.

toujours en allemand : « Femme, je vais les fusiller. » Elle descend, affolée, à sa cave. A ce moment, elle entend six coups de feu. Au bout d'un instant, le soldat étant parti avec fracas, elle remonte et constate qu'il a tué les deux blessés de balles à bout portant et dans la tête. Les deux cadavres sont restés là pendant quarante-huit heures. Ce n'est qu'après ce temps que M$^{me}$ Berger a obtenu de soldats allemands qu'ils portent les corps dans le jardin situé au pied de la maison. Et ce n'est que trois jours plus tard encore qu'une des équipes réquisitionnées par les Allemands, et conduites par le commissaire de police de Saint-Dié, les ensevelit. La trace des six trous de balles est encore visible dans le mur de la cuisine de M$^{me}$ Berger. Les deux assassinés sont le chasseur Vichard, du 21$^e$ bataillon, et le chasseur Pételllat, du 51$^e$. M$^{me}$ Berger avait noté le nom du premier et c'est moi-même qui, assistant à l'exhumation des deux corps (je cherchais alors celui de mon fils), ai identifié Pételllat à l'aide des papiers qu'il avait encore sur lui.

Le sous-lieutenant Roger Allier était resté sur le terrain. Au moment où il était tombé, ses hommes l'avaient transporté un peu en arrière, à l'abri de la maison du garde-barrière. Est-ce que, pour ce motif, il a échappé, pendant quelques instants, aux regards des Allemands qui se précipitaient surtout sur la route et avaient hâte de franchir le passage à niveau ? Est-ce à cette circonstance qu'il a dû de n'être pas achevé sur-le-champ ? Ou plutôt les Allemands se réservaient-ils de tâcher d'obtenir de lui quelques-uns des renseignements dont ils avaient besoin? Ils ignoraient, en effet, la force, même approximative, des troupes qui se trouvaient en face d'eux. La veille, ils s'étaient emparés, sur la voie du chemin de fer, de l'adjudant Callendrier, du 51· bataillon de chasseurs, qui, la jambe brisée, n'avait pu suivre ses hommes dans leur mouvement de repli. Ils l'avaient sommé de leur dire où était le bataillon, combien d'hommes il comptait encore, combien il avait d'officiers et quel point de concentration lui avait été assigné. Callendrier refusant de répondre, un lieutenant allemand n'avait pas hésité à lui annoncer qu'il allait lui brûler la cervelle. Dans sa fureur, il avait déjà posé le canon de son revolver sur le front de l'adjudant, quand un officier supérieur allemand avait mis fin à la scène.

Que voulait-on faire du sous-lieutenant Allier? Ce qui est certain, c'est qu'il a été en butte à une animosité particulière. Lorsqu'il a été transporté au poste de secours de la rue d'Hellieule et qu'un habitant, M. Emile Morel, dont la demeure est en face du collège Jules-Ferry et qui tâchait de secourir nos blessés, a voulu lui donner à boire pour apaiser la soif de sa fièvre, un médecin allemand l'a écarté avec rudesse en s'écriant : « A celui-là, jamais ! » Le sous-lieutenant est entré au poste de secours avec des blessures aux deux jambes. Comme les autres blessés français qui gisaient à ses côtés, il n'a pas reçu le moindre pansement pendant vingt-quatre heures. Quand on est venu le prendre sur sa litière, le lendemain, dimanche 30 août, il n'avait toujours que ces blessures aux jambes. On l'a déposé sur une voiture qui allait partir pour l'Alsace. Mais il n'est pas allé plus loin, et il a été enseveli, le crâne fracassé, dans la tombe où l'on déposait tous ceux qui mouraient à l'ambulance. La consigne sauvage avait porté tous ses fruits : l'on avait commencé par achever des blessés sur le champ de bataille ; l'on avait continué en massacrant des prisonniers par groupes ; l'on terminait par un assassinat sous le couvert de la Croix Rouge.

# CHAPITRE V

# L'occupation

Le 28 août, à 5 heures du matin, le premier adjoint, M. Burlin, plusieurs conseillers municipaux, MM. Ferry, Josz, Dufays, le receveur municipal, M. Lavalle, un administrateur des hospices, M. Jules Marchal, le directeur des travaux de la ville, M. Kléber, le secrétaire de la mairie, M. Gérard, et tous les autres employés, sont réunis à l'hôtel de ville. Ils attendent, d'une minute à l'autre, la venue de l'ennemi, et se consultent, le cœur serré, sur l'attitude qu'il faudra adopter et les mesures qu'on devra prendre.

Les officiers allemands arrivent pour prendre possession de la maison municipale. Sans retard, ils formulent des réquisitions. On essaie d'abord avec eux quelques questions de détail : fonctionnement des services publics, éclairage de la ville, remise en état des conduites de gaz, d'eau, d'électricité, fortement endommagées par le bombardement. On avise à des moyens de fortune. Mais on sent bien que tous ces propos ne font qu'occuper le temps. Les officiers n'ont point qualité pour dire ce qu'il adviendra de la ville, et personne ne songe à le leur demander.

Il est 9 heures. Une automobile, annoncée à grand son de trompe, stoppe devant la porte de l'hôtel de ville. Un général en descend, le torse bombé, la mine hautaine, la lèvre mauvaise. C'est le général von Knoerzer. Il s'approche de l'entrée. Il n'y pénètre pas. Il demande d'une voix sèche et rauque :

— Der Bürgermeister ? (Le maire ?)

M. Burlin descend ; il amène avec lui M. Lavalle. Les autres personnes réunies à la mairie suivent. Mais on ne les laisse pas s'approcher du groupe. Toujours raide et cassant, le général reprend :

— Le maire ?

M. Burlin répond :

— C'est moi qui remplis les fonctions de maire.

Il fait mine de se tourner vers ses collaborateurs.

— Qui est celui-ci ? demande von Knoerzer.

— C'est M. Lavalle, receveur municipal.

— Et celui-ci ?

Le général veut connaître tout le monde. M. Burlin est obligé de présenter chacun de ceux qui l'ont accompagné.

Le général jette un regard aigu, et qui veut être intimidant, sur ceux qui lui sont nommés, puis il déclare :

— Je vais vous poser mes conditions. Vous, Monsieur Burlin, vous allez rester ici. Vous y resterez nuit et jour, avec vos collègues du conseil municipal, et vous assurerez, sous mes ordres, les divers services administratifs. Pour commencer, vous allez faire imprimer tout de suite la proclamation dont voici le texte. Puis, vous la ferez afficher par toute la ville.

Une petite pause. Le général continue :

— Et maintenant, il me faut 39.000 francs. Je m'explique. Les Français, quand ils sont entrés en Alsace, ont pris, dans la vallée de la Bruche, treize familles qu'ils ont emmenées comme otages. Je veux ces otages.

Il frappe le sol du pied et, de la main, fait un geste coupant.

— Je les veux, répète-t-il, je les veux. Si vous avez quelqu'un à me désigner qui puisse aller les chercher, je suis tout prêt à lui donner les sauf-conduits nécessaires. En attendant, la ville devra verser 3.000 francs par famille, c'est-à-dire 39.000 francs [1]. Il me faut demain les otages et l'argent. La ville de Saint-Dié est substituée aux autorités militaires. Si les otages ne sont pas rendus, entendez-vous bien ? je prendrai autant de femmes et d'enfants de la population de Saint-Dié et je les expédierai en Allemagne.

---

[1]. Les Allemands, après leur départ de Saint-Dié, ont raconté, dans la vallée de la Bruche, que cette exigence était une façon de rentrer dans des fonds extorqués par les Français. A les en croire, ceux-ci auraient emmené comme otages des fonctionnaires allemands et les auraient relâchés contre un versement de 3.000 marks pour chacun d'eux. L'histoire est fausse dans tous ses détails.

Il s'arrête pour juger de l'effet produit, puis il reprend :

— Encore autre chose. Si l'on trouve un soldat français dans une maison, le propriétaire sera fusillé et la maison brûlée. Et puis, vous savez, il faut qu'à 4 heures, toutes les armes possédées par quelque habitant que ce soit aient été apportées à la mairie.

Le général a l'air d'avoir fini. Mais il demande encore :

— Vous avez une usine de poudre ?

— Non, répond M. Burlin, une usine de cellulose pour la fabrication du coton-poudre.

Le propriétaire de l'usine est M. André Busch. Mais M. Busch étant mobilisé, M. Jules Marchal, son beau-père, le remplace à la direction de l'usine. C'est lui que l'on vient de présenter comme administrateur des hospices. Il s'avance pour donner des explications et prendre ses responsabilités. A ce moment, M. Ernest Colin, second adjoint, arrive à l'hôtel de ville. M. Burlin le fait approcher et dit sa qualité. Le général a une idée et il l'exprime tout de suite :

— Si M. Colin veut aller chercher les otages, je lui donnerai toutes les facilités. Voulez-vous ? ajoute-t-il en se tournant vers M. Colin.

Celui-ci répond :

— Oui, j'irai.

Le général recommence, toujours sur le même ton furieux :

— Si vous ne pouvez pas réussir dans votre mission et si vous ne ramenez pas les otages, j'arrêterai autant de femmes et d'enfants de votre ville, en commençant par les membres de votre famille, monsieur, et leurs maisons seront incendiées. Et si l'on remet la main sur vous, vous serez fusillé.

M. Marchal dit tout bas à M. Burlin qu'il est tout prêt à accompagner M. Colin dans sa mission. M. Burlin se tourne vers le général :

— Voulez-vous permettre à M. Jules Marchal d'accompagner mon collègue ?

Von Knoerzer acquiesce. Il a tout dit. Il s'en va.

Il avait été parlé d'otages. Personne n'avait discuté cette expression. En réalité, les femmes dont il s'agissait n'avaient pas été arrêtées en cette qualité. Ce qui s'est passé en Alsace au moment de l'arrivée de nos soldats a été systématiquement dénaturé par les Allemands et l'on ne saurait trop s'appliquer à rétablir les faits authentiques. La *Strassburger Post*, en particulier, a dénoncé, avec sa mauvaise foi ordinaire, les infamies qui auraient été commises par les Français envers la population des immigrés. A la vérité, ces violences n'ont existé que dans l'imagination de ses rédacteurs. Ils ont raconté qu'elles avaient eu lieu précisément parce que, jugeant de nous par eux-mêmes, ils les avaient attendues.

Dès les premiers jours d'août, les Allemands avaient arrêté bon nombre d'Alsaciens dans tous les villages de la vallée, et ils les avaient internés à Strasbourg [1]. D'autre part, à l'approche de nos troupes, les douaniers, gendarmes et commissaires de la frontière avaient filé en automobile vers le bas de la vallée de la Bruche. Le commissaire de Schirmeck, par exemple, a mis une telle hâte dans cette retraite que son collègue de Saint-Dié, arrivé à la suite de nos troupes, a trouvé chez lui ses papiers les plus importants. Tous ces fonctionnaires, dans leur fuite éperdue, ameutaient tout le monde et jetaient la panique. Si les Allemands craignaient de voir les Français se conduire en Alsace comme en pays ennemi, c'est qu'ils avaient commencé par en donner l'exemple [2]. Un blessé allemand de Leip-

---

1. La plupart de ces malheureux n'ont jamais été relâchés. Beaucoup ont été emmenés dans le fin fond de l'Allemagne où ils sont encore. Le grand crime de plusieurs d'entre eux avait été de se trouver, le 14 juillet, en France.

2. De mes informations personnelles, je rapprocherai les résultats d'une enquête faite par M. Paul-Albert Helmer, avocat à Colmar, et résumée par lui dans *Le Journal* du 18 septembre 1917 :

« A leur entrée en Alsace, les troupes allemandes reçurent l'ordre de *charger leurs fusils, parce qu'elles se trouvaient en pays ennemi*. On leur prescrivit les mesures de précaution les plus minutieuses vis-à-vis de la population hostile de ce *Feindesland*. Loin d'être une boutade isolée d'un sous-officier, cet ordre, que j'ai pu établir sortant de la bouche d'officiers de tout grade, ne peut émaner que d'une instruction générale. Une enquête que j'ai faite à ce sujet m'a permis de trouver, pour le premier mois de la guerre, des témoins dans les unités suivantes : 110e, 111e, 113e, 131e, 136e, 143e, 144e, 169e régiments d'infanterie, 145e de réserve, 40e, 109e et 110e de territoriale, 2e bataillon du génie, 14e bataillon de réserve du génie, 3e compagnie sanitaire du 15e et 2e du 21e corps. Je n'ai pas insisté pour en trouver davantage. Dans plusieurs cas, les officiers ajoutaient

zig disait à une infirmière de la vallée : « Comment se fait-il que vous nous soigniez si bien ? Quand nous avons passé le Rhin, on nous a fait charger nos fusils et mettre baïonnette au canon, et l'on nous a dit que les femmes et les filles alsaciennes tireraient sur nous. » En bien des localités, les maires ont été obligés, revolver braqué sur leur visage, de boire aux fontaines pour prouver aux Allemands qu'elles n'étaient pas empoisonnées. Une jeune Cubaine, qui était alors dans la vallée de la Bruche, me raconte ceci : « J'étais dans la cuisine et je me préparais à prendre une tasse de café. Un médecin militaire appartenant à l'ambulance qui était chez nous s'en aperçoit. Il me demande de lui donner de ce café que je vais boire ; puis, tout à coup, dans un mouvement brusque, il prend ma cuiller dont je venais de me servir en disant : « Au moins, je suis sûr que celle-là n'est pas empoisonnée. » Naturellement, les Allemands, selon leur coutume, n'ont pas manqué de dire que des francs-tireurs alsaciens avaient tiré sur eux. L'accusation est insoutenable, puisque toutes les armes possédées par les habitants ont dû être livrées aux mairies dès le 1ᵉʳ août [1].

---

que les annexés « étaient encore plus à craindre que les Français. »

L'expression *Feindesland* (pays ennemi) avait été déjà employée, en janvier 1914, par M. de Jagow, dans une interview fameuse, pour expliquer l'attitude des militaires prussiens à l'égard des Alsaciens-Lorrains.

1. La plupart de ces accusations reposent sur des erreurs commises par les Allemands eux-mêmes qui, souvent, se sont

Les Alsaciens ont été frappés immédiatement par la conduite scrupuleusement correcte de nos troupes. S'ils n'ont pas manifesté devant elles l'enthousiasme sur lequel les naïfs comptaient peut-être, c'est qu'ils savaient bien de quelles vengeances les Allemands seraient capables en cas de retour. Sauf peut-être quelques soldats ou officiers trop étrangers à la situation réelle, les Français ne s'y sont pas trompés. Mais, en même temps, ils ont compris, en dépit de la sympathie profonde qu'ils sentaient autour d'eux, qu'ils étaient enveloppés de trahisons et d'embûches. Par toutes sortes de moyens préparés d'avance, l'ennemi était mis sans cesse au courant de leurs moindres mouvements. L'on n'avait pas été long à comprendre que tout cela était l' « œuvre », non pas d'Alsaciens proprement dits, mais d'Allemands immigrés, empressés à se faire passer pour des autochthones, ingénieux à compromettre les populations au milieu desquelles ils s'étaient installés depuis des années, habiles à pousser nos soldats dans des pièges, agents secrets d'un service de renseignements qui, après avoir servi pendant la paix contre les Alsaciens, avait mission de mettre nos armées en péril. Exaspérées par ces pratiques, nos troupes avaient arrêté un

---

tiré les uns sur les autres. J'ai dans mes notes une liste d'endroits où le cas s'est produit. On sait que Bourtzwiller, près de Mulhouse, a été incendié par les Allemands sous prétexte que des civils avaient tiré sur eux. La vérité est qu'il y a eu, en effet, un coup de feu : c'était, à la nuit tombante, un officier allemand qui, d'un coup de revolver, achevait son cheval blessé.

certain nombre de personnes plus que suspectes. On ne leur avait pas fait un mauvais parti. Tel instituteur — par exemple, celui de Bellefosse — ou telle postière — par exemple, celle de Waldersbach —, qui ont sans doute fait leur devoir comme fonctionnaires allemands en téléphonant l'arrivée des patrouilles françaises, ont été interrogés ensuite par nos officiers et laissés tranquilles [1]. Si les Alle-

---

1. Ils n'en ont eu, d'ailleurs, aucune reconnaissance et, après le départ des Français, ils ont sauvagement dénoncé les Alsaciens qui leur avaient paru éprouver quelque sympathie pour nos soldats; certains d'entre eux — et j'en pourrais nommer — ont profité de l'occasion pour satisfaire, par des accusations mensongères, des rancunes personnelles contre des innocents. Le jour où les Allemands ont réoccupé la vallée, ils ont commencé par faire chez tous les habitants les perquisitions les plus rigoureuses en les accompagnant parfois de véritables meurtres.

A Belmont, un vieillard de 90 ans a été fusillé dans sa cave pour n'avoir pas exécuté un ordre donné en langue allemande qu'il ne comprenait pas. Les habitants de ce village ont dû se tenir dans la forêt, tandis que les soldats allemands opéraient leurs recherches dans leurs demeures; ils ont été emmenés jusqu'au Hohwald.

A Bellefosse, les Allemands ont contraint les habitants de se retirer dans la forêt, tandis qu'ils fouillaient à fond leurs maisons. C'est à Bellefosse qu'ayant découvert trois blessés français dans une cave, ils les ont fusillés, puis ont incendié la maison et, finalement, ont passé par les armes la paysanne qui avait commis ce crime de pitié. Trois autres habitants ont été emmenés à Gertwiller et fusillés. C'est d'abord Louis-Edouard Hazemann, du Pambois, resté le 21 août dans son écurie. Fouillé, il fut trouvé porteur de quelques pièces d'or dans ses poches. Cette somme provenait de la vente d'une vache effectuée avant la déclaration de guerre. Le malheureux, craignant le bombardement et l'incendie de sa maison, avait pris sur lui tout son avoir. Ce fut suffisant pour justifier contre lui une

mands avaient été à notre place, ils les auraient fusillés sans retard. Les personnes arrêtées — tous les hommes valides étant partis — étaient des femmes. On les avait tout simplement envoyées en France, sans les séparer, d'ailleurs, de leurs enfants...

On voit tout ce qu'il y avait de bluff dans les exigences du général von Knoerzer à l'égard de Saint-Dié qui n'était pour rien dans ces arrestations. Toute discussion est impossible avec un tel personnage. Il est parti après avoir répété l'ordre de faire imprimer sans retard l'affiche dont il a remis le texte. Les adjoints n'ont qu'à obéir et ils envoient la composition de ce placard qui débute par un mensonge officiel :

condamnation capitale. Les deux autres victimes de ces exécutions sommaires ont été Louis Rochel et son domestique nommé Xavier, un homme un peu simple et très inoffensif. Ils étaient tous deux à la ferme du Bas-Laichamp pour aider la fermière qui était toute seule depuis le départ de son mari. Pendant les combats du 19 au 20 août, il y eut, derrière la ferme, des canons français et on recueillit de nombreux blessés. Quand les Allemands eurent repris la position et occupé Bellefosse, les deux hommes furent emmenés également à Gertwiller et fusillés, le premier pour être descendu au village chercher du pétrole et des bougies, et le domestique pour avoir passé derrière la ferme avec une lanterne : il allait soigner le bétail, il fut accusé de faire des signaux. Ces trois infortunés, ne sachant pas un mot d'allemand, n'ont pu se défendre, et le jugement rendu contre eux par le tribunal militaire de Barr, fut exécuté immédiatement. Il y a eu une contre-enquête ouverte par l'autorité civile (*Kreisdirector*), mais elle n'a pas abouti, et l'on soupçonne pourquoi.

## AVIS

Les nombreux actes d'hostilité commis par les habitants de ce pays contre les troupes allemandes me forcent d'ordonner ce qui suit :

1º Tout habitant qui se rendra coupable d'un acte d'hostilité contre un membre de l'armée allemande ou de la maison duquel on tirera sur nos troupes sera immédiatement fusillé, et la maison du coupable sera brûlée à l'instant ;

2º Toutes les armes (fusils, pistolets, sabres, etc.) devront jusqu'à 4 heures être remises à la mairie.

Quiconque retient des armes ou cache chez lui des membres de l'armée française, sera puni d'après les lois de la guerre ;

3º Pendant la nuit, de 8 heures du soir jusqu'à 7 heures du matin, il sera défendu de circuler dans les rues. Les sentinelles ont l'ordre de tirer sans appel sur les individus qui n'obéissent pas à ces ordres [1] ;

4º Tout rassemblement dans les rues est interdit ;

5º En outre, il sera défendu de sonner les cloches ou de communiquer avec l'ennemi à l'aide de signaux optiques, fanaux ou autres moyens de renseignements.

En cas de non-obéissance, les coupables seront punis de mort.

Il en sera de même de ceux qui détruisent des moyens de communication.

---

1. En fait, durant toute l'occupation allemande, l'interdiction de veiller s'est ajoutée à celle de circuler. Dès que les horloges sonnaient 8 heures, elle était rappelée par des coups de feu que les patrouilles tiraient sur toute fenêtre laissant filtrer un simple rayon de lumière. Quant à la circulation, elle n'a jamais été entièrement libre d'une moitié de la ville à l'autre. Pour franchir les ponts de la Meurthe, il fallait un laissez-passer.

Il est également interdit de quitter la ville sous aucun prétexte, sans s'exposer aux mêmes peines que ci-dessus.

Saint-Dié, le 28 août 1914,<br>Le général commandant en chef.

Dès midi, l'affiche est apposée dans les rues. En dépit des gestes hautains et des paroles insolentes, les Allemands — tout le monde le sentit bien pendant la contre-attaque française du vendredi 28 août et les combats du lendemain matin — n'étaient pas bien sûrs de garder Saint-Dié en leur possession [1]. Il importait donc de donner aux habitants l'impression précise d'une occupation définitive. L'autorité militaire décida, dans l'après-midi du samedi 29 août, que, sans plus de retard, toutes les horloges de la ville seraient mises à l'heure allemande, et M. Paul Malé reçut l'ordre de procéder, dès le lendemain matin, à l'opération. L'affaire n'alla pas, pour lui, sans quelque danger. Il commença par la cathédrale. Tout se fit sans difficulté. Mais, à l'église Saint-Martin, une complication grave se présenta. J'ai sous les yeux le journal intime de M. Paul Malé. J'en détache le récit de son aventure :

« Les aiguilles marquaient 2 heures ; il fallait les ramener sur 11 heures, travail qui n'était pas si facile que l'on peut s'imaginer. J'avais à retenir les transmissions des heures et des quarts, afin de les empêcher de sonner, mais, étant seul pour cette besogne double qui consistait à faire

---

[1]. Voir plus loin, pages 155 et 248.

tourner les aiguilles d'une main et à museler la sonnerie des quarts de l'autre, sitôt que les quatre quarts avaient déclanché avant l'heure, j'avais à courir vite pour retenir le marteau de l'heure. Vu la longueur du chemin à parcourir ainsi, il arriva que plusieurs coups se firent entendre. Or, voilà que subitement, à ma grande surprise, un bruit infernal m'arriva de l'escalier dans les oreilles. Que diable pouvait-ce bien être ? Ni plus ni moins qu'une dizaine d'Allemands qui, baïonnette au canon, faisaient irruption de mon côté. Ils me sautèrent à la gorge, comme des forcenés, en me poussant contre l'horloge. Dans la bagarre ils m'arrachèrent une manche de chemise et de veste, tant fut grande leur violence à m'entraîner sur la descente de l'escalier. Là m'attendaient trois officiers de uhlans [1], tout jeunes, sans moustache aucune et parlant très bien le français. Echelonnés sur les marches, avec à la main leur revolver au grand canon automatique, ils s'écrièrent : « Voilà donc l'espion qui a communiqué avec les Français en sonnant les cloches ! Monsieur, vous ne sortirez pas d'ici. On tue sur-le-champ les espions pris dans les clochers. » Alors le dernier des trois braque son arme et... tire sans m'atteindre. Etait-ce pour me tuer ? N'était-ce que pour m'intimider ? Je l'ignore.

---

1. M. Malé raconte lui-même dans la suite de son journal qu'il s'est trompé en prenant ces officiers pour des uhlans. Il n'y avait qu'un seul officier de uhlans à Saint-Dié, c'était M. de Bülow, lieutenant en premier à l'Etat-Major du général von Soden et « Quartier-Adjudant ».

# AVIS

Les nombreux actes d'hostilité commis par les habitants de ce pays contre les troupes allemandes me forcent d'ordonner ce qui suit :

1° Tout habitant qui se rendra coupable d'un acte d'hostilité contre un membre de l'armée allemande, ou de la maison duquel on tirera sur nos troupes, sera immédiatement fusillé et la maison du coupable sera brûlée à l'instant.

2° Toutes les armes (fusils, pistolets, sabres, etc.) devront jusqu'à 4 heures être remises à la Mairie. Quiconque retient des armes ou cache chez lui des membres de l'armée française sera puni d'après les lois de la guerre.

3° Pendant la nuit, de 8 heures du soir jusqu'à 7 heures du matin, il sera défendu de circuler dans les rues. Les sentinelles ont l'ordre de tirer sans appel sur les individus qui n'obéissent pas à ces ordres.

4° Tout rassemblement dans les rues est interdit.

5° En outre il sera défendu de sonner les cloches ou de communiquer avec l'ennemi à l'aide de signaux optiques, fanaux ou autres moyens de renseignement. En cas de non-obéissance, les coupables seront punis de mort. Il en sera de même de ceux qui détruisent des moyens de communication.

Il est également interdit de quitter la Ville sous aucun prétexte, sans s'exposer aux mêmes peines que ci-dessus.

Saint-Dié, le 28 Août 1914.

LE GÉNÉRAL COMMANDANT EN CHEF.

FAC-SIMILÉ D'UNE AFFICHE APPOSÉE PAR ORDRE DU GÉNÉRAL VON KNŒRZER
(L'original sur papier rouge mesure 0,46 sur 0,36).

J'ai eu beau vouloir dire que je venais par ordre, ils m'ont fermé la bouche : « Nous ne voulons pas « d'explication, se sont-ils écriés. C'est ici qu'on vous « tue. » En même temps ils me mettent le canon du revolver sous le menton et sur les tempes. Alors je leur jette le nom du général, et l'un d'entre eux s'écrie : « Lions-lui les mains. On le conduira à la division et on le fusillera à la gare. » Bousculé et garrotté, je suis conduit hors de l'église entre dix baïonnettes flambantes. Devant la pâtisserie Carl, j'entends crier dans le lointain : *Halt !* et je vois venir un officier qui ne cesse de crier coup sur coup : *Halt ! Halt !* C'est mon libérateur qui vient expliquer à mes bourreaux que j'avais été requis pour arranger les horloges. Aussitôt on me délie les mains et je remonte achever mon travail entre deux baïonnettes. »

Pendant tous ces incidents et dès la première heure de l'occupation, les conseillers municipaux sont traités comme de vrais domestiques. On ne se contente pas, d'ailleurs, de leur imposer des tâches vexatoires ; on ne tient aucun compte des dangers dans lesquels on met leur vie.

Le vendredi 28 août, à 3 heures de l'après-midi, deux officiers se présentent à l'hôtel de ville. Ils entendent qu'un conseiller vienne les aider à chercher des logements du côté de l'avenue de Robache : c'est le point qui paraît le plus éloigné des attaques françaises ; ils disent qu'ils l'ont choisi pour y habiter plus près de leurs soldats. En réalité, les soldats sont cantonnés un peu partout dans la ville. Ces officiers interpellent M. Dufays, conseiller, mais ils s'aperçoivent tout de suite qu'il ne comprend pas un mot d'allemand. Ils s'adressent alors à un de ses collègues, M. Josz ; et comme, à ce moment, arrive M. Mutter, employé à la maison Andrez-Brajon, qui connaît aussi l'allemand, ils l'emmènent avec M. Josz dans la rue du Nord, où des cavaliers les injurient en essayant de les effrayer avec leurs armes.

A l'entrée de l'avenue de Robache, devant le bureau de l'octroi, on les oblige à monter des deux côtés d'une automobile, sur le marchepied, et, de l'intérieur, les officiers les tiennent par le bras et ne cessent de les menacer du revolver. A grande vitesse, l'automobile part dans la direction de Robache, et, tout le long du trajet, les deux otages voient sur la chaussée des cadavres d'hommes et de chevaux. On ne s'arrête d'ailleurs nulle part. Il n'est plus question de logements. Arrivés à Robache, un officier supérieur leur demande de les conduire à la Culotte. M. Josz ne connaît même pas l'endroit. Il indique vaguement la direction des Raids. Avant qu'on y arrive, les sentinelles des batteries postées à proximité du chemin veulent tirer sur l'automobile. Le commandant se fait voir et réclame le passage. Pendant ce temps, la mitraille française pleut : c'est une préface à la contre-attaque du faubourg des Tiges. Un peu plus loin, toujours sous cette mitraille, le commandant les fait descendre et repart en hâte. Ils se trouvent seuls sur la route, sans passeports. Ils se mettent en mesure de regagner la ville. Par bonheur, les sentinelles des batteries les reconnaissent et les laissent tranquilles. Mais, à Robache, devant l'auberge Louis, le général von Soden, debout à la porte de la maison, les désigne et dit à haute voix : « D'où viennent donc ces gaillards ? » Quelques soldats qui les avaient vus monter, déclarent que, peu d'instants auparavant, ils étaient en compagnie du commandant. Le général ne veut rien savoir et il les fait enfermer dans une cuisine, alléguant qu'ils avaient très bien pu repérer les positions des batteries allemandes. Les deux Français demandent à s'expliquer. Le général refuse de les entendre [1]. Il

---

1. Au cours de cette randonnée, à laquelle les deux Français ne peuvent rien comprendre, les Allemands n'ont pas l'air de savoir ce qu'ils veulent. Visiblement, ils sont affolés pour une raison ou pour une autre. Je crois, en lisant le journal intime de M$^{me}$ de Lesseux, trouver la raison de cet affolement dans une émotion un peu vive que le général von Soden venait d'éprouver. Il avait fait savoir son intention de s'installer dans le petit château de M$^{me}$ de Lesseux, sur l'avenue de Robache. Dans la matinée, un officier était venu réquisitionner le logement, déclarant qu'il fallait réserver quatre chambres pour une partie de sa suite et installer un lit dans le grand salon afin que Son Excellence ait beaucoup d'air. Tout l'Etat-Major prendra ses repas à la maison et il faudra mettre dix-huit couverts dans la grande salle à manger. L'officier d'ordonnance a poussé la minutie jusqu'à donner le menu à la cuisine. Il faut obéir. « A 2 heures, note M$^{me}$ de Lesseux, nous entendons les autos allemandes. Le général met pied à terre devant la grande porte du jardin. Au moment précis où il pose le pied sur le trottoir, trois coups de canon formidables, puis un obus français éclate à 15 mètres du général, tuant deux troupiers qui cassaient leur croûte et la jardinière de notre voisin, M. François... Furieux, le chef allemand se retourne vers son officier d'or-

est environ 5 heures. Le jour baisse. Ils sont toujours là. Puis, c'est la nuit. Ils continuent d'être enfermés et restent assis sur de mauvaises chaises. Les patrouilles allemandes qui se succèdent les couvrent d'insultes. Elles manifestent ouvertement leur joie de les voir exécuter bientôt. L'aube arrive, — 29 août — mais ce n'est pas encore l'heure de la liberté. Enfin, vers 11 heures du matin, le général, qui a sans doute reçu les explications de qui-de-droit, leur fait donner un laissez-passer, et ils reviennent, toujours sous la fusillade, à Saint-Dié. Ils constatent que la rue du Nord est barrée par une barricade faite avec les bancs et les chaises de la cathédrale. Ce n'est point celle que les alpins avaient construite dans la matinée du 27 et qui avait été démolie dès le soir du même jour. Les Allemands, effrayés par la contre-attaque qui s'était dessinée vers le sud-ouest de la ville — et qui n'avait eu d'autre but, d'ailleurs, que de reprendre le passage à niveau des Tiges —, et aussi par le bombardement violent qui se maintenait intense vers le sud-est, s'étaient crus dans la nécessité de défendre Saint-Dié par un combat dans la ville

---

donnance. Il l'invective et remonte en voiture. Les gens de sa suite en font autant, et leurs autos filent en grande vitesse sur les hauteurs de Robache. » L'Etat-Major allemand n'est plus revenu chez Mme de Lesseux. Il s'est installé à l'hôtel Terminus près de la gare, et je crois savoir que le général se dispensait, la plupart du temps, de coucher à Saint-Dié même. Il déjeunait avec ses officiers et remontait à Saint-Jean-d'Ormont pour la nuit. Von Knœrzer avait son quartier général à Provenchères.

même. Claude Cornefert[1] note : « Mitrailleuses et canons sont braqués dans les rues. »

Au cours de cette contre-attaque du vendredi 28 août, les Allemands sont si inquiets que l'idée leur vient de recommencer leur manœuvre de la veille et de prendre des otages pour s'abriter derrière eux. Vers 7 heures du soir, au plus fort du bombardement, deux officiers, revolver au poing, hurlant de colère, se précipitent à la mairie. Ils tiennent à la main une carte, ou plutôt un plan de la ville. « Le maire ? Où est le maire ? » crient-ils. M. Burlin venait de quitter la mairie quelques instants auparavant avec M. Dufays. Les officiers aperçoivent le directeur des travaux de la ville, M. Kléber, et, lui montrant du doigt des points sur la carte : « Ça, où est-ce ? Et ici ? Et là ? De quel côté ? » M. Kléber répond vaguement. On ne se comprend pas. Ils le saisissent alors par le bras et disent : « Venez avec nous. » Ils le tirent, le secouent, le brutalisent, malgré son visible état maladif et sa faiblesse[2]. Un conseiller municipal, M. Jean-Baptiste Ferry, entre à ce moment. Il voit la scène. « Laissez cet homme, dit-il, il est malade. » Il essaie de leur expliquer que M. Kléber est hors d'état de les suivre et, spontanément, il s'offre à prendre sa place.

Les Allemands, sans mot dire, mettent la main sur lui et le conduisent immédiatement à la bar-

---

1. Tué, à l'Hartmannswillerkopf, le 29 septembre 1916.
2. M. Kléber devait succomber, le 10 mars 1916, à la maladie qui le minait depuis plusieurs années.

FAC-SIMILÉ DU REÇU DE LA CONTRIBUTION DE 39.000 FRANCS
(L'original mesure 0,27 sur 0,22).

ricade du grand pont, qui est balayée par la mitraille française. Plusieurs soldats allemands tombent autour de lui. Il est obligé de rester immobile et debout. Quelques instants plus tard, le colonel donne l'ordre à quatre hommes et à un officier de se rendre, avec M. Ferry, au pont du Breuil. L'officier demande à l'otage s'il est marié et père de famille. Sur sa réponse affirmative, il lui commande d'écrire à sa femme tout de suite, détache à cet effet une feuille de son propre carnet et fait ensuite porter le billet à son adresse par une personne du quartier munie d'un sauf-conduit.

La mitraille, peu à peu, cesse. La contre-attaque française est terminée. Mais les Allemands se méfient encore. Ils gardent avec eux M. Ferry, et ce n'est qu'à 7 heures du matin qu'ils se décident à le remettre en liberté. Il revient à la mairie et raconte ce qu'on vient de lui faire : « Je veux bien être tué, conclut-il, mais pas par des Français ; ce serait trop cruel. »

Le samedi 29 août, un autre conseiller municipal, M. Jean Fischer, reçoit l'ordre de réquisitionner un cheval et une voiture et d'emporter à Saales, toujours sous la mitraille française, la dépouille mortelle d'un officier allemand. Les rafales de fer et de feu sont telles que le voyage de Saint-Dié à Saales lui prend plus de sept heures. Le lendemain, elles continuent si bien que, parti de Saales à 7 heures du matin, M. Fischer ne rentre à Saint-Dié qu'à 5 heures du soir.

Ce même 29 août, à l'hôtel de ville, le général

von Knoerzer faisait réclamer la somme dont, la veille, il avait imposé le versement à la ville. Quelques jours avant l'arrivée des Allemands, le receveur municipal, M. Lavalle, inquiet sur le sort de l'argent qu'il avait à son bureau — une centaine de mille francs — en avait fait trois parts : deux d'une quarantaine de mille francs, la troisième d'une vingtaine de mille francs. Il avait laissé la troisième dans son coffre pour que les Allemands ne prétendissent pas qu'il avait retiré tout l'argent disponible. Quant aux deux autres paquets, il avait enterré l'un dans sa propre cave et avait décidé le directeur des travaux de la ville, M. Kléber, à enterrer l'autre dans la sienne. Quand il sut que la ville était frappée d'une taxe de 39.000 francs, il retira la somme qu'il avait cachée chez M. Kléber et qui, découverte, aurait pu mettre sa vie en danger, et la porta à l'hôtel de ville. Vers 2 heures de l'après-midi, deux officiers s'y présentent. Ils sont introduits auprès de M. Burlin. Ils lui rappellent que le versement des 39.000 francs doit avoir lieu le soir même : « Ils sont à votre disposition », répond M. Burlin. On passe dans son cabinet où doit être fait le versement et où MM. Gérard et Lavalle, ainsi qu'un ancien adjoint, M. Marc François, président de la Croix-Rouge, le suivent. Ils doivent signer le procès-verbal de remise des fonds. Alors, une âpre discussion s'engage. Les deux officiers prétendent qu'on doit leur verser 39.000 marks et non 39.000 francs. M. Burlin proteste : « Ce n'est pas 39.000 marks que le général von Knoerzer a demandés, mais 39.000 francs. Les témoins de ce qu'il a dit sont nombreux. Je fais appel à leur mémoire. Je n'ai qu'une parole. On m'a demandé 39.000 francs ; si l'on m'avait demandé 39.000 marks, je ne contesterais pas la vérité. On a demandé 39.000 francs, je ne verserai que 39.000 francs. »

Pendant près de deux heures, la discussion se prolonge sans avancer d'un pas, chacun reproduisant les mêmes arguments dans les mêmes termes. Enfin, les deux officiers se contentent d'emporter les 39.000 francs qu'on leur livre et dont ils signent le reçu.

## CHAPITRE VI

## L'occupation *(suite)*

Tandis que les conseillers municipaux sont traités avec cette brutalité insolente, tout le personnel de la mairie : MM. Gérard, Hauss, Toussaint, Deschamps, le sous-brigadier de police Babron, les agents Seyler et Bohlinger, sont internés à l'hôtel de ville. Pour y être, jour et nuit, à la disposition des Allemands, ils n'ont jamais la permission de rentrer chez eux. Ils y mangent comme ils peuvent, sur des coins de table. Ils couchent tous sur des matelas dans leur bureau même. Ils sont gardés à vue par des soldats qui, baïonnette au canon, ne se privent pas de leur distribuer menaces et bourrades. Ils ont à organiser des réquisitions incessantes. On en parlera plus loin.

Les corvées les plus imprévues et les plus pénibles sont imposées par la menace. Les habitants sont sommés de se rendre à l'hôtel de ville et, là, de former des équipes qui seront chargées de ramasser les morts. Ces équipes, dirigées par le commissaire de police Ducher, sont conduites dans toutes les directions. Neuf fois sur dix, chassées par la mitraille, elles reviennent sans avoir pu accomplir leur douloureuse besogne. On les parque aux abords de la mairie. Puis, elles recommencent leurs tentatives. Ce sont elles qui ont creusé toutes les tombes qui se trouvent aux alentours du quartier de la Bolle et du hameau des Tiges et qui y ont fait les ensevelissements.

Dans la ville même, ce sont d'interminables corvées de voirie pour lesquelles M. Kléber est contraint de former des équipes. Il y est aidé par un directeur d'école, M. Miette, et deux employés de la mairie, MM. Humbert et Goetz.

De temps à autre, des incendies éclatent sur divers points de la rive gauche de la Meurthe. Des maisons sont brûlées par les Allemands sous les prétextes les plus divers et dont le plus commun est qu'on a tiré sur leurs troupes. Le 28 août, toujours sous le même prétexte, l'asile Saint-Joseph, qui contient cent trente vieillards, avec les religieuses qui les soignent et quelques pensionnaires, est sur le point d'être mis à feu. Sept Allemands, qui ont bien l'air, d'ailleurs, d'être pris de vin, prétendent que, du jardin de l'établissement, on a tiré sur eux. Ils fouillent la maison et ne trouvent rien de suspect. Mais le soir même, à 10 heures, la sœur Mathilde, qui est à la tête de la maison, doit, sous l'escorte de cinq baïonnettes, aller se présenter au lieutenant-colonel Hoffmann, commandant de place. Elle répond à ses questions et tient tête à ses menaces. « Je certifie que l'on n'a pas tiré sur vos hommes et qu'il n'y a aucun soldat français à

Saint-Joseph. De plus, je m'offre comme otage. S'il s'en trouvait un seul, c'est moi qui réponds pour tous. Mais, de grâce, au nom de Dieu, ne brûlez rien ; épargnez mes vieillards. » L'asile Saint-Joseph est épargné. La sœur Mathilde rentre chez elle, mais flanquée d'une vingtaine de soldats qui sont destinés à la garde de la maison et qui, pendant leur séjour, seront surtout ses parasites.

Pour essayer de mettre fin aux incendies allumés pour ce motif, la municipalité avait été forcée de faire afficher l'avis suivant :

Malgré l'appel du maire invitant la population au calme, il paraît que des actes de violence auraient été commis. Ces actes ont motivé l'incendie de plusieurs maisons. La municipalité fait de nouveau appel au calme de la population et recommande à chacun de s'opposer, par tous les moyens, aux violences que pourraient commettre quelques égarés.

Les vexations ne cessent pas. Tantôt, c'est un habitant que les Allemands accusent de recéler des armes chez lui ; tantôt, c'en est un autre qu'on soupçonne de donner asile à un soldat français. Le commandant d'armes, lieutenant-colonel Hoffmann, fait apposer une affiche qui réitère les interdictions sans cesse proclamées :

Tout propriétaire ou locataire d'une maison ou d'un logement devra se rendre compte s'il n'existe pas chez lui un soldat français en uniforme ou sans uniforme, des armes ou des pigeons-voyageurs. S'il en trouve, il fera de suite une déclaration au commandant de place.

Saint-Dié, le 31 août 1914.

La vérité force à dire qu'il y avait bien, dans la ville, une dizaine de soldats français, mais dans des conditions qui rendaient ces malheureux bien inoffensifs. Nous disons une dizaine pour ne pas risquer d'être au-dessous de la vérité. En réalité, nous ne pouvons trouver les traces que de sept qui étaient des chasseurs alpins.

Trois d'entre eux, un lieutenant, un sergent et un chasseur, le 27 août, à            , s'étaient avancés trop loin, sur la foi de renseignements qui présentaient Saint-Dié comme étant encore aux mains des Français. Ils s'aperçurent soudain qu'ils étaient absolument cernés dans une maison remplie d'Allemands, entourée de sections ennemies aux aguets. Tout moyen de rejoindre le bataillon leur était ôté. Plutôt que de se rendre, ils se tapirent dans la maison et, pendant les quinze jours de l'occupation allemande, vivant de pommes de terre que la fermière leur faisait passer par la fenêtre, ils attendirent avec impatience le retour des Français, et quand ceux-ci arrivèrent, ils se lancèrent, avec leur compagnie, à la poursuite des Allemands. La fermière, M^me            , les a nourris au péril de sa vie, alors que sa maison n'a pas cessé un instant d'être habitée par des sections allemandes.

Dans Saint-Dié même, un autre alpin, surpris par l'arrivée des Allemands alors qu'il faisait encore le coup de feu derrière une barricade, n'avait pas eu le temps de rejoindre son bataillon qui se repliait. Des habitants l'avaient recueilli pendant quelques instants. Grâce à M.            , informé de son aventure, il fut enrôlé dans une des équipes qui devaient relever les blessés et les morts dans la ville. Entre deux corvées, il se transformait en balayeur des rues. Les vêtements qu'on lui avait donnés étaient trop courts pour sa grande taille. Le pantalon lui couvrait à peine les mollets et lui donnait un air de pantin déguisé. Il riait tout le premier de son accoutrement en poussant son balai dans le ruisseau. Les Allemands le trouvaient grotesque et ne comprenaient pas qu'il riait moins de sa mise ridicule que de la farce qu'il leur jouait. A la rentrée du bataillon, il y reprit sa place sans un instant de retard.

Un autre chasseur alpin, surpris et encerclé à Dijon, s'y était caché. Ne pouvant plus rejoindre les lignes françaises, il avait revêtu des habits de paysan et s'était mis à soigner des blessés du 51ᵉ bataillon, dans ce village où ils avaient été ramassés. Le 29 août au soir, il a trouvé le moyen de se faire emmener par les Allemands eux-mêmes dans une voiture-ambulance pour conduire à l'hôpital Saint-Charles les blessés qu'il soignait. A l'hôpital, il a pris du service comme infirmier et il y est resté du 29 août au 12 septembre. Ce jour-là, les chasseurs réoccupant la ville, il a revêtu son uniforme et est reparti avec eux à la poursuite de l'ennemi.

Dans la rue Concorde, un Italien, actuellement mobilisé dans son pays, a réussi, aidé de sa femme, à dissimuler pendant les quinze jours d'occupation un chasseur alpin en le faisant passer pour son frère et en lui prêtant des vêtements.

Enfin un autre alpin, le soir du 27, s'était égaré dans Saint-Dié. Ne sachant comment rejoindre ses camarades, il se précipite dans le jardin de M.

. Les habitants de la villa l'aperçoivent, comprennent qu'il lui est impossible de gagner les Tiges et la Bolle sans être pris et, voulant tout faire pour sauver sa vie, le pressent d'aller se cacher dans un épais fourré, au fond du jardin. Quelques instants plus tard, les Allemands sont là, fouillent la maison pour voir si des soldats n'y sont pas recélés, inspectent le jardin et lancent des coups de baïonnette dans les taillis pour s'assurer que personne n'y est tapi. Maintenant, ils occupent la maison. Comment nourrir cet homme ? Tout près du massif dans lequel il ose à peine remuer est le poulailler. M$^{lle}$ fait mine d'aller donner à manger à la volaille. Elle fait, d'une façon très ostensible, le geste de jeter des grains en appelant les poulets. D'un mouvement brusque, elle lance du pain et quelques victuailles dans les arbustes. La scène se reproduit plusieurs jours de suite. Le malheureux est toujours là. Toute fuite paraît impossible pour lui. La nuit, pour se désaltérer, il rampe sous la feuillée jusqu'à une petite pièce d'eau qui est juste en avant du fourré. Cette

vie ne saurait durer indéfiniment. Un soir, alors qu'on occupe d'une façon particulière, par une conversation animée et intéressante, les Allemands qui sont dans la maison et autour d'elle, M$^{lle}$
trouve le moyen de jeter à l'homme un costume civil. Pendant la nuit, il s'en revêt et se sauve par-dessus le mur. Le malheureux, pressé de s'en aller, ne prend pas la précaution d'emporter avec lui son uniforme, pour l'abandonner loin de la maison. Les vêtements accusateurs sont là, dans le jardin. Si les Allemands les découvrent, tout le monde sera fusillé. On parvient à les ramasser. Avec d'infinies précautions, on les porte dans la maison. Pour les faire disparaître, on n'a d'autre ressource que de les brûler. Mais la cuisine est occupée par les soldats ennemis. On ne peut faire l'opération que dans la buanderie. Malgré tout le soin qu'on y met, des odeurs révélatrices se répandent dans la maison. Si les Allemands comprennent, qu'arrivera-t-il ? Mais cette mauvaise odeur ne les gêne pas. Ils ne comprennent pas. Ils auront peut-être encore de la peine à croire qu'un pareil escamotage ait pu se faire presque sous leurs yeux.

Pendant que tous ces événements se passaient, il fallait se préoccuper de rendre au général von Knoerzer les prisonnières qu'il avait réclamées si violemment. On savait seulement qu'elles avaient été emmenées, par la gendarmerie, de Saint-Dié à Gray.

**CENSURÉ**

M. Colin et M. Jules Marchal reçoivent de la Kommandantur un laissez-passer
. Mais il leur faut une automobile. Par bonheur, ils apprennent que celle de M. Ackermann, chirurgien-dentiste, a été oubliée dans son garage. Mᵐᵉ Ackermann la met gracieusement à leur disposition. Ils partent par la route de Saulcy et Saint-Léonard qui, au milieu de la bataille qui fait rage autour de la ville, paraît la moins dangereuse. Grâce au sauf-conduit dont ils sont munis, ils dépassent aisément les avant-postes allemands. Mais quand ils vont arriver à quelques centaines de mètres du passage à niveau de Saulcy-sur-Meurthe, au lieu dit « la Poule qui boit », ils sont pris entre deux feux. Les troupes allemandes tirent de la rive droite de la rivière et les Français de la direction du Kemberg. Il est impossible de franchir cette grêle de balles. Ils s'abritent derrière une ferme, en retrait de la route. La fusillade devient de plus en plus intense. Il faut essayer de rentrer à Saint-Dié, ce qui est presque aussi dangereux que de s'en éloigner. A l'endroit où les routes de Sainte-Marie et de Fraize se séparent, près de la ferme des Dames, un poste allemand arrête les deux voyageurs et les conduit à Sainte-Marguerite. Là, un lieutenant les interroge. Il examine le sauf-conduit, n'y comprend rien, se rend auprès d'un de ses supérieurs pour lui en référer. Celui-ci est en fureur. Il s'était figuré sans doute que, la ville de Saint-Dié une fois occupée, ses troupes s'empareraient des positions qui commandent les routes vers

Epinal. Or, elles se heurtent à une résistance imprévue. Elles n'ont pas avancé d'un mètre depuis vingt-quatre heures. Il n'est pas d'humeur à écouter ce qu'on vient lui raconter de ces voyageurs en panne. « Qu'on les arrête ! » Trois sentinelles sont placées autour de l'automobile, que l'on amène sur le chemin communal de Nayemont-les-Fosses. Une batterie allemande canonne à cinq cents mètres de là. Des lignes de tirailleurs abrités dans des tranchées tirent sans cesse. Il est environ une heure de l'après-midi. La journée se passe à écouter la fusillade et la canonnade, à regarder les fantassins en réserve dans le village, assis devant les maisons, fumant, prisant, essayant de voir, avec des jumelles, ce qui pouvait bien se passer sur le Kemberg.

A 6 heures du soir, les deux voyageurs sont conduits par leurs sentinelles dans une maison située de l'autre côté de la route, enfermés et gardés dans une chambre, le dos à la fenêtre. Ils se demandent ce qu'on va faire d'eux. Une heure plus tard, on les cherche. On les fait monter dans leur automobile où les bagages ont été fouillés et visités. M. Marchal doit se placer à côté du soldat chargé de conduire la voiture. M. Colin occupe le siège de derrière, avec un sous-officier armé. Maintenant, l'on va vers Saales. Des huées et des injures sont poussées et proférées sur leur passage par les troupes.

A Neuvillers-sur-Fave, on s'arrête devant une maison où est l'Etat-Major. On s'explique plus ou moins. Les voyageurs obtiennent d'être ramenés à Sainte-Marguerite et, là, d'être laissés libres. A

Sainte-Marguerite, M. Marchal reprend le volant et l'on arrive à Saint-Dié à 9 heures du soir. Pas un habitant dans les rues. Aucun bec de gaz allumé. Aucune lumière dans les maisons. La canonnade est incessante. Les deux voyageurs sont obligés de passer la nuit à l'hôtel de ville, sur deux matelas installés dans le bureau central de l'octroi.

Le lendemain 29 août, il devient évident qu'il ne faut plus songer à un nouveau départ en automobile. M. Colin partira seul et à pied. Il essaiera de traverser la forêt. Il va refaire ses adieux aux siens; puis, sac au dos et muni d'une canne ferrée, il prend le chemin qui va de l'Ermitage à la maison forestière de Saint-Martin. De là, il gagnera la ferme de Grandrupt. Marchant sans bruit, obligé, de temps en temps, de s'abriter à cause des éclatements d'obus, il arrive enfin sur le sentier de ronde, dit du « Tour du Kemberg » et il ne tarde pas à tomber sur deux compagnies du 61ᵉ bataillon de chasseurs alpins. Il est désormais au milieu des lignes françaises. Il se dirige vers Rougiville. Là,

CENSURÉ

Le Gouvernement accepte la

remise des femmes et des enfants arrêtés comme suspects, mais à la condition que la population de Saint-Dié n'aura en rien à souffrir pendant l'occupation allemande.

Le lendemain, dimanche 30 août, il s'agit de rentrer dans la ville. M. Colin, pour franchir les lignes, est muni d'un drapeau blanc et accompagné

il prend, au Haut-Jacques, le chemin qui descend directement sur Rougiville.

Il dépasse les Moîtresses et atteint enfin le premier poste de soldats allemands. Il est aussitôt entouré et conduit à un officier qui vérifie son laissez-passer.

M. Colin est conduit à l'Etat-Major, dont le siège est à l'hôtel Terminus.

Mais, quand il croit qu'il va pouvoir rentrer chez lui, l'ordre est donné de le mener à l'hôtel de ville. Il doit y passer la nuit.

**CENSURÉ**

**CENSURÉ**

Le lendemain 31 août, M. Colin a le droit de rentrer chez lui. Le 1ᵉʳ septembre, il reçoit la réponse faite par le général allemand :

Il est accordé à la population de Saint-Dié tous ménagements sous condition qu'elle s'abstienne de toute action hostile. Cependant à cette condition que les femmes qui ont été faites prisonnières soient mises en liberté et ramenées.

Ordre lui est donné en même temps de repartir et de ramener les prétendus otages. Vers 9 heures, un bandeau sur les yeux, il est emmené en automobile, par un officier allemand, qui le descend à Sainte-Marguerite d'où deux sentinelles, le tenant par le bras, le guident, les yeux toujours bandés, jusqu'à mi-chemin de Saulcy-sur-Meurthe. Les lignes sont franchies sans trop de difficultés et, à Saulcy, M. Colin atteint deux hussards en patrouille qui l'invitent à les suivre auprès de leurs chefs. On l'autorise à monter dans une automobile qui évacue des blessés à Gérardmer. Là, un capitaine d'État-Major le prend dans sa propre voiture pour le conduire à Epinal, où il arrive dès une heure de l'après-midi.

CENSURÉ

Le 2 septembre, à 10 heures du matin, M. Colin quitte Épinal avec le convoi. Celui-ci est sous la direction de M.        , commissaire spécial, qui

CENSURÉ

. Les captifs sont installés dans un autobus, au nombre de quatorze femmes et sept enfants. Au col du Haut-Jacques, station prolongée pendant près de deux heures,

On ne peut songer à faire prendre au convoi la route directe qui est battue par les feux de mitrailleuses. On revient sur la route d'Épinal et, aux Rouges-Eaux, on bifurque pour gagner Taintrux par le col de Normont. On arrive à Rougiville où les femmes et les enfants sont descendus de l'autobus et se mettent en marche à la file, dans la direction de la ville, très effrayés par les éclatements fréquents d'obus. La trompette sonne souvent, mais sans succès. Enfin, à la Bolle, une patrouille allemande arrête la troupe et la conduit au général qui, sachant qu'il a en face de lui un adjoint au maire de Saint-Dié, ne trouve rien de mieux que de le couvrir d'injures auxquelles il sait bien qu'il ne peut pas être répondu pour l'instant. Tout le convoi va descendre à Saint-Dié [1]. C'est le soir.

1. En principe, le commissaire spécial qui a la responsabilité du convoi devrait le laisser entre les mains du commandant des avant-postes allemands, prendre de ses mains un reçu et se retirer. Mais l'officier allemand ne veut rien entendre et tout le monde est emmené à Saint-Dié sous bonne escorte. Les Allemands ne soupçonnent pas les fonctions exactes du personnage

Le lendemain 3 septembre, on fait remarquer à M. Colin que tous les « otages » ne sont pas encore là.

. A Saint-Dié, le lieutenant de Bülow l'interroge. Il se perd dans les explications qui lui sont données ; voyant les mots « commissaire spécial » sur l'ordre de mission, il se montre au courant des choses françaises en disant : « Ah ! oui, c'est quelque chose qui a rapport aux chemins de fer. » Il prend un commissaire spécial pour un commissaire de surveillance administrative qui n'a rien à faire avec le service des renseignements. Pendant quatre jours, le commissaire et son auxiliaire (le trompette, grâce à son uniforme, avait été renvoyé presque tout de suite) sont internés à leurs frais à l'hôtel du Globe,

. Après une enquête qui n'éclaire sans doute pas beaucoup les autorités allemandes, la mise en liberté des parlementaires est décidée. Mais ils doivent auparavant être conduits à Provenchères où le général von Knoerzer les interrogera. Sous la surveillance d'un sous-officier et dans une automobile menée, avec son dévouement ordinaire, par M. Béranger, ils sont transportés, au siège de l'Etat-Major. Le général ne s'y trouve pas. Ils reviennent à Saint-Dié sans l'attendre. M. de Bülow leur dit : « Vous revenez de Provenchères ? » Ils répondent : « Oui », et le sous-officier allemand, qui n'est au courant de rien, fait de son côté un signe affirmatif. M. de Bülow n'en demande pas davantage : « Messieurs, vous êtes libres. » Eux non plus n'en demandent pas plus. On les remet dans l'automobile de M. Béranger, les yeux bandés,                , et c'est ainsi que le commissaire spécial, qui n'avait pas compté entrer dans Saint-Dié et qui y avait été introduit de force par les Allemands eux-mêmes, en sortit sans accident et

séquence, à midi, il reçoit l'ordre d'aller chercher M$^{me}$ Colin. Elle doit être emmenée comme otage et ne sera remise en liberté que le jour où son mari réunira la totalité des femmes et des enfants arrêtés. Il est obligé de s'exécuter. Il conduit M$^{me}$ Colin à l'hôtel de la Poste où il doit se séparer d'elle. Avant de la quitter, il obtient qu'elle ne sera pas considérée comme prisonnière et qu'elle restera à Provenchères jusqu'à son retour. Mais ce n'est qu'une promesse allemande. M. Colin s'apprête à repartir. Cette fois, c'est M. Béranger qui s'offre à le conduire dans une petite voiturette automobile. On leur donne un laissez-passer et tous deux, les yeux bandés, sont conduits par un officier allemand et un soldat jusqu'à mi-chemin de Sainte-Marguerite et de Saulcy. Là, on les laisse libres.

**CENSURÉ**

CENSURÉ

M. Colin écrit une lettre par laquelle il annonce que, sous trois ou quatre jours, le complément des suspects sera ramené.

C'est M. Béranger qui se charge d'apporter les deux lettres à Saint-Dié. Il revient avec la réponse, datée du 6 :

1. L'explication de ceci est dans la note précédente.

M$^{me}$ Colin sera remise en liberté au moment où les femmes en question auront leur liberté.

Enfin, le 8,                          . Deux grands autobus et deux automobiles composent le convoi qui prend le chemin de Saint-Léonard et, à l'entrée du village de Saulcy-sur-Meurthe, atteint le premier petit poste allemand.

La livraison des « otages » est faite,

Il n'y a plus qu'à rentrer à Saint-Dié. La première nouvelle que M. Colin y apprend, c'est que sa femme est toujours prisonnière. Elle n'est pas restée à Provenchères, comme on l'avait promis. Elle a été emmenée au moins jusqu'à Strasbourg. On l'assure qu'elle arrivera certainement à Saales par le premier train, c'est-à-dire à une heure et demie. Il obtient la permission d'aller au-devant d'elle jusqu'à Saales, accompagné de M. Béranger. A Saales, le train arrive; mais c'est exclusivement un train de ravitaillement et M$^{me}$ Colin ne s'y trouve pas. Le lendemain, 9 septembre, il faut refaire le même voyage, cette fois en compagnie de M. Jules Marchal. Le train arrive à 8 heures du soir ; mais, pas plus que la veille,

Mme Colin ne s'y trouve. Le lendemain matin, M. Colin se remet en route, toujours avec le même ami, dans l'espoir de réussir enfin. A Saales, ils obtiennent la permission d'aller jusqu'à Rothau et, au besoin, à Schirmeck. Nulle part, ils ne trouvent celle qu'ils cherchent. A Schirmeck, on leur refuse la permission de pousser jusqu'à Strasbourg et on leur intime l'ordre de rentrer à Saint-Dié. Il est 4 heures et demie de l'après-midi. Le retour est pénible, au milieu de mouvements de troupes auxquels il est difficile de rien comprendre. En réalité, l'armée allemande battait en retraite. A Saint-Dié, où l'on arrive vers 7 heures et demie, les rues étaient absolument désertes et une fusillade se faisait entendre aux abords des bois de la Madeleine. Le lendemain, à la mairie, M. Marchal et M. Colin apprennent tout ce qui s'est passé dans la nuit du 10 au 11, et qu'il n'y a plus un Allemand dans Saint-Dié. Ainsi, malgré toutes les promesses solennelles, Mme Colin n'avait pas été rendue. Ce ne fut que le 25 septembre qu'elle put rejoindre son mari à Bâle, après d'actives démarches faites par celui-ci en Suisse. L'on apprit alors que, du 4 au 11 septembre, elle avait été retenue à la prison de Strasbourg, mise en liberté provisoire le 9, relâchée définitivement le 11, mais laissée sans aucun moyen de rentrer en France, admise seulement à rester à Ribeauvillé sous la surveillance militaire de Schlestadt et de la Kreisdirection de Ribeauvillé, où, tous les matins, elle était tenue d'aller faire constater sa présence.

On a vu la susceptibilité du général von Knoerzer devant les mesures de précaution prises par les Français à l'égard de quelques personnes dont aucune n'a été maltraitée. Il resterait à voir comment, dans cette même région des Vosges, pendant l'occupation de Saint-Dié, les Allemands ont manifesté avec éclat leur propre façon de comprendre le droit des gens et de le pratiquer.

A la Voivre, le curé, M. Lahache, a été fusillé, « parce que, dit le colonel allemand, nous avons trouvé dans sa localité des gens qui nous ont desservis ».

A Allarmont, le maire, M. Lecuve, et le curé, M. l'abbé Matthieu, ont été fusillés.

A Vauxaincourt, le maire, M. Seller, a été fusillé.

A Bertrimoutier, M. Gustave Colin, conseiller municipal, a été fusillé.

A Luvigny, le curé, M. l'abbé Bucher, a été fusillé.

Le maire d'Entre-deux-Eaux, M. Ferry, a été arrêté et emmené comme otage à Sainte-Marie-aux-Mines où il a vu fusiller sous ses yeux plusieurs de ses compagnons. Il allait être lui-même passé par les armes, lorsqu'il put s'expliquer sur les conditions dans lesquelles il avait été arrêté. L'officier allemand lui fit grâce de la vie. Mais M. Ferry a été interné en Alsace et rapatrié à la fin de 1915. Il a succombé à l'ébranlement que tant d'épreuves avaient causé à sa santé.

Le maire de Saint-Michel-sur-Meurthe, M. Dieudonné, l'instituteur de Wisembach, M. Vendling, le curé de cette paroisse, M. l'abbé Pierrat, ont été emmenés en captivité en Allemagne.

A La-Croix-aux-Mines, le maire, M. Clévenot, a été enfermé dans l'usine avec un grand nombre d'habitants de sa commune et il a été mis deux fois en place pour être fusillé : d'abord devant la mairie, ensuite derrière l'église.

Au Chipal, M. Urbain a été frappé et emmené dans la direction de Sainte-Marie-aux-Mines. Il n'a pas reparu depuis.

L'énumération de ces quelques cas suffira pour l'instant. Le dossier sera complété, quand il le faudra, en détail.

**CENSURÉ**

# CHAPITRE VII

# Profits de Guerre

## I

### Dans les Hôpitaux.

La politique des Allemands à l'égard d'un pays envahi s'inspire d'un principe fort simple : arracher à ce pays tout ce qu'il est possible de lui arracher. On n'est jamais sûr de le garder : si l'on est obligé de le restituer un jour ou l'autre, on l'aura du moins vidé de tout ce qui était à prendre ; on l'aura épuisé, au point de lui rendre difficile, ou même impossible, le recommencement d'une vie économique normale. A défaut de mieux, on lui aura fait nourrir les soldats qui l'occupent.

C'est là une doctrine que les auteurs allemands exposent couramment, tandis que les soldats l'appliquent. Nul ne l'a mieux exprimée que le romancier bien connu, D$^r$ Ludwig Ganghofer, dans le récit qu'il a donné, au retour d'un voyage au front, dans les *Dernières Nouvelles de Munich* : « Pendant deux semaines, jour par jour, j'ai été sur pieds, rien que pour pouvoir jeter un regard superficiel d'ensemble sur ce que produit, dans le domaine d'une seule armée, le travail tranquille et incessant de la machine savamment organisée qu'est le service des étapes allemand. Ce que j'ai vu ici dans un espace restreint se reproduit, avec ses conséquences utiles à la patrie, sur tous les points du front occidental. Tout le travail s'accomplit suivant ce principe : il faut pour les besoins de l'armée tirer le moins possible de l'Allemagne, trouver le plus possible dans le pays ennemi conquis, et tout ce qui n'est pas indispensable à l'armée et présente une valeur pour la patrie doit être transporté en Allemagne. En trois mois le pays conquis a pu couvrir environ les quatre cinquièmes des besoins de l'armée. Maintenant encore où les sources utilisables du pays occupé par nous coulent déjà moins abondamment, le territoire occupé couvre toujours les deux tiers des besoins des armées allemandes de l'ouest. Par là l'on peut estimer en moyenne que l'empire allemand a depuis quatre mois économisé par jour de trois et demi à quatre millions de marks [1]. »

L'application de ce principe a été systématique dès l'occupation de Saint-Dié. Si elle n'y a pas

---

1. *Reise zur deutschen Front von D<sup>r</sup> Ludwig Ganghofer, Münchner Neueste Nachrichten, Freitag 26 Febr. 1915, Vorabendblatt Nr. 103*, p. 4, col. 2. — Cité par Jacques de Dampierre dans *l'Allemagne et le Droit des gens d'après les sources allemandes et les archives du Gouvernement français*, page 182.

développé toute la beauté cynique de ses conséquences, c'est qu'elle a été constamment gênée par la menace d'un brusque retour des Français, entravée par la pression inquiétante de nos troupes, brusquement interrompue par un départ forcé.

Les Allemands, à Saint-Dié, étaient très rapprochés de leur base de ravitaillement. Malgré cela, ils se sont immédiatement conduits comme s'ils voulaient faire vivre leurs troupes sur le pays et avec les seules ressources du pays, en économisant les leurs le plus possible. C'est un fait étrange, et pourtant certain, que, dans bien des endroits où les armées allemandes ont fait leur apparition au début de la guerre, elles ont donné souvent l'impression de soldats affamés, pressés de trouver dans les magasins des commerçants et dans les garde-manger des habitants de quoi apaiser leur appétit impatient. On traite aujourd'hui de « bourreurs de crânes » les journalistes qui ont dépeint alors l'envahisseur sous cet aspect et qui ont tiré de ces descriptions une raison par trop naïve d'espérer un épuisement rapide du peuple qui avait déclanché le cataclysme. La vérité est que les descriptions dont il s'agit n'ont pas été dues uniquement à des fantaisies ridicules de publicistes en quête de détails encourageants. Le tort de ceux qui les ont colportées — avec, peut-être, une insistance un peu exagérée — a été d'accorder une trop grande complaisance à des faits qui avaient vraiment l'air de confirmer des désirs naturels et légitimes. Elles ont souvent exprimé, sans le soumettre à une critique suffisante, ce qu'ont vu et raconté plusieurs des premiers témoins de l'arrivée des Allemands. Je relis les notes intimes qui ont été rédigées au jour le jour, non point pour le public, mais pour eux-mêmes, par des habitants de Saint-Dié qui appartiennent aux milieux les plus divers. Or, dans plus d'un de ces cahiers, je retrouve cette même impression, et dans les termes qui traduisent souvent un étonnement vif. Les Allemands n'ont pas donné partout, dès la première heure, la sensation qui était attendue. On les avait si bien représentés comme le peuple doté de l'organisation la plus parfaite que la constatation de maints faits a inspiré tout de suite un certain scepticisme sur la valeur de cette organisation. Ce scepticisme n'était malheureusement pas fondé en raison ; mais il était dû au contraste aperçu entre le tableau qu'on avait fait de cette organisation impeccable et quelques traits de la réalité qu'on avait sous les yeux.

La sensation à laquelle je fais allusion a été due à une autre cause. On ne se rendait pas compte, à ce moment-là, du penchant passionné de l'Allemand pour le pillage. Avec une candeur qui, en somme, est à la louange de ceux qui se sont ainsi trompés, l'on a supposé que des gens si prompts à se jeter sur toutes les provisions et à dévaliser tout ce qui pouvait se manger avaient tout simplement faim. C'était une hypothèse honorable pour ceux qui en étaient l'objet. Il est regrettable, pour une portion de l'humanité, qu'elle ait été fausse.

Un neutre, qui a vu les armées allemandes traverser l'Alsace sur un point où les nôtres avaient déjà pénétré, m'écrit : « Je n'ai pas entendu de plaintes sur les troupes françaises, tandis que tous les pillages et dégâts ont été commis par les troupes allemandes. Elles n'avaient rien eu à manger de trois jours que la ration de campagne, et elles ont terrorisé, évacué provisoirement ou enfermé les civils, pour pouvoir entrer plus facilement et piller librement les maisons. » Le même m'écrit encore : « Les soldats français n'avaient pas la permission d'entrer dans les maisons ; ils demandaient à la porte ce dont ils avaient besoin et ils payaient. Les Allemands réquisitionnaient de force dès le 3 août et imposaient aux communes des moyens de subsistance. En général, la tendance qui a prévalu après la retraite de votre armée a été d'accuser les troupes françaises de tous les méfaits commis par les Allemands eux-mêmes [1]. »

[1]. Rapprochons ces faits de ceux que M. Paul-Albert Helmer a découverts dans une enquête à laquelle il a été fait allusion plus haut (voir page 143). Dans les régiments de territoriale dont il énumère les numéros, et qui étaient composés de Badois, les hommes furent autorisés à prendre ce qu'ils voudraient. En Bade, les chefs veillèrent soigneusement à ce qu'aucun vol ne fût commis ; mais ils annoncèrent à leurs soldats qu'en Alsace ils auraient toute liberté, parce que, disaient-ils, « nous serons en pays ennemi ». Les soldats s'en souvinrent quand ils furent à Cernay, dans la vallée de Guebwiller, à Mulhouse et surtout à Bourtzwiller. Je puis ajouter qu'à Saales les déprédations ont été systématiques. Dans la vallée de la Bruche, l'expression « aller à Saales », appliquée aux militaires, était devenue synonyme de « voler ». La population a été entièrement évacuée. Après son départ, tout a été déménagé. Les femmes de cette localité, emmenées à Bischwiller, y étaient réduites à la mendicité.

La jeune Cubaine dont j'ai déjà invoqué le témoignage me dit également : « J'ai beaucoup admiré la conduite des soldats français en Alsace. Certes, je m'attendais à ce qu'ils ne se conduisent pas mal ; mais je pensais que des soldats en campagne sont aisément, comme on dit, « chapardeurs ». Ceux que j'ai vus ne l'ont pas été. Souvent, ils n'avaient pas mangé depuis vingt-quatre heures ; ils s'arrêtaient devant notre maison et disaient : « Si vous « avez quelque chose à nous donner, nous le pren- « drons. Mais, surtout, ne vous privez pas pour « nous. » Ce n'étaient pas des officiers qui agissaient ainsi ; c'étaient de simples soldats, et je n'ai pas cessé de les admirer depuis. La conduite des soldats allemands a été toute différente. C'est avec la menace à la bouche qu'ils exigeaient tout ce dont ils pouvaient avoir besoin. Chez nous, ils se sont dispensés d'exiger, ils ont pris. Le médecin dirigeant l'ambulance des troupes allemandes en marche sur la France a commencé, en s'installant chez nous, par prendre la clé de l'armoire aux provisions. J'avais vu bien des fois des officiers allemands en manœuvres, jamais je n'aurais supposé qu'ils pourraient arriver au degré d'arrogance, de violence et de sans-gêne envahisseur que j'ai constaté, dans un pays que toutes leurs autorités affirment depuis si longtemps germanisé. Ce que j'ai vu, et qui m'a laissé des images inoubliables, a été pour moi une révélation. »

Il semble que les formations sanitaires allemandes elles-mêmes, ou bien aient été privées, par un défaut d'organisation, de ce qui leur était nécessaire, ou bien qu'elles avaient pour mot d'ordre de s'entretenir à l'aide de ce qu'elles trouveraient sur place.

Déjà sur le plateau de Dijon, dès le 27 août au soir, et dans les journées du 28 et du 29, les postes de secours ne s'étaient établis que d'une façon lamentable et avaient dû recourir à la collaboration de quelques femmes du village, sans lesquelles nos blessés n'auraient pas même reçu les soins les plus élémentaires. « Dans la grande salle du débit Masson, écrit l'une d'elles, M$^{me}$ Victor Morel, sur un tas de foin, parmi des manteaux mouillés, des blessés français sont couchés côte à côte. Les matelas, sommiers, paillasses, sont occupés par les blessés allemands ; je ne trouve aucune parole à dire, tant je suis suffoquée... Mais nos blessés demandent à boire.

« — N'avez-vous reçu aucun soin, leur demandai-je ?

« — Non, Madame, on ne nous a rien donné du tout. Nous nous sommes pansés comme nous avons pu, entre nous ; quelques-uns l'ont été par les infirmiers allemands.

« On prépare vite des tisanes ; heureusement que ma provision annuelle est faite. Plus tard, nous avons fait une bonne soupe de légumes, sans pain, presque sans beurre, car les premiers Allemands ont tout pris. Nous avons retrouvé un paquet de sucre cristallisé qui avait échappé au pillage, ce qui fait que j'ai pu, pendant une journée, sucrer la tisane. Les Allemands me demandent avec quoi je fais ma boisson. Bouillon blanc, feuilles d'oranger. Alors, ils me demandent de donner aussi à leurs blessés, ce que je fais, naturellement. Il y a des blessés partout, en haut, dans toutes les chambres, dans les trois pièces du bas, dans la grange. » Les infirmiers vont, viennent, ne pansant personne, ayant toujours quelque chose à demander. C'est Mme Victor Morel qui est obligée de suivre partout le major et de l'aider dans les pansements qu'il fait. C'est elle qui flambe ses instruments et lui passe tout ce dont il a besoin [1]. Ce major a l'air

---

[1]. Du journal intime de Mme Morel, je me permettrai d'extraire ce qui suit : « A la nuit tombante, le docteur me fait dire que nous allons visiter toutes les maisons, afin de voir où il y a des blessés. Quoique rendue de fatigue, je les ai accompagnés, lui et un infirmier. D'abord dans les maisons où l'habitant est resté, il y a plein de soldats. Ils me disent de demander s'il n'y a pas de blessés chez eux, et ils sortent presque sans attendre la réponse. Nous ne sommes que nous trois. A partir de chez Petitdemange, sans que je sache comment, quatre hommes équipés pénètrent partout avec nous. On fouille tout. On donne des coups de bottes dans les tas de chiffons. Au débit Chotel, vide absolument, le major exprime le regret de n'avoir pas eu une place comme cela pour les blessés, car il y a de bons lits propres. Quelques maisons, à notre gauche, sont laissées. Toutes sont occupées par les Allemands, et nous arrivons enfin devant la maison Payeur. Il fait maintenant si noir que je ne me suis pas aperçue de l'absence du major et de son aide. Une douzaine de soldats, baïonnette au canon, m'entourent. L'un me demande où est la cave. Je l'ignore. « Peut-être entre-t-on par la cuisine », dis-je. Il répond : « Non, pas trappe ; pas trouvé porte ; et il y a cave puisque petite fenêtre. » Il me montre les larmiers à la lueur d'une lanterne. Nous faisons le tour de la maison. Toujours je me verrai, trébuchant dans des branches, un Boche de chaque côté, un autre derrière avec la lanterne, et suivie de la douzaine d'hommes dont j'ai parlé plus

d'être, en somme, un brave homme ; mais il paraît aussi être démuni de tout, et, sans la pauvre collaboration qu'il trouve sur place, il ne pourrait à peu près rien pour les blessés. On ne dit pas qu'il faille généraliser ce trait ; mais ce trait et tous les autres semblables, qui sont indéniables, prouvent bien qu'il n'y a pas lieu, non plus, de généraliser avec complaisance les affirmations courantes sur l'organisation allemande.

Le lendemain de leur entrée à Saint-Dié, dans la soirée du vendredi 28 août, les Allemands se sont préoccupés d'établir des postes de secours. Il y en a eu trois dans des immeubles assez proches les uns des autres : la maison Crovisier, rue de la Bolle, les écoles de la rue d'Hellieule, et, dans la même rue, l'externat du Collège Jules-Ferry (jeunes filles). Le premier de ces immeubles était une habi-

haut. Je me vois entrer dans une cave derrière la maison, presque de plain-pied ; les hommes, baïonnette au canon, la tête baissée. Une seconde cave fait suite, mais quatre hommes seuls s'y engagent, me laissant dans la première. Il n'y a rien que des tonneaux vides auxquels ils donnent de grands coups de crosses ou de bottes pour bien s'en rendre compte. Enfin nous sortons, mais alors on commence à m'interroger : « A qui est la maison ? Qui est bourgmestre ? Qui est maire ? Où sont les hommes ? Qui est notable ? (Ils emploient toutes ces expressions croyant que je ne comprends pas.) Pourquoi n'y a-t-il pas d'hommes ? Où sont-ils ? » J'ai beau leur dire que ce n'est pas une commune, que la plupart des hommes sont soldats et les autres partis : ils voudraient absolument que je leur nomme l'homme le plus important de l'endroit. Quand l'un a fini de me questionner, l'autre recommence. C'est toujours la même chose, tandis qu'une inquiétude me gagne à me voir ainsi seule au milieu de ce cercle et assez loin de chez nous. »

tation richement meublée. On a commencé par la vider de ce qui était inutile pour le soin des blessés, et l'on a ainsi emporté en Allemagne pour plus de 50.000 francs d'objets précieux. Les deux autres ne contenaient guère que des tables et des bancs ; ils n'ont pas été dévalisés. Dans tous les trois, l'installation a consisté tout simplement à mettre du foin sur le plancher des salles. Les malheureux qu'on apportait y étaient déposés, et ils attendaient là, pendant des heures, dans la saleté et parmi les mouches, l'assistance qui ne venait pas, du moins pour les Français. Les Allemands étaient plus ou moins sommairement pansés ; quelques-uns — qui n'y ont pas tous résisté et qui ont été ensevelis au bord de la prairie d'Hellieule — ont été opérés au petit bonheur dans la salle des lavabos de l'école maternelle. Aucun de nos compatriotes n'a reçu le moindre soin.

Leur matériel n'arrivant pas, les médecins ou chirurgiens ont dû demander à des personnes du voisinage les objets les plus élémentaires pour des pansements, du linge à découper en bandes ou à effiler en charpie, des couvertures, des serviettes, et jusqu'à des cuvettes et des brocs [1]. Les

---

1. Il y avait, au n° 16 de la rue Thiers, une pharmacie dont le propriétaire, M. Vilmain, était mobilisé. Sans retard, les Allemands en firent sauter la devanture et une équipe de soldats, conduits par un médecin-major, vinrent en enlever tous les produits qu'ils jetaient, pour les emporter, dans de grandes toiles de tente. En quelques instants, l'opération fut terminée. Avant d'emmener ses hommes et leur chargement, le médecin fit main basse sur le vin de quinquina, en prit quelques bonnes rasades et fit lamper le reste à sa troupe.

sous-officiers, qui faisaient pour eux ces réquisitions, mettaient aisément, pour être plus persuasifs, leur revolver dans la figure des dames ou jeunes filles auxquelles ils s'adressaient. Le personnel manquait autant que le matériel ; et dans les trois locaux, les docteurs allemands ont dû recourir à des auxiliaires bénévoles prises dans la population civile de Saint-Dié. Ne soupçonnant pas que le désir ardent de secourir nos soldats suffirait pour amener dans ces lieux de souffrance et de désespoir tous les dévouements féminins, ils ne craignirent pas de parler de réquisition. Tandis que leurs hommes étendaient du foin dans les locaux choisis, la directrice de l'école maternelle, M$^{me}$ Antoine, aide-infirmière de la Croix-Rouge, franchissait le grand pont pour se rendre à son service de l'hôpital Saint-Charles. La vue du brassard qu'elle portait inspira une idée à l'officier du poste — à moins qu'il n'eût reçu la consigne de mettre la main sur la première infirmière qui passerait. Il plaça M$^{me}$ Antoine entre quatre soldats qui, baïonnette au canon, la conduisirent aux prétendues ambulances qu'on était en train d'installer dans la rue d'Hellieule. Elle était prévenue qu'elle avait à donner ses soins aux blessés, allemands et français, qui allaient arriver. La sainte compassion qui fait battre un cœur de femme décida M$^{me}$ Antoine plus efficacement qu'un ordre brutal qui n'était bon qu'à la révolter. Si elle n'avait redouté de se faire renvoyer, l'institutrice aurait volontiers remercié ceux qui lui confiaient sa mission.

Dans le même temps, la vue de nos soldats qu'on apportait soit au Collège Jules-Ferry, soit aux écoles, soit à la maison Crovisier, bouleversait d'autres personnes du quartier. Ouvrières ou bourgeoises, elles ne pouvaient se résoudre à rester spectatrices de tant de souffrances ; et, sans entente, sans organisation, sans direction, elles ont introduit un peu de pitié fraternelle dans ces tristes locaux qui avaient pris immédiatement un air de taudis. Elles ont vaincu la répugnance qu'elles avaient à parler à des envahisseurs brutaux. Sans peur des rebuffades, résignées à voir des spectacles dont la hantise ne les quitterait plus, elles se sont présentées aux médecins wurtembergeois, et, alléguant qu'elles savaient l'allemand et pourraient servir d'interprètes, elles ont offert leur concours afin que nos pauvres blessés ne restassent pas absolument abandonnés.

C'est par elles que l'on sait comment les choses se passaient et qu'aucun de nos soldats ou officiers, sauf deux ou trois exceptions négligeables, n'a été pansé par les infirmiers allemands et que leurs blessures n'ont même pas été examinées. Elles faisaient pour eux ce qu'elles pouvaient, et ce n'était pas beaucoup : les aider à se mettre dans des positions moins douloureuses, laver les mains ou le visage de ces malheureux qui avaient traîné dans la boue d'un sol détrempé par des pluies continuelles, étancher le sang qui coulait, aller chercher chez elles, pour eux, quelque nourriture ou quelque boisson. Il ne faut point oublier ce dernier détail :

sans leur charité, nos soldats blessés n'auraient reçu, dans ces prétendues ambulances, ni une goutte d'eau, ni le moindre aliment, avant les longues fatigues de l'évacuation.

Ce qui leur causait un vrai supplice, c'est que les mêmes hommes qui laissaient sans assistance nos blessés n'admettaient pas qu'elles fissent mine de leur accorder plus — si peu que ce fût — qu'aux soldats allemands. Elles devaient apporter à ceux-ci une très large part des bouillons, du thé, des œufs, du lait, qu'elles allaient quérir chez elles ou dans une épicerie du voisinage. Pour avoir réussi à grouper neuf des nôtres dans une des salles de la maison Crovisier, au premier étage, M$^{me}$ Antoine fut sérieusement menacée. Elle dut quitter cette ambulance et borner ses visites aux deux locaux de la rue d'Hellieule.

Aussi bien, toutes les collaboratrices bénévoles qui se rencontrèrent pendant plusieurs jours dans cet effort de pitié furent obligées, elles aussi, de se retirer. Le 5 septembre, un peu de matériel était arrivé et, avec lui, quelques infirmières. Une ambulance moins sommaire fut organisée dans la maison Crovisier. Une salle d'opérations y fut installée. Le Collège Jules-Ferry et les écoles furent peu à peu vidés ; on n'y apporta plus personne. L'ambulance qui remplaçait ces horribles postes dits de secours, presque par antiphrase, devait fonctionner à peine. Le 10, elle déguerpissait avec le reste des services sanitaires [1].

1. Il est malaisé et même impossible de reconstituer la liste

Il était naturel que les Allemands recourussent sans retard aux hôpitaux de la ville. C'est ainsi qu'ils ont mis la main sur l'hôpital Saint-Charles qui appartient à la ville, a des administrateurs nommés par le conseil municipal et est confié, pour le soin des malades, aux sœurs de Saint-Charles de Nancy. Leur première apparition y fut terriblement menaçante. Quand un ou plusieurs de leurs hommes, dans la matinée du 27 août, furent atteints par des balles, ils ne se rendirent pas compte immédiatement qu'elles venaient de la barricade qui fermait la rue Saint-Charles et qu'on ne pouvait apercevoir en biais qu'en débouchant suffisamment de la rue Thurin. Ils prétendirent tout de suite que les coups de feu étaient partis de l'hôpital. Ils y pénétrèrent en fureur et y fouillèrent, du sous-sol jusqu'aux combles, le pavillon Jules-Ferry qui était incriminé. Ils n'y trouvèrent rien de suspect ; mais il fallut, pour les convaincre, l'affirmation de blessés allemands qui étaient dans les salles et qui savaient bien que personne n'avait tiré.

A partir de 4 heures, ce fut l'occupation métho-

---

des personnes qui, pendant ces lugubres journées, ont tout fait pour apporter à nos soldats, dans l'une ou l'autre de ces maisons, le reconfort de leurs secours ou de leur simple présence. Un devoir d'élémentaire gratitude oblige pourtant à nommer ici, à côté de Mme Antoine, M. l'abbé Harlepont, Mme Vve Wagner, Mme Stuhl (aujourd'hui Mme Reichlin), ainsi que sa mère, Mme Gangloff, et leur bonne, Mme et Mlle David, Mme Schmähl, Mme Houbre, Mme Stirling, Mme Wackenheim, Mlle Mathilde Onimus, Mlles Mathilde et Marie Epp, Mlle Muckensturm, Mlle Marie Schneider, Mlle Yvonne Steib, Mlle Vogt. Nous avons mentionné ailleurs (voir page 136) M. Emile Morel.

dique de la maison. Les envahisseurs s'y installèrent comme chez eux. La sœur supérieure dut conduire elle-même les officiers qui voulurent visiter l'établissement dans les plus menus détails et qui, avec une méfiance visible, inspectèrent soigneusement les caves. Et presque aussitôt ce fut l'arrivée des blessés. Ils étaient sur des voitures, sur des charrettes, sur des civières. En peu d'instants, l'hôpital fut plein. Malheureusement, le service sanitaire ne les accompagnait pas. A la nuit, aucun médecin allemand n'était encore là. Et, dans les tristes salles, privées de gaz et d'électricité, pauvrement éclairées par quelques lumignons, les sœurs durent procéder toutes seules à des pansements hâtifs. La nuit était lugubre. Quelques incendies illuminaient le ciel.

Au matin du vendredi 28, les docteurs allemands se présentent. Des ordres brefs et secs sont donnés, le nouveau personnel obéit en silence. Une discipline de fer va régner. La sœur supérieure Mathilde est interrogée : combien a-t-elle de religieuses avec elle? Combien y a-t-il d'employées dans la maison? Quelles sont les dames de la ville qui apportent leur aide bénévole [1]? Somme toute, ce personnel s'est bien conduit. Les blessés fran-

---

1. Les religieuses étaient au nombre de onze : avec la sœur supérieure Mathilde, les sœurs Auguste, Elise, Jeanne, Sidonie, Adèle, Ursule, Emmanuel, Paul, Charlotte et Glossinde. Les personnes de la ville qui les ont aidées sont : au pavillon militaire : Mlles Marcelle Ferry et Maignien ; au pavillon Jules-Ferry : Mlles Litz, Porrot et Petitdidier ; au pavillon Saint-

çais ont été soignés par les médecins allemands, tout comme les autres. Les médecins affectaient même un peu d'étaler cette façon de se conduire et ils exigeaient, avec une insistance un peu appuyée, que la même égalité de traitement fût accordée par les sœurs à tous les hôtes de l'hôpital, indistinctement. L'égalité était conçue d'une façon mathématique. Sous l'influence de cet esprit géométrique qui ne saurait suppléer l'esprit de finesse, il ne leur suffisait pas que les mêmes soins fussent donnés avec le même dévouement. Une infirmière ayant remis une fleur à un officier français fut contrainte d'en apporter une à un officier allemand qui se trouvait dans la même salle. Pour un peu, les sourires auraient été comptés et l'on aurait veillé à ce que des Françaises n'en eussent pas un de plus pour leurs compatriotes.

C'est peut-être pour exhorter les sœurs à une juste distribution de leurs attentions qu'on leur annonçait régulièrement les nouvelles les plus terrifiantes : douze corps d'armée français sont en déroute ; les troupes allemandes opèrent une marche triomphale sur Paris, elles n'en sont plus qu'à quatorze kilomètres ; le bombardement de la capitale est commencé...

On ne fait pas un inventaire de ce que possède l'hôpital ; mais c'est lui qui aura tout à fournir

Charles : M<sup>lles</sup> Robbe et Cretin ; au pavillon central : M<sup>ll</sup> Jeanne Bruley, M<sup>me</sup> Stolz et M<sup>me</sup> Louis Burlin. L'aumônier était M. l'abbé Michel. Les malades civils étaient soignés à l'annexe de Foucharupt par le D<sup>r</sup> Thouvenin.

pour les pansements et les soins. L'ambulance wurtembergeoise, qui entend prendre tout en mains, n'apporte avec elle absolument rien, pas un morceau de linge, pas un flacon de remède : les médecins ont leur trousse, et c'est tout. Du moins, ce personnel a une attitude convenable. A part un manque de tact dont on aurait tort de s'étonner, sa conduite a été irréprochable. Par malheur, cette première équipe du service sanitaire allait être remplacée par une autre — celle-ci bavaroise. La nouvelle venue avait un outillage complet. Elle avait tout ce qu'il faut pour le soin des blessés et jusqu'au linge nécessaire. Elle amenait avec elle autre chose encore : une brutalité naturelle ou affectée dont la précédente avait fait grâce à la maison envahie. Elle arriva dans la matinée du 9 septembre. Et tandis que le personnel de la première ambulance s'apprêtait à partir, celle-ci commença son installation. Hautains, arrogants, durs, ses chefs, par leurs propos et leur attitude, annonçaient pour l'hôpital des jours pénibles. Mais ils venaient trop tard et n'eurent pas le temps de montrer leur savoir-faire. Dès le lendemain, ils quittaient Saint-Dié avec toutes les troupes allemandes.

L'hôpital Saint-Charles avait peine à contenir tous les blessés qui affluaient. Le 30 août, les Allemands donnèrent l'ordre de transporter tous les blessés français à l'hôpital temporaire. C'était une ambulance que M$^{lle}$ Marcelle Ferry avait été chargée d'organiser à la caserne du 10$^e$ bataillon de chasseurs et qui, pendant les premières semaines de la guerre, avait fonctionné avec une trentaine d'infirmières et d'auxiliaires. Le 24 août, tous les blessés ayant dû être évacués sur l'intérieur, l'hôpital fut soigneusement rangé et fermé. Le 27, le jour même de l'entrée des Allemands dans la ville, il y avait eu une tentative pour s'en servir à nouveau. Il avait fallu, sous le bombardement, y renoncer. Le 30, Mlle Ferry le rouvrit. Ses principales collaboratrices restèrent groupées autour d'elle [1]. Tout fut retrouvé en bon état. Les vivres, pourtant, manquèrent le premier jour, les Allemands ayant négligé d'en envoyer. Les infirmières bénévoles durent, pour nourrir leurs 95 blessés, quêter dans le faubourg qui flambait.

Dès le lendemain, l'hôpital Saint-Charles envoya des vivres. Mais beaucoup de soldats allemands ayant établi leur cantonnement dans la caserne, la brutalité des hommes et des officiers fut souvent désagréable, sinon dangereuse, pour les infirmières. C'était le Dr Bourgeat qui, avec un dévouement infatigable, venait de l'hôpital Saint-Charles donner ses soins aux hôtes du temporaire. Le 5 septembre, ceux-ci furent évacués sur Saales, l'hôpital fut de nouveau fermé, et tout rapporté à Saint-Charles.

Les Allemands n'ont pas pris possession, à proprement parler, de l'hôpital auxiliaire n[o] 7, installé dans le Collège de garçons et dont la Croix-Rouge a conservé l'administration pendant toute

1. C'étaient Mlles L. Hugueny, Landmann, Claudel, Lamotte, Durupt, Clemencet et Linhard.

l'occupation. Ils se contentaient de venir plusieurs fois par jour y faire des inspections pendant lesquelles ils ne se sont pas montrés incorrects. Leurs blessés y étaient apportés et mélangés dans les salles avec les blessés français. Comme il n'y avait pas assez de lits, quelques Français ont cédé le leur à des Allemands plus gravement atteints, pour coucher sur des matelas par terre. Les Allemands, d'ailleurs, même les officiers, ont dû se contenter de matelas lorsqu'on ne pouvait pas leur donner de lits. Aussi bien ne faisaient-ils que des séjours le plus courts possible. Ils étaient emmenés aussitôt que les moyens d'évacuation se présentaient. Un officier du 51e alpin, le capitaine Aweng, soigné dans une des salles, assistait à cette hâte des Allemands et ne cessait de répéter aux infirmières qu'il y avait là, de la part de l'ennemi, une preuve d'insécurité. Il déduisait de leur empressement à emporter leurs blessés que les troupes ne tarderaient pas à les suivre. Et c'est ainsi que, chaque jour, les Allemands fournissaient un argument toujours renouvelé à cet officier qui s'était donné pour tâche d'être le soutien moral de l'hôpital [1].

Les soins étaient donnés par deux médecins de la ville, les Drs Rousselot et Galotte ; les chirur-

---

[1]. Le capitaine Aweng, en arrivant à l'ambulance, avait été mis dans une salle où il n'y avait que de simples soldats et chasseurs. Puis, il avait refusé de se faire porter dans une des salles réservées aux officiers. Les Allemands, ne soupçonnant pas qu'un officier pût rester ainsi au milieu de ses hommes, n'ont pas deviné son grade et ne l'ont pas emmené en captivité.

giens allemands n'ont opéré que sur leur demande. Les Allemands avaient tout profit, d'ailleurs, à se servir de cet hôpital très richement muni de ce qu'il fallait pour soigner les blessés. Les provisions de médicaments et de pansements y étaient suffisantes pour que les administrateurs n'aient jamais rien eu à demander, sauf quelques tubes de sérum antitétanique. Un des administrateurs, M. Emile Blech, remettait chaque jour à la Kommandantur un bon demandant cent kilos de farine pour les blessés allemands et français de l'hôpital, et cette farine lui était livrée sur le stock municipal dont on s'était emparé. Il a obtenu régulièrement cette quantité jusqu'à l'avant-veille du départ, où elle a été réduite à cinquante kilos pour deux jours. L'hôpital avait, en effet, un petit excédent de pain et le distribuait à des civils sans ressources. Le médecin-major allemand s'en aperçut, d'où tempête : « Les civils, s'écrie-t-il, peuvent crever. » Et c'est sur son indication que la livraison de farine à l'hôpital a été ramenée à une quantité dérisoire.

Ce médecin-major, on s'en doute, était d'un naturel grossier. Il s'est montré, en général, à peu près convenable. C'est lui qui a désigné, quelques jours avant le départ, les blessés susceptibles d'être transportés et qui devaient être emmenés comme prisonniers. Il en a pris une cinquantaine et l'on doit reconnaître qu'il a été assez libéral dans son choix. Deux blessés graves, pourtant, auraient été emmenés, si, au dernier moment, un soldat moins atteint ne s'était proposé pour prendre la place de l'un d'eux. Les Allemands, qui avaient ainsi leur nombre de prisonniers, n'y ont rien vu. L'autre est parti.

Le médecin-major trouva de son goût l'automobile qu'un ami avait prêtée à l'hôpital. Il demanda sa valeur. On lui répondit : dix-huit mille francs. Il déclara alors qu'il allait l'emmener à Strasbourg et que, si elle lui convenait, il donnerait un bon de réquisition. On n'a plus revu l'automobile et, malgré de nombreuses réclamations, le bon promis n'a jamais été délivré.

Nous avons noté une des appréhensions qui ont obsédé les Allemands avant même de franchir notre frontière et du jour où ils ont mis le pied sur terre alsacienne [1]. La peur d'être empoisonnés ne les a jamais quittés. On en a vu quelque chose, en bien des circonstances, à l'hôpital du Collège. Une fois, par exemple, il fut comme envahi par une bande de soldats très malades, hurlant à l'envi et livides de peur plus encore que de douleur. Ils se déclaraient empoisonnés par les Déodatiens qui avaient subi leurs visites et leurs réquisitions, et ils n'avaient, en définitive, que de formidables indigestions de fruits verts et crus avalés gloutonnement. Une autre fois, un soldat fut sur le point de tuer deux des infirmières à la cuisine, sous prétexte qu'on avait empoisonné le bol de bouillon qu'il venait de réclamer.

Un autre incident tragique se passa le lundi

---

1. Voir plus haut, p. 144.

31 août. Le vent avait fait tomber le grand drapeau de la Croix-Rouge qui devait, en principe, abriter l'immeuble. Il fallait rétablir l'insigne protecteur. Un homme monta sur le toit et se mit en mesure de le relever. Il n'y pouvait réussir qu'en lui imprimant des mouvements. Les Allemands crurent que c'était un signal adressé aux Français qui étaient aux aguets sur la côte Saint-Martin. Colère, cris, gesticulations. L'infirmier qui était la cause innocente de ce tumulte fut sur le point d'être fusillé. Puis, tout l'hôpital fut consigné. Personne n'en pouvait plus sortir, sous aucun prétexte, pas même pour aller s'expliquer auprès des autorités militaires. Il fallut, par une fenêtre, faire appeler un officier allemand qui logeait de l'autre côté de la rue et qui, par son intervention, fit mettre fin à cette claustration ou, pour mieux dire, à cet emprisonnement de tout le personnel menacé d'exécutions sommaires. Le drapeau fut placé et il continua de protéger l'hôpital, les Français se faisant une règle d'honneur de ne jamais diriger leurs feux sur une formation sanitaire [1].

1. L'ennemi le sait bien et il en profite. Le 6 septembre à Foucharupt, M<sup>lle</sup> Franoux note que les artilleurs allemands se sont abrités entre le cimetière, le château de Mirbeck et l'hôpital du séminaire, ces deux édifices étant surmontés de la Croix-Rouge.
La liste des personnes qui ont donné leur concours à l'hôpital du Collège pendant l'occupation est longue. Outre les deux médecins cités plus haut, la voici, sauf omissions involontaires :
M. Marc François, président de la Croix-Rouge ; M. et M<sup>me</sup> Auguste Hugueny ; M<sup>me</sup> Albert Gérard, présidente du Comité des Dames ; M. Marande, commerçant à Saint-Dié ; M. Lorrain,

Les Allemands se sont préoccupés de forcer toutes les autres ambulances bénévoles qui avaient fonctionné avant leur arrivée à reprendre immédiatement leur travail. Au séminaire de la rue Haute, il y en avait une dont le personnel était formé pour la plus grande partie des sœurs de Saint-Vincent de Paul. Elle avait été organisée dès le 18 août. Le 24, elle avait été mise sous la direction générale de la Croix-Rouge française, mais, presque immédiatement, devant l'avance des Allemands, la direction de la Croix-Rouge avait décidé l'évacuation de cette formation sanitaire et la dispersion de son personnel. Le 27 août, l'infirmière-major, sœur Rose, et deux autres religieuses, qui avaient été attachées à l'infirmerie du 10° bataillon, sont envoyées, après sa suppression momentanée, à l'ambulance n° 7 établie au Collège de garçons, rue Stanislas. En dépit

notaire, s'occupant de l'administration en général et également faisant fonction d'infirmiers.

Lingerie : M<sup>lle</sup> Clémentine Vichard, M<sup>me</sup> Billet, M<sup>me</sup> Fuzelier, M<sup>me</sup> Ramspacher, M<sup>lle</sup> Lépine, institutrice, M<sup>me</sup> Lorrain.

Pharmacie : Sœur Gabrielle, de l'ordre de Saint-Vincent-de-Paul.

Infirmiers civils : l'abbé Henry, l'abbé Champagne, M. Supper.

Infirmières : M<sup>me</sup> Horter, infirmière-major ; M<sup>lle</sup> Hélène Picard, M<sup>lle</sup> Joséphine Klein, M<sup>lle</sup> Aubert, M<sup>lle</sup> Cariage, M<sup>lle</sup> Gabrielle Rimmel, M<sup>lle</sup> Henriette Rimmel, M<sup>lle</sup> Grosgeorge, M<sup>lle</sup> Grandcolas, sœur Marcou, de l'ordre du Très-Saint-Sauveur, sœur Symphorose, du même ordre, M<sup>lle</sup> Billet, M<sup>lle</sup> Ramspacher, M<sup>me</sup> Chenal, M<sup>lle</sup> Didier, M<sup>lle</sup> Cougnacq, M<sup>lle</sup> Méline, M<sup>lle</sup> Thébès, M<sup>lle</sup> Blech, M<sup>lle</sup> Lorrain, M<sup>lle</sup> Salmon, M<sup>lle</sup> Germaine Marchal.

A la cuisine : M<sup>me</sup> Supper. Femmes de ménage : M<sup>lles</sup> Schuler Dinkelmann, Collier.

Le concierge du Collège et sa famille ont été très dévoués.

de la fermeture officielle de l'hôpital de la rue Haute, on n'avait pas cessé de sonner à la porte du séminaire en amenant des blessés. A l'un des pires instants de la journée, entre 3 et 4 heures, le supérieur, devant cette affluence, courut au Collège réclamer sœur Rose pour qu'elle vînt soigner les malheureux qui allaient remplir de nouveau sa maison.

Par la force même des choses, l'ambulance se remet à fonctionner ; mais elle est démunie de tout. Le 29 août, pendant que les Allemands, rendus nerveux par l'attaque du matin, croient que les Français vont tenter un effort pour reprendre la ville, que des bombes éclatent çà et là, que des mitrailleuses sont installées à bien des coins de rues, sœur Rose est obligée d'aller chercher au Collège le linge qui lui est nécessaire. Elle n'a qu'une brouette pour transporter ces ballots. Elle est obligée de faire trois voyages et, une fois, la brouette trop chargée se renverse et tout ce qu'elle contient roule par terre. A sa troisième course, un homme, encouragé par cette audace féminine, lui prête secours. Au moment où ils rentrent dans le séminaire, une balle vient traverser le carreau de la chapelle, qui est déjà pleine de blessés. L'ambulance a reçu d'abord des Français. On commence à y apporter, peu à peu, des Allemands. Le 31 août, deux jeunes majors wurtembergeois arrivent. Ils constatent la présence de leurs compatriotes et immédiatement exigent que la salle d'opérations soit prête dans une heure. Il faut, d'urgence, aller quérir au Collège la table d'opérations. Les deux médecins se chargent de visiter l'ambulance et ils le feront, jusqu'au départ de leurs troupes, avec la plus grande régularité[1].

Le mercredi 2 septembre, il y eut une heure d'agitation et de crainte. Les infirmières avaient eu pour premier devoir d'ôter à leurs blessés leurs vêtements déchirés, maculés de boue, souillés de sang corrompu et parfois de lambeaux de chair. C'était le seul moyen d'éviter une infection presque fatale des plaies. Souvent, pour enlever ces pauvres loques, il avait fallu, à grands coups de ciseaux, les couper. Ce jour-là, quelques-uns des hôtes de l'ambulance étaient en état de se lever; il importait de les y aider pour installer dans leurs lits d'autres arrivants. Les sœurs, n'ayant pas d'uniformes mi-

---

[1]. A la tête de la maison était le supérieur du séminaire, M. le chanoine Gentilhomme, aidé de M. l'abbé Thomas.

Outre sœur Rose remplissant les fonctions d'infirmière-major, les autres religieuses qui s'occupaient de l'hôpital étaient les sœurs Augustine, Elisabeth, Jeanne et Catherine, des Filles de la Charité ; deux religieuses de l'orphelinat, les sœurs Louise et Vincent; une sœur de la Doctrine chrétienne, trois sœurs de la Providence de Portieux, la cuisinière, sœur Floride, et la lingère, sœur Marie.

Parmi les autres personnes qui ont donné leur collaboration soit pour la lingerie, soit même pour le travail des salles, il faut nommer : M$^{me}$ Caël, M$^{me}$ Febvrel, M$^{lle}$ Maignien, M$^{lle}$ Lucie Voirin, M$^{lle}$ Claire Chichy, M$^{mes}$ Blandez, Varaigne, Pierrat, Martin, Munier, Thouvenin, Vichard, Charpentier, F. de Mirbeck.

Il n'y avait guère que trois hommes pour aider au service, mais ils ont été infatigables : M. Michaux, directeur de l'école primaire libre, M. Colin et M. Haas; celui-ci, au milieu des pires bombardements, s'exposait à tous les dangers pour chercher au dehors tout ce qui était nécessaire à l'ambulance.

litaires à leur disposition, durent leur passer des vêtements civils parfaitement hétéroclites. Elles n'avaient pas prévu l'orage. Immédiatement, elles furent accusées d'avoir agi de la sorte pour faciliter la fuite de ces Français. La scène fut violente. Plusieurs majors allemands étaient là avec un de leurs chefs qui menait grand tapage, frappait le sol du pied et menaçait de faire fusiller les hommes ainsi habillés. M. Haas conduisit les accusateurs devant le tas d'habits infects qui gisaient dans la cour. Sœur Rose, avec une énergie maternelle, prit la défense de ces soldats sur qui pouvaient se reproduire — on ne les connaissait pas encore — les crimes commis aux Tiges et ailleurs sur des prisonniers désarmés. Que se serait-il passé sans la présence d'une femme se dressant presque toute seule devant ceux qu'elle voulait sauver ? Et ils furent en effet sauvés.

Pour soigner le moral d'un personnel dont le dévouement ne faiblissait jamais, les médecins allemands lui distribuaient avec générosité des nouvelles soigneusement choisies. Quand le canon tonnait avec le plus de force sur le Haut-Jacques, ils annonçaient tantôt que leurs troupes arrivaient à Paris, tantôt qu'elles occupaient Verdun, tantôt qu'elles avaient écrasé l'armée russe. L'incrédulité de leurs interlocutrices semblait les scandaliser et ils allaient jusqu'à affirmer par serment la vérité de leurs récits. Après tout, n'étaient-ils pas de bonne foi ? Ils répétaient sans doute ce qu'on leur disait pour expliquer de façon encourageante pourquoi leur corps d'armée était enfermé dans Saint-Dié et ne réussissait pas à en sortir.

Dans l'internat du Collège de jeunes filles (locaux de l'ancien évêché), une ambulance française de la Croix-Rouge avait existé jusqu'à l'occupation de la ville. A ce moment, ses ressources étaient épuisées ; son transfert à l'administration militaire était décidé, et d'autres locaux avaient été préparés pour elle sur la route de Raon. Dans la journée du 26, elle s'était dissoute ; les deux derniers malades qu'elle abritait avaient été transportés à l'hôpital Saint-Charles, et la directrice de l'internat, M$^{me}$ Houillon, avait quitté l'établissement le 27 août, vers une heure de l'après-midi, pour rejoindre son jeune fils, réfugié au Collège de garçons, chez le principal. C'est là qu'un médecin-chef allemand lui fait commander, le 28, d'avoir à se rendre immédiatement à l'internat. Elle y va et constate que, dès la veille au soir, des blessés ont été amenés dans la maison. Le médecin-chef lui ordonne, d'un ton ferme, de se charger du service économique de l'hôpital :

— Il y avait ici, Madame, avant notre arrivée, un hôpital. Il faut qu'il fonctionne de nouveau pour nous. Par qui et dans quelles conditions était-il administré ?

M$^{me}$ Houillon fait remarquer que c'était un hôpital de contagieux et qu'il était administré par l'Union des Femmes de France. Tous les malades ont été évacués à l'arrière ; les infirmières qui avaient été envoyées à Saint-Dié par leur société ont été contraintes de les accompagner. Elle ajoute qu'elle-

même est directrice du Collège de jeunes filles, que ses locaux étaient affectés à l'internat, qu'ils ont été réquisitionnés le 6 août pour abriter les contagieux, et que ses fonctions s'y sont bornées à surveiller la bonne tenue et l'entretien de la maison.
Le médecin insiste :

— Cet hôpital avait des ressources, une caisse. Je vous ordonne de le remettre en marche pour nos blessés.

M<sup>me</sup> Houillon répond :

— Les ressources de notre hôpital consistaient en dons bénévoles ; il vivait de charité, au jour le jour. Comme il ne recevait que des contagieux, les malades y étaient peu nombreux, et il n'avait en caisse que quelques centaines de francs. Ne craignez-vous pas d'installer des blessés dans des locaux contaminés ?

Le médecin hausse les épaules :

— Nous avons ce qu'il faut pour désinfecter et nous ne pouvons pas y regarder de si près [1]. Arrangez-vous pour nous fournir la nourriture, les tisanes, et pour assurer le blanchissage. J'ai fait appeler les infirmières de la ville qui étaient occupées ici avant notre arrivée. J'ai leur liste. Je les attends pour vous aider comme il convient.

M<sup>me</sup> Houillon demande :

— Mais où trouverai-je l'argent nécessaire à l'alimentation de tant d'hommes ?

1. En fait, la désinfection n'a jamais eu lieu, et c'est merveille qu'il n'y ait pas eu là, pour la ville, un foyer de maladie et de mort.

— Il faut vous tirer d'affaire pendant les premiers jours. Si vous montrez de la bonne volonté, je ferai venir, d'ici quelques jours, un *inspektor* qui vous aidera à assurer l'approvisionnement.

Mme Houillon doit s'exécuter et mander au Collège, pour reprendre leur service, les dames qui étaient restées dans Saint-Dié. D'ailleurs, pendant qu'elle négociait avec le major, une de ses collaboratrices, par hasard, était arrivée. Mme Hulot, passant devant l'ancien évêché et y remarquant un mouvement insolite, était entrée dans la cuisine et avait demandé si des blessés français avaient été apportés dans la maison. Sur une réponse affirmative, elle avait pénétré plus avant. Le major allemand, à ce moment même, commandait à Mme Houillon de rappeler d'urgence tout le personnel de l'ancien hôpital [1]. Il ordonne à Mme Hulot de rester là et de se tenir à sa disposition. Il prétend même qu'elle doit prendre ses repas et coucher dans l'établissement. Il a de la peine à comprendre qu'il a affaire, non pas à une salariée qui est logée et nourrie, mais à une dame de la ville qui fait librement partie d'une association de Croix-Rouge. Il finit par concéder qu'elle ne sera pas constamment rete-

---

1. Mme Houillon eut tout de suite comme collaboratrices Mme Hulot et Mlle Savidan. D'autres personnes, qui n'étaient pas à l'hôpital avant l'invasion, y sont entrées successivement soit comme aides, soit pour les soins aux blessés ; elles ont toutes, surtout aux jours d'affluence, soigné les blessés. Ce sont : Mlle Reist, Mlle Verly, Mme Cuny, Mlle Godd. Mme Cuny était à la maison comme réfugiée chez la concierge. Dans cette situation, elle est devenue infirmière.

nue dans l'hôpital ; mais il la prévient que, si elle ne vient pas régulièrement matin et soir, il l'enverra chercher entre des baïonnettes... Mme Hulot écoute sans broncher cette étrange façon de faire appel à son dévouement d'infirmière. Puis, elle se met à la recherche des blessés français. Elle finit par les découvrir dans une pièce sous les combles. Ils étaient cinq, dont un lieutenant du 99ᵉ régiment d'infanterie, blessé au pied. Les malheureux n'ont pas mangé depuis vingt-quatre heures. Mme Hulot prévient le major. Il a une réponse très simple : c'est un oubli ! Désormais la nourriture de ces blessés se composera, le matin, d'un café imbuvable, mélangé de malt, et, à midi, d'une soupe contenant quelques miettes de pain et quelques menues parcelles de viande : et cette nourriture pour prisonniers français se prépare, dans la cour, sur des cuisines roulantes. Les dames de Saint-Dié dont les services ont été si aimablement réquisitionnés décident de compléter en cachette ces pauvres repas. Elles n'y parviennent ni sans difficultés ni sans danger. L'une d'elles, Mlle Joséphine Godd, fut surprise un jour, tandis qu'elle apportait quelques aliments à nos compatriotes. Le major la saisit par le bras, lui montra le mur du jardin en roulant des yeux furieux et ajouta que, si elle recommençait, elle serait fusillée. Mlle Godd et ses amies ont recommencé, et leur ingéniosité a été plus forte que la brutalité criarde de l'Allemand. Aussi bien, si nos soldats étaient privés de soins, ils ne l'étaient pas de menaces. A tout moment, et sous les prétextes les plus futiles, on leur parlait de les fusiller.

Les blessés allemands étaient fort nombreux à cette ambulance qui rappelait beaucoup par certains côtés, surtout par l'étalage de la brutalité — sinon envers les infirmières à l'égard de qui il arrivait aux médecins d'être polis, du moins envers les blessés — les postes dits de secours qui fonctionnaient au Collège Jules-Ferry, aux écoles de la rue d'Hellieule et dans la maison Crovisier. Les trois salles d'opérations ne chômaient jamais. Chaque jour, près de 300 hommes étaient apportés. Aussitôt pansés — et ils l'étaient promptement — ils étaient évacués sur Saales. Les intransportables restaient seuls à l'hôpital. Tous les lits étaient occupés. Cette affluence, qui disait avec une sinistre éloquence la quantité des pertes allemandes autour de Saint-Dié, énervait les médecins et était sans doute pour quelque chose dans leur perpétuel état d'irritation contre les hommes et les choses.

En arrivant, les blessés étaient déposés tout d'abord sur de la paille dans les couloirs. Il fallait parfois plusieurs jours pour qu'un lit devînt disponible. « J'ai vu, m'écrit M$^{me}$ Hulot, des amputés attendre sur des chaises pendant quarante-huit heures avant d'être couchés, malgré leurs plaintes et leurs supplications. Mal soignés, ils étaient facilement atteints de gangrène. Il en mourait, en moyenne, dix par jour. Une odeur effroyable régnait dans toutes les salles. Dès qu'un soldat mourait, il était emporté, souvent même tout habillé, sur une civière auprès d'un fumier où se voyaient pêle-mêle des membres jetés là après amputation. Le soir venu, une voiture emmenait les corps en tas. Les opérations étaient faites très hâtivement, mais sans aucun soin de propreté. Je me souviens qu'un jour, au cours de l'amputation d'une jambe, un major ramassa par terre une compresse qu'il avait laissé tomber et la remit telle quelle sur la plaie. »

Au sens juridique du terme, on ne peut pas dire que cet hôpital, où tout le matériel était français, ait été pillé par les Allemands au moment de leur départ. On ne voit pas, d'ailleurs, ce que les déménageurs, en dehors de lits et de tables, auraient pu emporter d'un établissement aussi pauvre. Les blessés emmenés en Allemagne ont été enveloppés dans les couvertures qui appartenaient à l'hôpital. Quelques draps ont suivi les couvertures. Si les autres draps trouvés par les Allemands dans la maison n'ont pas été emportés en plus grand nombre, c'est qu'ils avaient servi à ensevelir des morts et qu'il n'en restait presque plus. D'ailleurs, les majors affectaient de dire, en partant, qu'ils ne tarderaient pas à ramener ce qu'ils étaient obligés d'emporter. L'un d'eux poussait l'amabilité jusqu'à déclarer que Saint-Dié lui plaisait fort et qu'il viendrait, après la guerre, s'y installer comme médecin.

# CHAPITRE VIII

# Profits de guerre

## II. — Réquisitions et pillages.

La véritable industrie de la guerre, pour les Allemands en campagne, se fait sous deux formes : la réquisition et le pillage, la seconde étant la forme brutale et insolente, la première la forme administrative et presque savante.

Les réquisitions s'opéraient de deux façons : tantôt en s'adressant à la mairie, tantôt directement chez les commerçants ou les habitants. Le service en était confié, en général, à des « feldwebel », parlant pour la plupart un français très pur, et en qui il n'était point malaisé de reconnaître des gens qui avaient habité la France avant la guerre, en avaient étudié à fond les habitudes, connaissaient dans le détail ses mœurs et ses ressources. Chacun était muni d'un livret imprimé contenant des notes très précises et des indications détaillées sur les richesses de la contrée. Les ordres étaient donnés, montre en main, et devaient être exécutés dans un temps très limité. La menace de rigueurs impitoyables s'ajoutait immédiatement au ton arrogant de l'ordre.

Dès le 29 août, les Allemands réclament à la mairie la liste complète des automobiles existant dans la ville; et, dès qu'ils l'ont, ils font le tour des garages et s'emparent sans retard des véhicules qui s'y trouvent encore. Leurs gains ne sont pas, d'ailleurs, ce qu'ils croyaient pouvoir espérer : bon nombre de ces voitures avaient été expédiées au loin, par leurs propriétaires, le jour même de l'arrivée de l'ennemi. Le but de cette réquisition — comme celle des charrettes de toutes sortes qui aura lieu quotidiennement jusqu'à la fin de l'occupation — est d'aider au transport des blessés en Allemagne et aussi de faciliter le déménagement du butin ramassé dans les maisons.

En même temps, ils se préoccupent de munir leurs troupes de tout ce dont elles ont besoin et qui se trouve sur place, et surtout de les faire vivre aux dépens du pays occupé. Dès le 31 août, ils exigent de la mairie qu'on leur livre 1.000 grosses pelles, 250 pioches, 120 pics, 120 haches, 24 scies à main, 24 scies de long, 4 voitures avec deux chevaux ou deux bœufs. Il faut que, sans retard, la ville fournisse ce qui servira à faire des tranchées et autres défenses contre les Français qui tenteraient de revenir.

Naturellement, la municipalité, qui ne possède pas ces objets, est obligée, à son tour, de les réquisitionner en hâte chez des commerçants. Surtout, sans retard, les Allemands se mettent à réclamer les pommes de terre. Tous les jours, ils en exigent des quantités nouvelles. On leur livre, puisqu'on ne peut faire autrement, une grande partie de celles qui sont chez les divers négociants. Mais cette provision risque de s'épuiser assez vite. Le soudard germain a bon appétit, et le feldwebel est brutal. On envoie donc des équipes arracher des pommes de terre dans tous les hameaux qui avoisinent Saint-Dié. Pour que le travail se fasse plus vite, les soldats allemands s'y mettent de leur côté. « Une nuée d'infirmiers, écrit M$^{lle}$ Franoux le 2 septembre, s'abattent dans le champ de pommes de terre du garde-barrière, face à l'école, et arrachent à qui mieux mieux. J'ai envie de crier : aux voleurs ! C'est le vol, le pillage organisés ; un sous-officier les dirige. Et avec cela, ils vous regardent d'un œil narquois ! »

On verra que les Allemands avaient encore une autre façon de s'emparer de tout ce qui pouvait assurer, en temps ordinaire, la vie matérielle de la cité. Cette volonté de vivre le plus possible aux dépens des habitants s'étale avec une brutalité calculée dans une circonstance qu'il faut rappeler.

Le mercredi 2 septembre, vers 3 heures et demie, 161 prisonniers français avaient été conduits à l'école de la rue de l'Orient, non loin de l'hôtel de ville. Vers 7 heures du soir, les Allemands s'avisèrent qu'il y avait peut-être lieu de donner à ces malheureux quelque chose à manger. Le plus simple leur parut d'en charger la mairie. Celle-ci était loin d'avoir des provisions en réserve. Elle ne pouvait pourtant pas laisser des compatriotes sans secours.

Des employés de la ville, escortés de soldats allemands, passèrent dans un certain nombre de maisons, implorant des vivres pour ces prisonniers. De toutes parts, les gens accoururent, avec du pain, des boîtes de conserves, du chocolat. A la porte de l'école, dont l'accès était interdit par une sentinelle, un officier wurtembergeois, aidé de quelques soldats, recevait les dons. M. Dufays, pourtant, en sa qualité de conseiller municipal, obtint la permission d'entrer un instant.

L'expérience avait trop bien réussi pour n'être pas recommencée : il y avait une veine de pitié à exploiter. Le lendemain, 3 septembre, M. Burlin et M. Jules Marchal étaient à la mairie. Les Allemands les font appeler. Un officier d'Etat-Major leur dit que les prisonniers enfermés dans l'école de la rue de l'Orient doivent partir dans la matinée, vers 11 heures. « Si vous voulez qu'ils aient mangé avant leur départ, ajoute-t-il, arrangez-vous pour les ravitailler, car nous n'avons rien à leur donner. » A ce moment, comme nous le verrons, la farine manquait dans Saint-Dié ; on souffrait du manque de pain. Il est aussitôt entendu que M. Marchal va s'occuper de ces malheureux. Le général délègue, pour l'assister, l'officier qui est venu apporter cette cynique communication. M. Marchal va de maison en maison raconter à quelle infortune il s'agit de subvenir une fois de plus et sans retard. Il envoie deux de ses employés parcourir divers quartiers en faisant appel à la bonne volonté de tous. Un empressement extraordinaire se manifeste partout.

Chacun prend sur son nécessaire pour courir au secours de ces prisonniers. Bien des gens ont dû se priver. On apporte des morceaux de pain qui, depuis plusieurs jours, avaient été mis de côté pour le moment où l'on ne pourrait plus s'en procurer. Quand M. Marchal revient à l'école de la rue de l'Orient avec une escorte de braves gens apportant leurs dons, il trouve, devant la porte, une véritable foule. Une femme s'approche de lui avec un panier et lui dit à l'oreille quelque chose qu'il ne comprend pas bien. Il prend le panier, regarde : sur le dessus étaient des morceaux de pain coupé ; il les écarte ; au-dessous étaient des tablettes de chocolat en morceaux, et le panier en était plein. Une autre femme lui tend une bouteille et lui dit :

— Monsieur, je n'ai rien à donner pour manger ; mais c'est du sirop de bouillon blanc. C'est bon contre le rhume.

L'officier allemand voit la bouteille et s'écrie :

— Pas d'alcool !

M. Marchal, en souriant, lui dit :

— Ce n'est pas de l'alcool ; c'est du sirop de bouillon blanc.

— Bouillon blanc, bouillon blanc...? dit l'officier.

Et il prend la bouteille, la débouche et goûte à même. Puis, il la rend en disant :

— So, so...

Une autre femme apporte un grand seau de petits pois qu'elle a fait cuire en hâte. M. Marchal réunit toutes ces provisions données de façon si touchante, puis il entre dans la cour. Les prisonniers sont là, exténués, affamés. Ils font un mouvement vers ces provisions. M. Marchal lève la main et leur dit :

— Ne vous bousculez pas ; il y en aura pour tout le monde.

Les sous-officiers rangent les hommes par sections. La distribution va se faire en ordre parfait. Mais, à ce moment-là, l'officier allemand fait le geste d'arrêter. Il entre dans l'école, en ressort avec un capitaine et un lieutenant français et leur dit :

— Servez-vous les premiers.

Le capitaine répond :

— Nous n'avons pas faim. Quand nos hommes auront mangé, nous verrons.

L'officier allemand n'insiste pas, et la distribution se fait. Les provisions sont en telle abondance que les hommes peuvent remplir leurs musettes. Faire nourrir les prisonniers par une population qu'on affame, l'idée est assez caractéristique.

Les captifs sont ravitaillés. On peut se mettre en marche. Au moment de les faire sortir dans la rue, l'officier allemand dit au capitaine :

— Faites enlever le manchon bleu du képi de vos hommes.

L'ordre est transmis. Le cortège sort ; il s'en va par la rue Thiers. Là, cinq ou six voitures sont au bord du trottoir, en face de la mairie. Chaque voiture est chargée de balles de coton enlevées dans les usines. Sur les balles sont assises les suspectes que M. Colin avait ramenées. Les prisonniers sont rangés autour des voitures de butin. Les artilleurs français, qui distingueront de loin les képis rouges, n'oseront pas tirer sur ce convoi de pillage.

La question des farines fut particulièrement grave. La ville en possédait, dans les premiers jours de la guerre, un stock considérable. L'arrêt de tous transports qui n'étaient pas destinés aux armées avait contraint les négociants et les boulangers de vivre d'abord sur leur approvisionnement propre, puis de s'adresser à la municipalité. Depuis le 15 août, les boulangers venaient chercher régulièrement à la mairie le nombre de sacs qui étaient nécessaires à chacun pour sa clientèle. A la vérité, chacun d'eux était loin d'avoir ce qu'il lui fallait. Quatre jours après l'arrivée de l'ennemi, l'on avait beaucoup de peine à trouver chez eux ce dont on avait besoin. « Comme d'habitude, écrit ce jour-là Mlle Franoux, c'est moi qui suis préposée au ravitaillement de la maisonnée, et c'est toute une affaire de trouver chaque jour le pain suffisant à cinq personnes ! Je vais donc faire la queue devant différentes boulangeries ; on vous sert une livre dans chacune, et il m'en faut cinq ! » Ce qui compliquait tout, c'est que les soldats allemands prétendaient se faire servir, eux aussi, dans les boulangeries : « Si des Allemands arrivent, note encore le même témoin, ils se fraient un passage, à grand renfort de coups de coude, jusqu'au comptoir. Etant les plus forts, on est obligé de leur céder le pas. C'est égal, c'est quelquefois bien agréable de leur tenir tête. Ce matin, je suis sortie de la boulangerie Obry avec une miche presque complètement coupée en deux. Un Allemand l'avait saisie d'un côté. Je m'en étais emparée de l'autre, et quant à me la faire lâcher, il aurait pu attendre ! De guerre lasse, il se précipite vers une autre, alors que je me mettais à la recherche d'une seconde boulangerie... Les obus sifflent au-dessus de nos têtes. »

Ce même jour (31 août), les Allemands réclamèrent tout le stock possédé par la ville. C'étaient 190 sacs de 100 kilos. Le commandant fait chercher M. Fève, le conseiller municipal chargé de s'occuper des farines. On l'amène à la mairie, encadré de soldats qui ont la baïonnette au canon. De là, on le conduit au dépôt qui a été constitué rue de la Bolle, dans l'ancien « cercle républicain ». Il doit procéder immédiatement à la livraison de la précieuse marchandise. A partir de ce jour, ce sont les Allemands qui, théoriquement, se chargent de l'approvisionnement des boulangers. *Ils leur vendent la farine qui ne leur a coûté que la peine de la prendre.* Aussi bien se soucient-ils fort peu de leur assurer ce qui est indispensable à la population civile. Celle-ci ne les intéresse pas. Ce sont leurs troupes qu'ils entendent nourrir avec ce dont ils se sont emparés. Ils jettent leur dévolu sur plusieurs boulangers qu'ils chargent de cuire le pain spécialement pour leurs soldats. Naturellement, ceux-ci ne se gênent nullement pour aller réclamer du pain chez les autres boulangers qui, déjà, ne suffisaient pas aux besoins des habitants.

Des scènes de disputes et parfois de violences se produisent dans les boutiques. M. Burlin est obligé d'aller trouver le lieutenant-colonel Hoffmann, commandant de place, et, sur ses réclamations, le commandant désigne deux boulangeries, l'une sur la rive droite, l'autre sur la rive gauche, qui, à elles seules, devront fournir le pain à toute la population civile. Ces boulangeries sont mises d'ailleurs à la portion congrue : c'est à peine si on leur livre trois sacs par jour au maximum. La conséquence de cette pratique calculée ne tarde pas à se faire sentir. A partir du 7, la majorité de la population civile n'a plus de pain. Les boulangers viennent déclarer à la mairie qu'ils manquent totalement de farine.

M. Burlin et M. Jules Marchal vont trouver le général von Soden à l'hôtel Terminus. Ils lui expliquent que la situation est intenable, qu'il va être désormais impossible de nourrir les femmes et les enfants.

— Puisqu'on a tout pris pour vos soldats, qu'on nous permette au moins de nous ravitailler à Strasbourg !

Le général a cette réponse épique :

— Allez vous ravitailler à Nancy ; je vous permettrai de traverser les lignes.

Un peu interloqués par cette réponse prodigieuse, ses deux interlocuteurs s'écrient :

— Mais c'est impossible !

Il répond, imperturbable :

— Si vous amenez de la farine de Nancy, je vous donne ma parole d'honneur qu'elle ne sera pas réquisitionnée.

C'est à se demander s'il ne se moque pas d'eux. Ils reprennent :

— Laissez-nous aller à Strasbourg.

Le général donne un coup de poing sur la table :

— Du moment que vous ne voulez pas faire ce que je vous dis, vous pouvez vous retirer.

Avant de sortir, M. Marchal et M. Burlin répondent :

— Ce ne peut pas être votre réponse définitive ; nous reviendrons la chercher demain matin.

Le lendemain matin à 7 heures, le général est calmé. Sa réponse est favorable :

— Vous irez à Strasbourg chercher de la farine, mais à condition qu'elle sera payée en argent français. Elle sera ramenée par chemin de fer de Strasbourg à Saales.

M. Marchal, qui s'offre pour faire le voyage, réfléchit alors qu'il ne parle pas l'allemand. Il demande l'autorisation d'emmener avec lui un ami, M. Ramspacher. La permission lui est accordée.

Inutile de raconter leur voyage. Ils vont en automobile à Strasbourg. En route, ils sont arrêtés une dizaine de fois, et chaque fois ils se demandent s'ils pourront aller plus loin. Parfois, croisant des troupes allemandes qui occupaient les routes ou étaient en marche, ils devaient subir des flots d'injures. M. Ramspacher comprenait, et M. Marchal le dispensait de lui faire la traduction.

Ils arrivent à l'hôtel de la Ville de Paris. En les apercevant, le gérant, stupéfait, lève les bras en l'air, leur demandant ce qu'ils viennent faire dans ce guêpier. Ils font appeler le directeur des moulins de la Société anonyme *Elsaessische Mühlenwerke*. Ils lui achètent quatre wagons de farine à raison de 2.500 francs chacun. Ils versent cette somme pour le premier wagon qui va être livré, et les 7.500 francs restants seront déposés à la Société Générale, laquelle sera autorisée à délivrer 2.500 francs au meunier chaque fois que celui-ci apportera le récépissé d'expédition d'un wagon de farine. Le marché conclu, ils s'empressent de rentrer à Saint-Dié. Depuis l'on a appris que le général commandant la place de Strasbourg, furieux que l'on se fût permis d'aller chercher de la farine dans le camp retranché, avait donné l'ordre d'arrêter les envoyés de Saint-Dié. Si ceux-ci n'avaient pas mis toute leur hâte à rentrer, ils seraient restés à Strasbourg.

Le wagon acheté a été chargé. Il est arrivé à Saales : quand les acheteurs en ont été avisés, la retraite était commencée... Les Déodatiens n'ont pas eu de ce pain ; mais, du moins, ils n'avaient plus d'Allemands.

Revenons aux réquisitions. Quand elles avaient lieu directement chez des négociants ou des particuliers, la procédure, souvent, en était bien simple, ou, pour mieux dire, dérisoire. Il est arrivé quelquefois qu'elles aient été faites en échange de bons sur formules imprimées. Mais presque toujours les officiers, sous-officiers ou simples soldats qui les opéraient griffonnaient quelques lignes sur un chiffon de papier que, la plupart du temps, aucun cachet officiel n'authentiquait. On pourrait montrer quelques-unes de ces pièces qui sont revêtues d'un timbre allemand ; mais la grande majorité en est dépourvue et, dans bien des cas, la réquisition est une façon de pillage pur et simple.

Les formalités de la réquisition ont été supprimées pour tous les magasins qui étaient fermés ou dont les propriétaires ou tenanciers étaient absents. Chacun d'eux est considéré comme *res nullius*, c'est-à-dire comme appartenant sans conteste aux armées occupantes. Les plus rapidement vidés par les Allemands ont été ceux des marchands de vins en détail et en gros [1]. La *Kommandantur* n'a pas été longue à remarquer que les soldats qui inventoriaient avec empressement tant de ces magasins en ressortaient ivres-morts. Elle a placé des sentinelles à la porte de chacun d'eux, et, dès lors, l'évacuation de leur marchandise s'est faite d'une façon très ordonnée, par automobiles. Un sous-officier procédait aux opérations avec un registre de la Régie sous les yeux. Chez un des principaux négociants de la ville, M. Badier, on a ainsi pris et emporté en Allemagne pour plus de 35.000 francs de vins fins ; son magasin de détail, ouvert le 1ᵉʳ juillet 1914, dans la rue Stanislas, a été scrupu-

---

1. Quelques-uns de ces magasins ont été particulièrement soignés, celui de M. Favre, rue du Parc, de M. Boës, rue Stanislas, de M. Sigwarth, rue des Trois-Villes. Devant la maison Favre, les Allemands poussaient l'ironie jusqu'à servir, les tables étant posées sur le trottoir, des consommations aux soldats de passage.

leusement déménagé. Chez lui, comme chez les autres commerçants et chez bien des particuliers, l'enlèvement a été fait par des tonneliers de profession et qui connaissaient bien leur métier.

Le pillage de certains magasins a pris la forme classique de la mise à sac par la soldatesque. A la vérité, les scènes de ce genre ont été rares. Elles ne sont pas dans le goût des autorités allemandes qui entendent que, le plus possible, le pillage profite à la collectivité, et qui réclament le privilège de l'organiser avec discipline. Dans les quelques cas où elles se sont produites, on a vu tout naturellement surgir des bas-fonds, qui existent partout, des individus sans foi ni loi qui ont imité les soldats pillards et ont fait main basse sur un certain nombre d'objets. C'était une concurrence inadmissible. Les misérables ont été immédiatement arrêtés par ceux dont ils risquaient de diminuer la part, et ils ont été conduits en prison, non sans avoir été promenés par la ville sous escorte. Cette manifestation de vertu a eu lieu le 31 août, vers 11 heures du matin. Les apaches rappelés à l'ordre, l'Allemand put désormais opérer à son aise.

Il n'a pas eu, d'ailleurs, le loisir de montrer tout son savoir-faire. Ce n'est pas sa faute si Saint-Dié n'a pas été vidé de tout. Sa vie est, durant ces quinze jours d'occupation, terriblement agitée et inquiète. Le 28 août, il subit une contre-attaque qui menace de rendre la ville aux Français. Le 29, il s'épuise en efforts sanglants pour déboucher du quartier de la Bolle. Il a le sentiment qu'il ne pourra pas sortir de ce qu'il appelle « le Trou de la Mort ». Puis, dans les jours suivants, la pression redoutée s'exerce, de plus en plus forte, sur toute la ligne. A aucun moment, un sentiment de sécurité n'est permis aux occupants. La route du col de Saales par Sainte-Marguerite est sous le feu des canons français. Aucun convoi n'y pourrait circuler. On ne peut se servir que de la route de Robache et du Ban-de-Sapt. Or, il faut la réserver surtout aux transports militaires. Il y a donc lieu d'ajourner à des temps plus favorables les déménagements de meubles, tapis, tableaux, etc... Certes, il y a eu de ces déménagements, mais ces opérations n'ont pas été la règle. Elles étaient visiblement remises à une date ultérieure.

En attendant que le transport des objets encombrants devienne plus commode, c'est l'argenterie, le linge et les fourrures qui ont eu les préférences des Allemands. J'ai feuilleté à la mairie un millier de dossiers sur les pillages ou vols commis dans la ville. Presque tous signalent des enlèvements de bijoux, de vaisselle, de couverts, de boas. Chez M. Gaston Schwob, 14, rue d'Alsace, on a pris pour plus de 10.800 francs de vins fins et pour plus de 14.000 francs d'objets divers, parmi lesquels 5.400 francs environ de bijoux. Chez M. Jean Gérardin, rue de la Bolle (maison Crovisier), l'on a déménagé pour plus de 50.000 francs de meubles précieux. Chez M. Landau, une trentaine d'individus, jaloux de ressembler aux reîtres du bon vieux temps, et qui semblent avoir appartenu, en général, au service des postes, s'étaient installés à demeure, s'y livraient à de crapuleuses orgies et ont eu soin, avant de partir, d'emporter tous les objets de valeur, et notamment toute l'argenterie.

Que ces déprédations s'opérassent au nom d'une collectivité (régiment, bataillon, etc...) ou au profit d'individus, leur produit était emporté sur des voitures soigneusement bâchées. La place Stanislas était un des lieux de concentration pour les véhicules chargés de ces transports. On y voyait arriver tous les matins un certain nombre de chariots vides. De là, ils se dirigeaient sur divers points de la ville. Le soir, ils revenaient tous là. Dans la nuit, ils partaient pour Saales. Deux officiers allemands, qui logeaient dans la rue Stanislas, au numéro 11, arrivaient tous les matins avec le convoi et, dans la nuit suivante, repartaient avec lui. D'autres convois se formaient en différents endroits, notamment dans la cour de la gare.

Certains Allemands, d'ailleurs, préféraient encore faire parvenir directement à leur famille ce qu'ils avaient trouvé à leur convenance. L'un d'eux, un « feldwebel », était l'hôte forcé de la maison de M<sup>me</sup> Pierre Hirsinger. Un jour, au moment de partir pour l'action, il appelle la bonne ; il lui montre une caisse soigneusement emballée et clouée, et lui dit : « Il n'est pas sûr que je revienne ici ce soir. Il y a beaucoup de chances pour que nous avancions sérieusement dans la direction d'Epinal et, de là, sur Paris. Si nous sommes ainsi entraînés par notre marche en avant, je vous charge de faire parvenir ce colis à ma femme, dont voici l'adresse : « Frau Julie Krauss, Cannstatt (Württemberg), Neckarstr. 53 ». Le papier est d'une belle écriture de sous-officier. Le « feldwebel » part. Il n'est jamais revenu. Il n'est pas, non plus, allé à Paris, et il a sans doute été tué, comme tant d'autres, aux abords de Saint-Dié. La caisse reste là. Quand les Allemands ont évacué la ville, la bonne raconte ce dont elle a été chargée. On ouvre la caisse. Elle renferme une jolie collection de couteaux à dessert à manche d'argent, de vaisselle plate, de tours de cou précieux, etc. Ces objets avaient été ramassés dans divers immeubles. La caisse a été apportée à l'hôtel de ville pour que chacun pût réclamer ce qui lui appartenait.

Ce serait maintenant le lieu de mentionner — quelque répugnance que l'on éprouve devant la scatologie — le parti pris de souillure qui accompagne les déprédations allemandes. Il ne s'agit pas ici de stigmatiser le désordre et la malpropreté que des troupes plus ou moins grossières laissent aisément dans les immeubles qu'elles ont occupés un instant. Que la vaisselle soit cassée dans ces maisons, que des intestins de poulets y traînent dans les salons, et que des bouteilles brisées se mêlent à des livres déchirés dans un cabinet de travail, ce n'est pas à l'honneur de l'humanité et cela s'est rencontré dans tous les temps. Ce qui caractérise le pillage allemand, c'est le souci, marqué par le soldat et même par l'officier, d'y laisser sa signature ; et cette signature est toujours la même. Elle est apposée avec une intention visible, avec une application étudiée, avec un soin presque scrupuleux. On voit bien qu'on a affaire à autre chose qu'à un soldat brutal qui lâche son ordure n'importe où, dans un boudoir comme dans un bureau. Ce soldat réfléchit avant d'agir. Il prémédite une profanation, et il la commet avec système. Il cherchera, pour s'y satisfaire, le tiroir dans lequel est gardée, comme une relique, une toilette de première communion, la boîte dans laquelle est serrée une robe de mariée, le lit d'une vénérable grand'mère, etc... Ce cas est trop général pour qu'il ne corresponde pas à un trait de caractère, et les intellectuels allemands auront beau se mettre à 93 ou plus, ils n'empêcheront pas les psychologues professionnels d'étudier ce cas quand ceux-ci le jugeront bon.

Ne perdons pas de vue les déprédations. Beaucoup plus important que le transport des meubles aurait été, pour les Allemands, le déménagement des marchandises ou des matières premières qui étaient accumulées chez les industriels de Saint-Dié. Mais cette opération présentait trop de difficultés sous la pression des armées françaises qui s'efforçaient d'encercler la ville et sous les bombardements qui battaient les routes. Aucune occasion n'était négligée d'emporter le plus possible de ces marchandises ; et, quand ce n'était pas trop malaisé, quelques bonnes machines. Ils en ont ainsi enlevé, des usines Marchal, pour plus de deux cent mille francs. Ils avaient fait un inventaire rapide de ce qui se trouvait dans ces usines et ils avaient interdit à leur propriétaire, sous les menaces les plus violentes, d'en rien sortir.

C'est en vue de la fabrication de la poudre qu'ils tenaient ainsi à s'emparer des plus grandes quantités possibles de coton. Ils en ont enlevé une centaine de balles chez M. André Busch. Ils ont fait une opération analogue, sous la surveillance d'officiers supérieurs, dans la filature de M. Eugène Kempf. A la bonneterie Emile Blech et C$^{ie}$, l'intendant du corps d'armée est allé en personne visiter les ateliers et magasins, puis a fait apposer des affiches interdisant à quiconque, même aux propriétaires, d'y pénétrer. Il partit en disant que les marchandises lui convenaient et qu'il commencerait par prendre dix mille caleçons, assurant d'ailleurs que ce serait contre un bon de réquisition. Le départ précipité ne permit pas de réaliser le projet et les affiches ont surtout servi à empêcher qu'aucun soldat ne pénétrât dans l'usine.

Il faut que les Allemands se soient vraiment trouvés dans une impossibilité radicale d'emporter chez eux tous les produits manufacturés et toutes les matières premières qui se trouvaient dans Saint-Dié; car, au moins autant que le terrorisme, la spoliation raisonnée fait partie de leur système de guerre. Le romancier Ganghofer, dont nous avons déjà cité des affirmations instructives sur les économies réalisées par les armées germaniques en vivant aux dépens des pays occupés, calcule avec une pieuse émotion les profits que, dès février 1915, sa patrie avait trouvés en enlevant de Belgique et du nord de la France les masses énormes de butin industriel : « Ce que l'Allemagne a économisé et gagné dans cette guerre économique, menée avec un savoir-faire tout commercial, peut se chiffrer encore à 6 ou 7 nouveaux millions de marks par jour, de telle sorte que le bénéfice global que l'empire allemand a réalisé derrière son front occidental depuis le commencement de la guerre peut être estimé à plus de deux milliards de marks ; puissante victoire pour l'Allemagne dont elle ménage et accroît ainsi la force économique ! Ecrasante défaite pour l'ennemi, dont elle épuise toute la productivité financière dans les territoires qu'il a perdus à notre profit [1]. »

Dès que les Allemands ont soupçonné que le séjour dans la ville leur deviendrait malaisé, ils se sont préoccupés de détruire ce qu'ils craignaient de ne pouvoir emmener. Les marchandises accumulées dans la filature Marchal, de la rue de la Bolle, excitaient chez eux des désirs violents. Le 3 septembre,

---

[1]. Il serait dommage de ne pas reproduire ici la suite de ce développement de Ganghofer. C'est un trop bel exemple de lyrisme commercial : « J'aurai à revenir sur les ramifications et la conduite de cette guerre économique. On y apprendra que le cliché des « Allemands impratiques » est à jeter au bric-à-brac du passé. L'heureuse transformation qui s'est accomplie là à notre profit m'a été caractérisée par un officier allemand de grade élevé qui me disait à Saint-Quentin ces paroles plaisantes et profondes : « C'est curieux tout ce que l'homme peut apprendre ! Je suis pourtant un officier de la Garde, de Potsdam. Maintenant je tiens commerce de bois et de laine. Et avec succès. » *Loc. cit.*, page 182.

ne parvenant pas à voir comment ils pourraient s'en emparer, ils se sont mis à les incendier. M. Jules Marchal et son beau-frère, M. Langenbuch, étaient seuls dans les usines au milieu de soldats qui portaient le feu partout. Les extincteurs automatiques, par bonheur, fonctionnèrent bien. L'incendie fut éteint et les deux hommes remirent immédiatement les appareils en état. Il était temps : les soldats rallumaient le feu. Les extincteurs font encore bien leur besogne. Le même jeu recommence. A la quatrième fois, les deux hommes qui luttent contre cet incendie, sans cesse rallumé par des soldats ricanants, sont à bout de forces. Ils sont obligés pourtant de s'y reprendre une cinquième fois. Mais c'est pour voir les soldats recommencer, avec la même ténacité, leur travail sinistre. M. Marchal, exténué, désespéré, s'assied sur des balles de coton. Il n'a même plus la force de pleurer de rage... A ce moment, coup de théâtre. Sa fille, M<sup>lle</sup> Germaine Marchal, survenant et voyant le drame, a refoulé toute hésitation. Elle a couru chez le général allemand. Elle l'a apostrophé, lui a dit ce qu'il y a d'ignoble dans la conduite de ses hommes. Le général est à ce point médusé par l'audace d'une jeune fille qu'il donne ordre à des soldats d'aller avec elle, au pas gymnastique, éteindre l'incendie... Après tout, une grande quantité de marchandises était déjà abîmée et celles qui restaient pourraient peut-être encore être emportées ; on croyait, du moins, qu'elles pourraient l'être : quand on croira le contraire, il sera temps d'aviser.

Dans l'usine André Busch et C¹ᵉ, il y avait 7.000 balles de coton. Inutile de redire les convoitises que ces balles excitaient. Quand il a été bien visible que leur transport en Allemagne était impossible et qu'on ne les utiliserait pas contre les Français, la décision a été vite prise et les 7.000 balles ont été brûlées.

Les déprédations ont pris parfois la forme de véritables profanations. Le 2 septembre 1914, vers 4 ou 5 heures du soir, un aumônier militaire allemand, qui se trouvait cantonné à Neuvillers, s'est rendu, accompagné d'un officier, auprès de M. Burlin et lui a demandé de lui procurer un plateau et une coupe pour célébrer la Sainte-Cène. M. Burlin lui a répondu qu'il n'en avait pas. Ils lui ont déclaré qu'il devait réquisitionner le plateau et la coupe du temple protestant. Ils sont allés trouver M. Théophile Baldensperger, qui avait les clés du temple. Celui-ci a demandé à M. Rimmel, faisant fonction de juge de paix et qui était là, de les accompagner comme témoin. L'aumônier a jugé que le plateau ne lui convenait pas et il a prétendu que le temple en possédait un autre plus commode. Sur l'affirmation contraire de M. Baldensperger, il a dit : « Je me passerai du plateau ; quant au calice, je l'emporte et vous l'aurez demain à la même heure. » L'objet est emballé et l'officier en donne reçu.

M. Baldensperger n'était pas tranquille. Le lendemain, il attend l'aumônier, qui ne se montre pas. Le 4, il va à la Place pour réclamer. On lui demande d'attendre jusqu'au lendemain. Le 5, rien ne vient encore ; mais ce jour-là, un autre aumônier militaire nommé Zeller, de la 26ᵉ division de réserve, cantonné à l'hôtel Terminus, vient à son tour trouver M. Baldensperger et lui réclame les clés du temple dans lequel il veut célébrer un service le 6 septembre à 4 heures. Il va voir le temple. Il le trouve bien petit pour un régiment, mais déclare qu'on s'en contentera. Il ajoute : « Donnez-moi les clés ; je vous les rapporterai demain. » M. Baldensperger, averti par l'histoire du calice, refuse les clés et dit qu'il préfèrera aller lui-même ouvrir le temple et le refermer. L'aumônier répond : « Soit pour cette fois-ci ; pour la suite, nous verrons. » M. Baldensperger n'en avait pas fini avec les visites de ce personnage. A peine parti, celui-ci revient pour lui demander de faire prévenir l'organiste, qui devra jouer de l'orgue. La dame qui faisait fonction d'organiste étant infirmière à l'hôpital, il n'y a pas à compter sur elle. Mais l'aumônier réplique qu'il saura bien l'y décider. Il y décide si peu cette dame qu'il revient quelques heures plus tard et exige que M. Baldensperger lui désigne quelqu'un qui soit capable de la remplacer. « Je sais, ajoute-t-il, que vous avez une personne qui remplace parfois Mᵐᵉ X. » Cette autre personne a justement, dans la journée, un accident à la main ; elle ne peut jouer de l'orgue. En maugréant, l'aumônier se décide à chercher un organiste parmi ses soldats. A l'heure dite, le dimanche 6 septembre, à 4 heures du soir, un régiment, colonel en tête, arrive devant le temple ouvert. Des hommes armés restent dans la rue pour garder les abords. Il n'y avait pas, à l'intérieur, assez de place pour tous. Tout est bondé : la sacristie, la salle de catéchisme, les escaliers conduisant à l'orgue. L'aumônier, qui, décidément, ne recule devant rien, a le front de demander à M. Baldensperger d'entonner le chant : *Ein feste Burg ist unser Gott*. M. Baldensperger se récuse et ajoute qu'il n'a qu'à chercher dans sa masse d'hommes. L'aumônier se rend à cette idée très simple et il en trouve une trentaine qui se placent autour de la chaire et entonnent le chant à quatre voix. Puis il fait un sermon, remerciant Dieu, glorifiant le kaiser Wilhelm de les avoir conduits de victoire en victoire, annonçant que, bientôt, ils pourront faire leur entrée à Paris, conclure la paix, retourner dans leurs foyers, et goûter chez eux un parfait bonheur. La cérémonie terminée, le colonel remercie le « Feldprediger » pour les bonnes paroles qu'il a prononcées et l'aumônier, en se retirant, dit à M. Baldensperger : « A la prochaine fois. » Mais M. Baldensperger ne le lâche pas si vite. Il lui demande de l'accompagner à la kommandantur pour rentrer en possession du calice qui a été pris. L'aumônier lui donne de belles promesses. Le lendemain, renouvellement de la démarche et renouvellement de son échec. Dans la nuit du 8 au 9, qu'il doit passer à la mairie comme interprète, M. Baldensperger recommence sans cesse sa réclamation. Le lendemain, il ne retrouve plus ni l'un ni l'autre des deux aumô-

| | |
|---|---|
| Or | 680 f |
| Billet | 20 f |
| Écus | 160 f |
| Monnaie divisionnaire | 92 |
| Billon et nikel | 19.80 |
| monnaie allemande | |
| 10 montres | |
| 2 bagues | 971.80 |
| | |
| Monnaie allemande | 0^m 40 |
| Monnaie suisse | 1 f |
| Mandat de poste | 15 f |

Reçu 8.9.14
3 Harger
[signature]

FAC-SIMILÉ DU REÇU DE L'ARGENT PRIS SUR LES MORTS
L'original mesure 0,15 sur 0,12.

niers auxquels il a eu affaire. La retraite commençait et le calice volé n'a jamais été rendu.

Cette profanation n'est rien auprès de celle qui reste à raconter. Le 8 septembre, trois gendarmes se présentent au secrétariat de la mairie. Ils vont droit à l'armoire dans laquelle le commissaire de police a serré les plaques d'identité, les porte-monnaie, les bagues, montres et autres objets précieux trouvés sur les corps des Français ensevelis par les équipes municipales, dans le faubourg des Tiges. Tout près de cette armoire, entre les deux fenêtres de la salle, est une table qui servait à étaler, en temps ordinaire, les cartes du cadastre. Elle est inoccupée. Ils y jettent pêle-mêle tout le contenu de l'armoire. Les petits paquets, qui devraient être sacrés, sont brutalement défaits. Les plaques d'identité, séparées de tout ce qu'elles accompagnaient, sont mises en tas. Les porte-monnaie sont vidés et jetés à terre. Les sommes qui s'y trouvaient sont amoncelées en un autre tas. On en fait soigneusement le compte. Il y a là 680 francs en or, un billet de 20 francs, 100 francs en pièces de 5 francs, 92 francs en monnaie divisionnaire, 19 fr. 80 en billon et nickel, 40 pfennigs allemands, une pièce suisse de 1 franc, un mandat-poste de 15 francs, 10 montres et 2 bagues. On ne peut plus savoir à qui les divers objets ont appartenu. Les plaques sont mises dans un petit sac. Les gendarmes font mine d'agir de même avec ce qui se trouve encore sur la table. Le secrétaire proteste contre l'enlèvement qui se prépare. On lui ordonne de se taire. Il demande qu'au moins on lui donne un reçu de ce qui est ainsi pris. Les Allemands trouvent la demande naturelle et ne se doutent pas que la pièce signée par l'un d'eux est l'attestation déshonorante du crime commis contre des familles désormais privées de leurs reliques.

## CHAPITRE IX

# L'espérance irréductible

On n'a pas dessein de raconter ici par quels efforts les Allemands ont tenté de dépasser Saint-Dié et de se ruer, par la trouée des Vosges, dans la direction d'Epinal. Le détail de ces efforts ne pourrait être connu qu'à l'aide de documents allemands, c'est-à-dire impossibles à consulter. Ce qui intéresse au moins autant que ces opérations militaires, c'est la façon dont elles sont apparues aux habitants de la ville occupée et comment ceux-ci ont interprété les événements. A défaut de pièces officielles qui sont enfouies pour longtemps dans les archives de l'armée ennemie, ce qu'il faut étudier ici, ce sont les bruits qui circulaient parmi la population. Les plus faux d'entre eux sont des documents précieux. S'ils ne révèlent pas ce qui s'est passé en réalité, ils nous font connaître l'âme même de ceux qui ont traversé ces jours douloureux. Ces états d'âme sont des faits aussi importants à noter que les marches et contre-marches de bataillons et de régiments.

Dès les débuts de leur occupation, les Allemands

commencent leur travail sur le moral de la population. C'est d'abord leur affirmation coutumière sur les responsabilités de la guerre : l'empire allemand n'est qu'un mouton très paisible qui a été odieusement attaqué par ces loups appelés l'Angleterre, la France, la Russie. A ces développements peu variés, les Allemands ajoutent que la guerre sera très vite terminée par l'écrasement complet et définitif de ceux qui l'ont voulue. C'est ce que les infirmiers expliquent dès le 30 août, dans le faubourg de Foucharupt, à la jeune institutrice dont je dépouille le journal. Elle note soigneusement leur naïveté insolente : « La guerre sera finie quand la France le voudra ; c'est Poincaré et la Russie qui la veulent ; l'empereur ne la veut pas ; l'Angleterre est avec nous (!) ; nous ne stationnerons pas longtemps ici ; dans trois ou quatre jours, nous aurons atteint les premières maisons de Paris... Vous êtes Prussiens et vous resterez Prussiens. »

Les soldats collaborent d'ailleurs, avec une crédulité vaniteuse, à cet effort sur l'esprit de la population. Un des premiers soins des Allemands, en s'installant à Saint-Dié, a été de faire visiter par leurs hommes toutes les maisons, à tous les étages, dans tous les coins : il s'agissait de découvrir, si possible, les militaires français qui auraient pu se cacher ici ou là. A cette occasion, les soldats ont été en rapport avec les habitants et ont souvent exprimé leurs opinions sur les responsabilités de la guerre et sur leurs succès. On peut résumer leurs propos de la façon suivante et dans les termes qui revenaient le plus souvent : « Belgien ist deutsch ; Italien ist mit uns ; Russland, Pest, Cholera. Unser Kaiser ist der beste Kaiser », et régulièrement, la phrase se terminait par une malédiction du président Poincaré.

A l'éloge de leur gouvernement, les soldats ajoutaient des détails truculents sur leur avance irrésistible : « Mon frère, écrit M. Gustave Freisz le 29 août, me rapporte quelques propos qu'il a recueillis la veille à sa pension (restaurant Barlier, quai Pastourelle) : « Nous sommes à Belfort ou devons « y entrer aujourd'hui. Dans quinze jours, nous « serons à Londres. Nous avons pris Epinal. Nous « occupons toutes les montagnes des Vosges. » A l'épicerie centrale, rue Thiers, l'un d'eux a tenu ces propos : « Nous sommes à Belfort depuis trois « semaines. Les Français ont envahi la Belgique et « l'Alsace ; c'est pour cela que l'empereur leur a « déclaré la guerre. Lui, il ne la voulait pas. » De son côté, le jeune Claude Cornefert inscrit sur son carnet des propos semblables : « Ils exaltent leur kaiser et leur kronprinz et disent que cette guerre a été voulue du tsar. Ils disent qu'ils nous demanderont quarante milliards et toutes nos colonies ; pas de territoires ; ils ne veulent pas de nous ; nous sommes pourris. »

Les autorités allemandes avaient d'ailleurs préparé bien à l'avance un document destiné à présenter aux populations envahies l'apologie de l'envahisseur. C'était une affiche sur papier rouge que chaque corps d'armée avait dans ses bagages et qui devait être apposée dans toutes les localités occupées. Le vendredi 28 août, les bagages des troupes entrées le 27 n'étaient pas arrivés à Saint-Dié, ou, du moins, l'on n'avait pas encore déballé le paquet d'affiches. C'est pourquoi le général von Knoerzer, pressé de recommander, avec toutes les menaces congruentes, le calme à la ville, fit jeter sur le papier, de mémoire, les principales interdictions, ainsi que les promesses de sanctions rigoureuses, qui étaient contenues dans la proclamation, et ce fut le texte de l'affiche dont il commanda l'impression à la municipalité. Cependant, il aurait été dommage de priver les Déodatiens du morceau de littérature militaire en un français approximatif que l'Etat-Major avait préparé à l'usage des populations jugées très ignorantes des origines de la guerre. Le 2 septembre, un placard rutilant s'étala sur les murailles de Saint-Dié et apprit aux habitants ce dont ils étaient loin de se douter : c'est que l'initiative des hostilités avait été prise par ces armées françaises, que tout le monde pourtant, dans la région, avait vues systématiquement retenues à dix kilomètres de cette même frontière livrée à toutes les incursions des uhlans. Il faut lire le document, dont on respecte ici le style et l'orthographe

## PROCLAMATION

Le gouvernement de la République Française a fait passer à ses troupes la frontière allemande pour venir en aide à la Russie. Je sais combien cette guerre est peu populaire en France, qui vous a été octroyée par votre gouvernement contre la volonté bien déterminée du pays.

La parole est maintenant aux armes.

La civilisation européenne, défendue par l'Allemagne et l'Autriche contre les Serbes et les Russes, protecteurs de l'assassinat politique, et la discipline allemande bien connue, sont la garantie que l'action armée ne se dirigera que contre les forces militaires.

Tous les non-combattants peuvent être sûrs, qu'ils ne seront pas inquiétés ni dans leur personne ni dans leur fortune, tant qu'ils restent tranquilles.

Les armées allemandes ont fait leur entrée en France.

Si bien que nous respecterons la liberté des non-combattants, si bien nous sommes décidés de réprimer avec la dernière énergie et sans pardon tout acte d'hostilité commis contre les troupes allemandes.

Seront immédiatement fusillés :

toute personne se rendant coupable d'un acte d'hostilité contre un membre de l'armée allemande ;

tous les habitants et les propriétaires des maisons, dans lesquelles se trouveront des Français faisant partie de l'armée française, ou des personnes tirant sur nos troupes, sans que ces faits ou la présence des personnes suspectes aient été annoncés à la commandanture de la place immédiatement à l'entrée de nos troupes ;

# PROCLAMATION !

Le gouvernement de la République Française a fait passer ses troupes la frontière allemande pour venir en aide à la Russie. Je sais combien cette guerre est peu populaire en France, qui vous a été octroyée par votre gouvernement contre la volonté bien déterminée du pays.

La parole est maintenant aux armes.

La civilisation européenne, défendue par l'Allemagne et l'Autriche contre les Serbes et les Russes, protecteurs de l'assassinat politique, et la discipline allemande bien connue, sont la garantie que l'action armée ne se dirigera que contre les forces militaires.

Tous les non-combattants peuvent être sûrs, qu'ils ne seront pas inquiétés ni dans leur personne ni dans leur fortune, tant qu'ils restent tranquilles.

### Les Armées allemandes ont fait leur entrée en France.

Si bien que nous respecterons la liberté des non-combattants, si bien nous sommes décidés de réprimer avec la dernière énergie et sans pardon tout acte d'hostilité commis contre les troupes allemandes.

### Seront immédiatement fusillés :

toute personne se rendant coupable d'un acte d'hostilité contre un membre de l'armée allemande ;

tous les habitants et les propriétaires des maisons, dans lesquelles se trouveront des Français faisant partie de l'armée française, ou des personnes tirant sur nos troupes, sans que ces faits ou la présence des personnes suspectes aient été annoncés à la commandanture de la place immédiatement à l'entrée de nos troupes ;

toute personne, qui cherche à aider ou qui a aidé la force armée ennemie, ou qui cherche à nuire ou a nui à nos armées d'une façon quelconque, surtout en coupant les fils télégraphiques et téléphoniques ;

toute personne, qui arrachera ces affiches.

### Seront tenus responsables :

MM. le curé, le maire, l'adjoint du maire et les instituteurs pour des actes d'hostilité de la population.

### Seront brûlés :

les bâtiments, d'où sont parti les actes d'hostilité. Dans des cas répétés les villes ou villages entiers seront détruits et brûlés.

### En outre est ordonné :

1. Toutes les armes (fusils, pistolets, revolvers, brownings, sabres etc.) devront être remises immédiatement à la commandanture de la place dès l'entrée de nos troupes.

2. La circulation dans la ville est défendue entre huit heures du soir jusqu'à six heures du matin. Les sentinelles vont tirer SANS APPEL sur tous les individus faisant infraction à cet ordre.

3. Tout rassemblement de plus de trois personnes est défendu.

4. Est défendu de sonner les cloches ou de communiquer avec l'ennemi par des moyens quelconques.

5. MM. le curé, le maire, le maire-adjoint et les instituteurs auront à se présenter immédiatement après l'entrée de nos troupes à la commandanture de la place. Je me réserve de les retenir comme otages pour l'exécution de ce qui est dit ci-dessus à leur égard.

6. Est défendu de s'approprier quoi que ce soit des blessés, malades et morts de nos armées ou des prisonniers de guerre, se trouvant sous la protection de nos armées.

7. Seront punis d'après les lois de guerre allemandes toute personne faisant infraction à ce qui est ordonné ci-dessus, ou qui commet contre nos autorités ou leurs membres des actes répréhensibles.

### Le général commandant en chef.

(Original 0,52 sur 0,36).

toute personne, qui cherche à aider ou qui a aidé la force armée ennemie, ou qui cherche à nuir ou qui a nui à nos armées d'une façon quelconque, surtout en coupant les fils télégraphiques et téléphoniques ;

toute personne qui arrachera ces affiches.

Seront tenus responsables :

MM. le curé, le maire, l'adjoint du maire et les instituteurs pour des actes d'hostilité de la population.

Seront brûlés :

les bâtiments, d'où sont parti les actes d'hostilité. Dans des cas répétés les villes ou villages entiers seront détruits et brûlés.

En outre est ordonné :

1º Toutes les armes (fusils, pistolets, revolvers, brownings, sabres, etc.) devront être remises immédiatement à la commandanture de la place dès l'entrée de nos troupes.

2º La circulation dans la ville est défendue entre 8 heures du soir jusqu'à 6 heures du matin. Les sentinelles vont tirer *sans appel* sur tous les individus faisant infraction à cet ordre.

3º Tout rassemblement de plus de trois personnes est défendu.

4º Est défendu de sonner les cloches ou de communiquer avec l'ennemi par des moyens quelconques.

5º MM. le curé, le maire, le maire-adjoint et les instituteurs auront à se présenter immédiatement après l'entrée de nos troupes à la commandanture de la place. Je me réserve de les retenir comme otages pour l'exécution de ce qui est dit ci-dessus à leur égard.

6° Est défendu de s'approprier quoi que ce soit des blessés, malades et morts de nos armées ou des prisonniers de guerre, se trouvant sous la protection de nos armées.

7° Seront punis d'après les lois de guerre allemandes toute personne faisant infraction à ce qui est ordonné ci-dessus, ou qui commet contre nos autorités ou leurs membres des actes répréhensibles.

Le Général Commandant en chef.

Le choix de pauvres filles comme parlementaires chargées d'aller, sous la mitraille, porter des messages à la municipalité, l'assassinat de Georges et de Chotel dans la rue Thurin, le supplice des vieillards placés sur des chaises par le lieutenant Eberlein au milieu de la rue d'Alsace, donnaient aux habitants, déjà au courant de tous ces crimes, un commentaire éloquent de cette prose à la fois mielleuse et féroce.

Mais vantardises de soldats et proclamations officielles sont loin de produire les résultats rêvés. Sauf les déprimés chroniques dont l'espèce a des représentants partout, qui s'interdisent d'être réconfortés par les nouvelles heureuses et qui sont à l'affût de tous les incidents capables de les décourager un peu plus et de les aider dans leur œuvre chérie de démoralisation, les habitants sont décidés à espérer, et ils espèrent. Ils veulent être convaincus que les troupes françaises ne tarderont pas à revenir, et ils les attendent. L'oreille aux aguets, ils écoutent fiévreusement le vacarme des combats qui continuent de se livrer autour de la ville. Ils s'efforcent de reconnaître, au milieu de ce vacarme, le bruit de notre artillerie. Ils veulent deviner s'il a l'air de se rapprocher ou de reculer et, sur les impressions qu'ils éprouvent, ils bâtissent des hypothèses : il se trouve que, si ces hypothèses sont souvent fausses, elles ne sont jamais pessimistes.

La contre-attaque du vendredi 28 août, dont ils perçoivent le remous jusque dans les rues, leur fait croire un instant que les Français vont faire irruption de tous les côtés. « Tout l'après-midi, écrit M. Freisz, canonnade intermittente, assez lointaine au sud-ouest et au nord-ouest. A partir de 5 heures trois quarts, la canonnade du sud-ouest se rapproche de Saint-Dié. On dirait que les troupes allemandes se replient sur notre ville, poursuivies par les canons français. » De son côté, Claude Cornefert note : « La fusillade se rapproche. Départ précipité du train de combat allemand. Espoir de revoir les Français. A 5 heures, fusillade intense. Mitrailleuses et canons braqués dans les rues. Les Français semblent attaquer la ville par toutes les entrées. Tout à coup, la sonnerie de la charge retentit. Les cris des nôtres arrivent jusqu'à nous. On se bat dans les rues, et les balles arrivent jusque dans la cour de la maison. Mais la nuit tombe et tout retombe dans le silence. Les Allemands restent les maîtres. Je ne puis m'endormir de rage et de tristesse. »

Mais, le 29 au matin, la contre-attaque française semble reprendre. La fusillade crépite. Tandis que le canon tonne avec intermittence vers Saint-Jean-d'Ormont et vers Robache, des batteries ennemies traversent en hâte la ville et passent sur la rive gauche de la Meurthe, comme si... — ce « comme si » est une suggestion spontanée de la volonté d'espérer — comme si l'effort de la résistance allemande menaçait d'être brisé dans cette direction. De nombreux effectifs vont vers Saulcy, Saint-Léonard et Mandray. Ce mouvement se continue pendant les premières heures du 30 août. A 3 heures, il n'y a presque plus de soldats allemands dans la ville même. Ils sont à la périphérie de Saint-Dié. Mais, à partir de ce moment-là, de nombreux blessés allemands, venant de la rue d'Alsace, sont amenés. Ces convois vont se succéder sans interruption jusqu'à 10 heures du soir. A partir de 4 heures de l'après-midi, ce ne sont plus seulement des blessés, ce sont de nombreuses troupes allemandes, et principalement de l'artillerie, qui reviennent de la rive gauche et se replient dans la direction du nord, vers Robache. Ce mouvement de retraite est particulièrement accentué de 6 heures à 8 heures, et la canonnade a toujours l'air de se rapprocher [1]. Les témoins sentent leur cœur battre plus vite : ils se demandent si l'heure de la délivrance ne va pas bientôt sonner.

1. D'après le journal de M. Gustave Freisz.

Ce même dimanche 30 août, dans la soirée, un bruit étrange se répand, du moins dans un ou deux quartiers de la rive gauche, et renouvelle chez ceux qui le recueillent l'espérance qui les soutient : « En ce moment, écrit Mlle Franoux, à 6 heures et demie, un aéro boche voyageait au-dessus de la ville, assez bas. Les canons français le bombardent. Il s'éloigne, après avoir fait des signaux. Il jette des billets. L'un d'eux tombe rue de la Bolle ; il avertit les Allemands que deux corps d'armée français s'approchent. » De son côté, exactement à la même heure — car l'une note l'heure allemande qui vient d'être imposée à la ville et l'autre note encore l'heure française — Mme la générale Pendezec, qui est à sa villa Ker Menez, sur les flancs de la montagne Saint-Martin, écrit : « A 5 heures, un aéroplane allemand lance des avertissements au-dessus de la ville. On entend des coups de sifflets partout. Les Allemands évacuent en hâte leurs blessés ; à 6 heures, il n'y en avait plus au château de l'Hermitage. » L'on n'a jamais su et l'on ne saura probablement jamais qui avait bien pu prendre connaissance des informations si heureuses que contenait le billet jeté par les Allemands. Mettons, ce qui n'est pas invraisemblable, que le message jeté par l'avion n'ait eu absolument aucun rapport avec ce qui a été raconté. Il n'en est pas moins certain qu'une foule de gens l'ont répété et y ont ajouté foi. S'il s'est agi d'un phénomène d'auto-suggestion, l'auto-suggestion qui s'est produite n'est pas celle qui aurait surgi dans des esprits déprimés.

Peu importe que le bruit en circulation ait été faux. Il en dit long sur le moral de ceux qui l'accueillaient avec ferveur, et l'incident se renouvellera avant le départ des Allemands[1].

A lire les journaux intimes que j'ai sous les yeux, les déprimés sont surtout nombreux, à ce moment-là, chez l'assaillant qui, exténué de fatigue, condamné à tendre à nouveau ses énergies s'il veut faire la moindre avance, n'est plus sûr de pouvoir donner l'effort demandé. « Dans la soirée, note M. Gustave Freisz le 30 août, beaucoup de soldats allemands manifestent un grand découragement. Au restaurant Barlier, quai Pastourelle, l'un d'eux, pleurant, embrasse la photographie de sa femme et de ses enfants, qu'il tire de sa poche. Le 99ᵉ d'infanterie (allemand) a été particulièrement éprouvé aux environs de Saulcy. D'après un soldat, sur 2.500 hommes, il en reviendrait à peine 250. C'est exagéré, sans doute ; mais ce propos montre à quel point les Allemands sont démoralisés et affectés. Il affirme que, des 250 hommes de sa compagnie, il n'en est revenu que 36. Un officier, pénétrant dans le restaurant, les réconforte : « Courage, leur dit-il, Dieu est avec nous ! »

Chez Mᵐᵉ Franoux, un major allemand affirme que les Français ont cinq fois plus de blessés que les Allemands. « Avec quel air triomphant, écrit-elle, le major nous envoie cette phrase. Mais nous ne le croyons pas ! » Ce qui fait surgir ce scepti-

---

1. Voir plus loin, page 264.

cisme, c'est que l'ennemi, tout en affirmant qu'il avance irrésistiblement sur Paris, est visiblement arrêté. « Les Allemands, note l'institutrice le 31 août, à 10 heures, emplissent encore les rues de Saint-Dié. Je croyais qu'ils quitteraient au bout de quatre jours pour se diriger sur Paris, ainsi qu'ils nous l'avaient annoncé. Ils n'en prennent guère le chemin, puisqu'ils vont vers Sainte-Marguerite, Saulcy, Saint-Léonard. Les bruits de fusillade nous arrivent de tous côtés. » Le même jour, le jeune Claude Cornefert écrit : « Depuis le grenier, nous voyons Allemands et Français se battre à la lisière du bois Saint-Martin. Les Allemands fortifient la ville. Barricades un peu partout. Tranchées dans le parc et dans la prairie d'Hellieule. Je vois partir un bataillon qui ne reviendra pas et sera décimé par nos troupes. »

M. Gustave Freisz inscrit ce jour-là (lundi 31 août) pour la première fois, dans son journal, un bruit qui ne cessera de se reproduire de jour en jour : « Notre « débarrasseuse » nous rapporte, en le certifiant, ce propos d'un soldat allemand à une femme de la ville : « Nous sommes complètement « cernés ; nous sommes perdus. » A la fin de cette journée, il note encore : « Dans la soirée, de 6 h. 30 jusque dans la nuit, convois de blessés, presque tous allemands, venant de la direction de Saulcy. Les Allemands disent, au restaurant Barlier, que, vers Saulcy, ils ont perdu sept cents hommes dans la matinée. »

Nous avons vu tout à l'heure ce que M$^{lle}$ Franoux

écrit à 10 heures du matin. Dans l'après-midi, elle devient encore plus précise : « 3 heures trois quarts. — Cette fois, voici de bonnes nouvelles que je suis allée, avec mon amie, cueillir au hasard des rues. Les Allemands ne peuvent sortir de Saint-Dié, ils sont cernés [1]. La côte Saint-Martin, le Kemberg sont occupés par de l'artillerie française. Trois corps d'armée français viennent d'arriver. Le nombre des blessés et des cadavres allemands, du côté de Saint-Martin, est incalculable. Beaucoup de blessés boches sont inguérissables; il y en a trois cents à l'hôpital de l'ancien évêché. L'infanterie allemande revient de Sainte-Marguerite à Saint-Dié. Un officier allemand blessé, soigné à l'hôpital de Foucharupt, fait des éloges de l'artillerie française ; celle-ci cause, paraît-il, d'effroyables ravages dans les rangs allemands. » A 4 heures et demie, deux infirmiers annoncent à la jeune fille qu'ils vont peut-être partir pour Saales. « Je ne sache pas, leur répond-elle, que la route de Saales mène à Paris. »

Les nouvelles recueillies par M$^{lle}$ Franoux circulent, en effet, dans la ville par des voies ignorées. M$^{me}$ Caël les recueille de son côté : « Les Français remplissent le Kemberg, d'où ils canonnent les Allemands sans relâche. Ils ont réduit à l'impuissance, hier, une ou deux batteries, dit-on, pla-

---

1. M. Malé note, le 1$^{er}$ septembre, dans son journal intime : « L'on dit que les Prussiens sont cernés. En effet, l'on ne voit plus de convois; la ville est toute calme; plus de voitures allemandes. Tout le monde en profite pour balayer et laver devant chez soi les innombrables ordures... »

cées en face d'eux, et on attend avec une double émotion le chambardement final: Notre ville, si abîmée par les deux bombardements, va-t-elle recommencer à souffrir? Si nous revoyons les nôtres, je suis bien sûre que l'allégresse de tous effacera dans un instant le souvenir des désastres. »

Ce sentiment très net que les Français sont là, dans les bois voisins, et que la ville est sous le feu de leurs canons, est plus fort que tous les récits de l'ennemi, et il empêche d'y croire. On jase beaucoup, par exemple, le 1er septembre, d'un journal allemand relatant « une bataille de géants dans les Vosges, où 400,000 Français ont été battus ». L'armée française, affirme ce journal, est réduite à l'impuissance pour six à huit semaines. Il ajoute : « Namur est aux mains des Allemands. A Anvers, mécontentement général, parce que les Belges s'aperçoivent que leur gouvernement ne leur donne que de fausses nouvelles. » Dans le journal intime qui fait ces citations, je lis: « Cela nous donne un peu de gaieté ; car nous savons, par les Allemands que nous voyons ici, qu'il y a loin, dans les Vosges, de la réalité à leurs récits. »

Parmi ces troupes qui sont censées marcher sur Paris et que l'on voit piétiner sur place, il y a des hommes qui se laissent aller à manifester quelque inquiétude. Ces symptômes sont saisis avec avidité et commentés comme il convient : « Depuis hier soir, écrit M$^{me}$ Caël le 2 septembre [1], les vagues

---

[1]. M. Malé écrit ce même jour: « Les Allemands ont l'air inquiets. Leurs convois n'arrivent plus. Nos troupes sont autour

inquiétudes qui semblaient régner sur le visage et dans les allures des Allemands se dessinent et s'accusent. On racontait qu'un de leurs capitaines avait avoué qu'ils étaient embouteillés ici, comme nous jadis à Sedan. Nous nous sommes donc couchés, cette fois, sur le doux espoir de la réussite du plan du général Pau. N'aurait-il pas réservé pour son dernier geste et son dernier coup de génie ce jour anniversaire pour nous tirer de notre prison et rendre Saint-Dié à la France ? Si ces heureuses prévisions se confirment, comment se réaliseront-elles ? Aurons-nous le sanglant combat des rues, ou bien enverront-ils un parlementaire aux adversaires pour se rendre sans lutte inutile ? Tout cela dépend de choses que nous ne pouvons apprécier du fond de nos maisons fermées, derrière nos persiennes closes ; mais notre cœur s'allège, comme si la délivrance était proche. »

Un soldat allemand, qui, dans la vie civile, est étudiant, dit, le 3 septembre, à M¹¹ᵉ Franoux : « On nous affirme que notre armée est à Paris. Le croyez-vous ? » — « Notre vive protestation, écrit-elle (nous ignorons tout des événements qui se déroulent), le rend encore plus perplexe. Par lui, j'obtiens un journal allemand... Je constate, sans y croire, que les Boches chantent victoire et annoncent leur avance de tous côtés. » De tous côtés ? Il faut évidemment en excepter Saint-Dié.

M. Ernest Colin, rentré le 2 au soir de sa pre-

de Saint-Dié, à Saulcy et à la Bolle. Il y a fusillade et contre-attaque. »

mière course à travers les lignes, raconte à qui veut l'entendre ce qu'il a vu, et ses interlocuteurs le répètent à leur tour : « Lorsqu'il est revenu, écrit M. Malé, nos troupes étaient encore au pied du Haut-Jacques, à Rougiville, et, de l'autre côté, à Saint-Léonard. Les positions sont donc toujours les mêmes depuis huit jours. »

L'origine des bruits réconfortants est parfois dans les récits rapportés par des prisonniers français. Un adjudant blessé trouve le moyen de dire à des personnes de Saint-Dié qui le soignent : « Nous tenons toutes les crêtes des environs et nous y avons exécuté des travaux formidables. Les Allemands ne passeront pas. » Dans la nuit du 3 au 4, des convois de prisonniers français traversent Saint-Dié et se dirigent vers la rue du Nord. Les habitants font le possible et l'impossible pour s'approcher de nos compatriotes. On les repousse avec brutalité. Il faut bien croire que la ruse est parfois plus forte que la violence ; car, dès le lendemain, un bruit circule dont la source n'est pas dissimulée : c'est que les troupes allemandes, qui sont arrivées à Saint-Dié le **27** août et se sont battues chaque jour aux environs, se sont repliées sur Provenchères, après avoir éprouvé des pertes énormes. Du coup, tout le monde s'explique des mouvements de troupes qui ont eu lieu dans la nuit du 3 au 4, et qui ont fait beaucoup causer.

Ce voisinage des troupes françaises exalte les imaginations. Les racontars encourageants deviennent d'une précision extraordinaire : « Il paraît, note M{}^{lle} Franoux toujours le 4 septembre, que les soldats français viennent chaque nuit en patrouilles vers le milieu de la rue des Trois-Villes. Deux mitrailleuses françaises auraient, la nuit dernière, mis à mal vingt canons allemands. » M{}^{me} de Lesseux note, de son côté, les mêmes rumeurs fantastiques et réconfortantes : « Chaque nuit les Français descendent, ils arrivent à la gare en sourdine et font prisonniers une trentaine d'Allemands qui y étaient installés, se battent dans le faubourg, puis regagnent la montagne.[1] » L'âme déodatienne s'enchante elle-même de ce qui l'aide à tenir ferme.

Si le moral de la population reste intact, celui des soldats allemands risque d'être atteint. Il y a, autour de la ville, une quantité de points d'où la mitraille française, à la moindre tentative d'attaque, les fauche impitoyablement. Il y en a un qui les effraie entre tous. Il est un peu au delà des Tiges, après ce passage à niveau dont la conquête a coûté si cher. Les officiers sentent le travail qui tend à se faire dans l'esprit de leurs hommes. Il importe de leur faire savoir que, s'ils marquent le pas à Saint-Dié, ils n'en sont pas moins victorieux. Un lieutenant de l'Etat-Major, von Bülow, se présente chez

---

[1]. C'est ce même jour que le général von Soden déclare devant M{}^{me} de Lesseux : « Nous sommes à deux heures de Paris, les Belges n'existent plus, les Anglais non plus, les Russes n'avanceront pas. Dans deux ou trois jours au plus, la résistance autour de Saint-Dié aura pris fin, nous vous laisserons un gouverneur convenable, et votre cauchemar sera fini. »

M. Freisz, imprimeur, et lui commande de faire composer et tirer, pour 2 heures de l'après-midi, mille placards en allemand : c'est un communiqué signalant d'importants succès des armées allemande et autrichienne. Au cours de sa réquisition, il demande à l'imprimeur si les habitants de Saint-Dié ont des renseignements sur les événements de la guerre et s'il n'y a pas ici un journal. M. Freisz lui répond négativement. Sur le seuil de la porte, l'officier se retourne et dit encore : « La guerre ne durera plus longtemps. Nous quitterons bientôt Saint-Dié pour Epinal. » Quand l'imprimeur lui soumet l'épreuve du placard, le lieutenant tend une traduction, écrite de sa main, de l'affiche en question et lui ordonne d'imprimer, avec les placards en allemand, une centaine d'exemplaires en français pour les apposer en ville. M. Freisz et M. Burlin conviennent ensemble que, au lieu des cent demandés par le lieutenant, on n'en imprimera que vingt, ce qui constituera une publicité plus que suffisante pour cette réclame ennemie. Le texte contient un petit détail qui, à lui seul, compromet sa véracité. Il affirme que Senlis est à vingt kilomètres de Paris. L'imprimeur a eu bien soin de ne pas signaler cette erreur au lieutenant. Que devant cette affiche quelques personnes mieux informées, ou qui auront vérifié dans un simple dictionnaire de géographie (Senlis est exactement à 45 kilomètres de Paris), signalent tout bas cette inexactitude à ceux qui lisent le placard en même temps qu'eux, et le charme est rompu : l'inexactitude est appelée mensonge et l'on sourit devant les assertions du menteur[1].

Les Allemands ont beau annoncer qu'ils ne sont qu'à vingt kilomètres de Paris, ils ne peuvent pas dissimuler qu'ils sont hors d'état de quitter Saint-Dié et de le dépasser. Ce simple fait, que chacun note dans son propre journal, est plus éloquent que tout ce que l'on appose sur les murs de la ville. C'est toujours la même phrase que je lis dans toutes les notes que j'ai sous les yeux : « Les Allemands n'ont pas avancé depuis plus d'une semaine. » L'on a même l'impression que leurs efforts pour sortir de l'impasse échouent de plus en plus lamentablement : « Vers 5 heures du soir, écrit M. Freisz le

---

1. Voici le texte de l'affiche en français :

QUARTIER GÉNÉRAL DES ARMÉES ALLEMANDES

*Bulletin officiel du 3 septembre*

Nos troupes cernent le front nord de Paris. Hier, la division de cavalerie anglaise a de nouveau été battue près de Senlis (à 20 kilom. au nord-est de Paris.)

L'ennemi, renforcé de troupes anglaises, s'enfuit au delà de la Marne, entre Paris et Reims. Toutes les troupes françaises entre Reims et Verdun battent également en retraite et cherchent à échapper par la rive gauche de la Marne.

Les troupes françaises, ayant aujourd'hui encore résisté au nord-est de Verdun, ont été battues.

AUTRICHE

La bataille acharnée livrée depuis une semaine entre Samostyc et Tyschowyc s'est terminée par la victoire complète de l'armée Auffenberg. Un grand nombre de prisonniers et jusqu'à ce moment, 160 pièces de canon ont été prises. Les Russes se retirent sur le Bug.

L'armée Dankel attaque Lublin, ayant un succès après l'autre.

4 septembre, la canonnade se fait entendre de nouveau au sud-ouest et se prolonge jusqu'à la nuit, en se rapprochant progressivement de Saint-Dié. Les Allemands qui ont fait ce matin une tentative vers le Haut-Jacques, ont été probablement repoussés. » Il n'y a pas de rodomontades d'affiche qui puissent empêcher les Déodatiens de penser que, si la canonnade est tout près, c'est que les Allemands ne progressent pas. Elle reprend avec une telle violence, dans la matinée du samedi 5 septembre, puis au milieu de cette même journée et jusqu'au soir, que chacun a l'impression qu'une grande bataille est engagée. « On remarque, écrit M. Freisz, des lueurs d'incendie dans la direction de Saint-Léonard et d'Anould, sans pouvoir apprécier la distance. » De son côté, M<sup>lle</sup> Franoux écrit : « La nuit a été très agitée. Canonnade qui s'accentue dès 6 heures du matin. Les Allemands vont et viennent ; ils paraissent bien nerveux, ce matin. Qu'y a-t-il ? Canons, caissons et voitures reviennent de la rue de la Bolle et montent vers Foucharupt. Il paraît que les Français donnent vingt-quatre heures aux Allemands pour évacuer la ville. Un officier allemand dit que c'est la première fois qu'ils restent si longtemps à la même place [1]. »

Ainsi, à cette date du 5 septembre, le bruit

---

1. On résiste malaisément au plaisir de montrer que l'on n'est pas dupe des événements. « Le samedi 5, raconte M. Malé, de Bülow m'apporte une jolie montre en or à réparer. Il me dit de la faire au plus vite, car, en guerre, l'on est ici un jour et quelquefois bien loin le lendemain. Je lui réponds : « Vous avez

commence à courir que les Allemands sont mis en demeure de quitter la ville. Mais il n'a encore aucune consistance. Il rase le sol, et personne, bien que chacun l'accueille avec une joie secrète, n'ose encore y croire fortement. Mais la certitude de la victoire française est telle qu'elle suggère, à propos des moindres incidents, les interprétations les plus fantastiques. Vers 6 heures et demie du matin, ce jour-là, les Allemands amènent devant l'hôtel de ville six pièces françaises de 75, avec leurs caissons et leur attelage. Ils les ont prises, vers la Bolle ou le Kemberg, au 54ᵉ d'artillerie. L'un des Allemands qui ont amené ces pièces raconte que, pour les prendre, ils ont perdu plus de quatre cents hommes tués, sans parler des blessés, et qu'ils ont dû enjamber des cadavres en grand nombre. Les canons restent exposés là pendant quelques heures. Dès le commencement de l'après-midi, par la rue du Nord, ils partent dans la direction de Saales. Mais la nouvelle de leur arrivée devant l'hôtel de ville a circulé de maison en maison. On parle de ces canons exposés. Dans les premières heures, ce sont encore des canons français pris par les Allemands au cours des actions présentes. Mais, dès le lendemain, tout est changé, tout est embelli. M$^{lle}$ Franoux note ce que l'on en raconte : « Les canons français exposés devant l'hôtel de ville sont des canons pris au

mis quinze jours pour faire quinze kilomètres. Si vous êtes obligé de revenir chercher la montre demain, vous n'aurez jamais que quelques centaines de mètres à faire. » — « Vous êtes ironique, M. Malé, me dit-il. »

début de la guerre, du côté de Saales. L'Etat-Major ennemi les a fait venir à Saint-Dié dans le but de faire croire aux soldats qu'ils viennent du Haut-Jacques. On espère ainsi stimuler leur courage. »

Le dimanche 6 septembre, chacun calcule que c'est le onzième jour de l'occupation allemande et que les envahisseurs n'ont pas avancé d'une semelle. Or, ils avaient annoncé que quatre jours leur suffiraient pour arriver à Paris. L'échec de leur prédiction excite les esprits. Le soir de ce jour, tandis que des lueurs rougeâtres brillent du côté d'Anozel, on se glisse à l'oreille cette nouvelle : « L'Etat-Major allemand a failli être pris par les Français. »

Ce sont tantôt de menus faits, tantôt des propos attribués à des personnages en situation d'être très bien informés, qui ancrent les habitants dans leur espérance irréductible. « Le prince de S., lieutenant de dragons, note encore ce même 6 septembre Claude Cornefert, a été tué à Herbaville et une escorte a promené son cercueil sur les routes pour le reconduire à la gare de Saales. Il n'a pu passer par la route de Sainte-Marguerite ! Ils sont donc cernés, comme on le murmure tout bas, par le général Pau qui remonte d'Alsace et va déboucher par le col de Sainte-Marie. Un général allemand a dit à M^me X. que nous étions dans un cercle de feu et que lui-même devrait se retirer d'ici mardi s'il ne recevait pas les renforts demandés [1]. Ils sont cepen-

---

[1]. J'ignore si le propos a été réellement tenu. Ce qui nous intéresse ici, c'est qu'il a été colporté en ville.

dant 45.000 hommes. C'est l'armée du siège d'Epinal, munie de tout l'attirail nécessaire. L'espionnage devient intense en ville. On n'ose plus parler qu'à voix basse ; on n'ose plus s'arrêter à causer; il y a un gendarme en faction dans chaque salle d'hôpital. L'existence devient odieuse. Que les Français nous bombardent, nous anéantissent, mais qu'ils reviennent ! »

Le 7 septembre, la canonnade, de nouveau, fait rage. Les batteries allemandes, postées à Foucharupt et à la Bolle, tirent fréquemment, et des pièces françaises leur répondent. Plusieurs obus français tombent à Foucharupt, d'autres à Sainte-Marguerite. Du coup, le bruit se met à courir que les nôtres sont à Wisembach. Je le relève dans le journal de M$^{lle}$ Franoux. Je le retrouve aussi dans celui de Claude Cornefert : « On suppose, ajoute celui-ci, que cette attaque vient de notre armée de Mulhouse. » En tout cas, les Allemands sont toujours immobilisés. On sait qu'ils ont fait une tentative pour franchir le col du Plafond. Il est évident que la tentative a échoué, puisqu'ils sont encore là. Les bruits optimistes se remettent à circuler : « Ma mère, écrit Claude Cornefert, rentre toute contente. Elle vient de voir un Alsacien qui fait l'évacuation des blessés sur Strasbourg. Il a dit : « Courage, ne perdez « pas confiance. » Des Allemands qui approchaient de Paris ont été repoussés près de Reims. Ils sont battus. Nancy n'est pas encore prise et Verdun investi. L'armée du prince de Bavière est cernée contre Metz. Cela fait du bien ! » Le même jour, à 6 heures du soir, M^me Caël note : « Au sortir de la prière à la cathédrale, chacun se murmure de bonnes nouvelles : victoire à Reims et, chez nous, à Nompatelize et à Fraize ; les Français auraient repris l'avantage et leurs batteries couperaient aux Allemands la route de Colmar. Ces nouvelles sont-elles bien certaines ? »

Le soir de ce même 7 septembre, vers la même heure, M^me Terdieu, accompagnée d'une amie, s'était rendue à une ferme où elle désirait se procurer du lait. C'était au lieu dit : le Petit-Saint-Dié, exactement au-dessus de la maison Simonin. Elle entend un moteur d'avion, regarde et voit distinctement tomber des plis dont l'un est ramassé aussitôt, sur l'autre côté de la voie du chemin de fer, par un gamin qui se sauve à toutes jambes. Celui-ci est poursuivi par un Allemand qui se trouvait à l'intérieur de la gare des marchandises et qui, fort probablement, le rattrape. Ce pli, se met-on à raconter immédiatement, contenait l'ordre d'évacuer la gare. Un second pli, d'aspect argenté, brillant, sans doute pour attirer l'attention, tombe sur le toit de la maison Simonin. La nuit venue, on aurait bien voulu ramasser cette enveloppe et s'assurer de son contenu. M. Terdieu et un conseiller municipal, M. Fischer, apportent même une échelle pour grimper sur l'immeuble. Mais les Allemands sont nombreux par là et l'on n'ose pas donner suite à l'entreprise. Ce qui est certain, c'est que le même jour, 7 septembre, on a constaté le commencement du déménagement de la gare et que, le lendemain,

M. Terdieu rencontrait un Allemand qui lui disait :
« Nous, partir pour Saales... bientôt... deux jours. »

La nuit du 7 au 8 est encore plus agitée que les précédentes. Le canon tonne, et la fusillade s'en mêle. Ce vacarme dure toute la matinée. Entre midi et une heure, quelqu'un a cru distinguer, sur la roche Saint-Martin, la silhouette d'un officier français. Certains précisent : c'était un artilleur. Vers le soir, on a vu un ballon captif français s'élever du côté de Saint-Martin, et le ballon captif des Allemands est toujours là !

Il faut frapper un coup sur ces imaginations qui s'obstinent dans leur optimisme. Le lieutenant de Bülow vient annoncer à M. Burlin que les Allemands ont pris Maubeuge avec 40.000 prisonniers et 400 canons. Il faut faire imprimer en gros caractères et placarder des affiches annonçant cet événement.

QUARTIER GÉNÉRAL DES ARMÉES ALLEMANDES

### *MAUBEUGE EST PRIS*

40.000 prisonniers

400 pièces de canon

Voyant l'incrédulité de la population, un Allemand ajoute à la main, sur l'affiche collée près du bureau de poste : « C'est la véritée » (*sic*).

Les Allemands commentent cette nouvelle : « La guerre ne durera pas longtemps ; encore quelques semaines. Paris est déjà pris depuis quelques jours. »

Personne ne croit à la vérité ainsi proclamée. Comment y croirait-on quand les Allemands se montrent incapables de dépasser la ville ? Leurs médecins laissent échapper des détails que l'on recueille avec avidité. D'après eux — et je trouve ce détail à la fois dans le journal de M$^{lle}$ Franoux et dans celui de Claude Cornefert — ils ont perdu de 12.000 à 15.000 hommes depuis leur arrivée à Saint-Dié. Un médecin affirme qu'ils en perdent en moyenne 1.000 par jour dans des attaques infructueuses. Un blessé allemand dit à une infirmière qui le soigne : « Les Français sont à Saulcy. Nous sommes cernés et serons forcés de nous rendre. »

Le 9, M. Colin, qui revient d'Epinal, apporte les nouvelles qui circulent là-bas : une grande bataille navale vient de se livrer près d'Héligoland; l'île a été prise et Hambourg bombardée par les Anglais. Ces nouvelles sont peu vraisemblables ; mais les âmes qu'elles réconfortent les trouvent toutes naturelles. On épie, dans les propos, dans l'attitude, dans la mine des Allemands, tout ce qui semble avoir une signification encourageante. Un étudiant wurtembergeois dit à M$^{lle}$ Franoux :

— Les Français sont plus nombreux que nous autour de Saint-Dié.

— Pourquoi n'avancez-vous pas plus vite ? lui demande-t-elle.

— C'est à cause des montagnes, répond-il.

L'un des interlocuteurs demande :

— Quelle est la distance de Saint-Dié à Epinal ?

— Cinquante kilomètres.

Il regarde son camarade et lui dit en allemand, sans se douter qu'on le comprend :

— Ce n'est pas ce qu'on nous avait dit ; on nous avait parlé de trente kilomètres.

Ce visible manque d'entrain confirme, pour ceux qui le constatent, les espérances les plus résolues.

Ce même 9 septembre, vers 3 heures, M<sup>lle</sup> Franoux fait, avec sa mère, une tentative pour aller à Sainte-Marguerite. « Jamais, écrit-elle, nous n'avons vu une telle affluence de troupes allemandes. Cela me rappelle les débuts de la guerre, l'encombrement des troupes françaises à Provenchères... Certainement, il se passe quelque chose d'anormal ; les troupes ont l'air inquiètes, les officiers plus encore. A la nuit, un violent orage se déchaîne et, à minuit moins un quart, la fusillade commence... Les Allemands ont peur ; ils se préparent à partir. Mais la fusillade se calme ; ils restent. »

Le 10, une nouvelle extraordinaire circule de bouche en bouche : « Il paraît, note M<sup>lle</sup> Franoux dans le quartier de Foucharupt, qu'un lieutenant français est arrivé hier à la mairie de Saint-Dié, en parlementaire. Le général Pau a donné trois jours aux Prussiens pour évacuer le territoire. L'Alsace est occupée par les Français. Si cela était vrai ! » M<sup>me</sup> Caël note cette même rumeur dans le quartier de la cathédrale : « On disait que le général Pau avait envoyé un parlementaire à l'Etat-Major allemand pour lui proposer l'évacuation de la ville de Saint-Dié, sous peine de bombardement de Berlin par les Russes et de Hambourg par les

Anglais. Qu'y a-t-il de vrai dans cette assertion[1]? »

L'histoire était fausse, mais il n'en était pas moins vrai que l'optimisme des Déodatiens allait recevoir sa confirmation et sa récompense. Elle était fausse, comme un si grand nombre des bruits que nous avons relevés. Mais tandis qu'il serait absurde de chercher dans tant de racontars quelques précisions sur les opérations militaires que nous n'avons pas même essayé d'exposer, il faut y lire des révélations émouvantes sur l'état d'esprit d'une population naturellement avide de nouvelles, entêtée dans l'espérance, mais privée de tout moyen d'informations. Or, la réalité se trouvait conforme au rêve obstiné dont elle s'était enchantée durant les pires heures. Un demi-cercle de baïonnettes et de poitrines, formé par le 13e et le 53e bataillons de chasseurs alpins, puis par les 30e, 22e et 133e régiments d'infanterie, ensuite par le 61e, le 22e et le 62e bataillons d'alpins, après eux, par le 99e régiment d'infanterie, le 11e et le 51e bataillons de chasseurs, enfin par le 334e et le 140e régiments d'infanterie, allait de Mandray jusqu'au nord des bois de la Madeleine ; et contre cette barrière, l'effort incessant de l'ennemi se brisait chaque jour. Après deux semaines, en dépit des lourdes pertes qu'ils avaient subies dans ce « trou de la mort » qu'a été le bassin de Saint-Dié, les Allemands n'avaient pu dépasser le Chipal et le col des Journaux ; ils n'avaient pu descendre ni à Fraize ni à Anould, ni même au Souche ; à Saint-

---

1. Comme on le verra plus loin (page 285), la même rumeur est notée, ce jour-là, par Mme de Lesseux.

Léonard, ils n'avaient pu dépasser le cimetière de Sarupt ; ils n'avaient pu atteindre le village de Taintrux, n'ayant dépassé ni la Croix-Saint-Georges d'un côté, ni Rougiville de l'autre ; ils n'avaient pu monter au Haut-Jacques du côté de Rougiville, n'y étaient parvenus, en tout dernier lieu, que par Sauceray et la Croix-Idoux et, là-haut, se heurtaient à un barrage infranchissable...

Pendant ce temps, la bataille de la Marne avait été rendue possible par l'héroïsme de ceux qui tenaient dans les Vosges et elle allait, à son tour, développer ses conséquences pour eux. La résistance autour de Saint-Dié avait permis la victoire ; la victoire allait dégager Saint-Dié.

## CHAPITRE X

# Le départ des Allemands

L'histoire de l'ultimatum envoyé par le général Pau était fausse. Mais nous savons quel personnage les Déodatiens, affamés d'espoir, ont pris pour le représentant du général français. C'était un médecin aide-major, le D$^r$ Bourgeat, qui, entré comme malade à l'hôpital Saint-Charles dans la première quinzaine d'août 1914, y avait été laissé par les Français, lors de leur retraite, avec les blessés non évacuables et était considéré par les Allemands comme leur prisonnier. Ils lui avaient fait prendre un costume civil pour continuer ses fonctions à l'hôpital et — car ils lui laissaient une certaine liberté — pour circuler en ville. Dans la matinée du 10 septembre, lui retirant cette liberté relative, ils lui avaient fait reprendre son uniforme militaire, avec ordre de se rendre à l'hôtel de ville et d'y rester à leur disposition. Rencontrant une jeune fille qui le salua, il ne put se tenir de lui dire : « Demain vous rirez. » Le rire ne pouvant plus être ramené à Saint-Dié que par le départ de l'ennemi et le retour des troupes françaises, on voit l'interprétation qui devait être forcément donnée à ce propos. Mais comment un officier français pouvait-il annoncer un tel événement et être en même temps dans Saint-Dié, s'il ne s'y trouvait pas en qualité de parlementaire? Le travail des imaginations n'a vraiment pas été difficile.

En réalité, le D$^r$ Bourgeat avait dit vrai. De par ses fonctions mêmes, il assistait depuis quelques jours à des faits qui se précipitaient avec une rapidité croissante : c'était surtout l'évacuation des blessés dans la direction de l'Allemagne. Dans les conversations des médecins et des infirmiers allemands, il avait saisi l'allusion à un départ qui se préparait. Mis en éveil par cette allusion, il avait prêté l'oreille avec une attention redoublée, et, dans la nuit du 9 au 10, il était arrivé à la persuasion que les Allemands ne resteraient pas plus de vingt-quatre heures dans la ville [1].

A plusieurs reprises, en voyant avec quelle précipitation on évacuait parfois les blessés, les sœurs de l'hôpital avaient été tentées de se demander si leurs hôtes indésirables se sentaient bien en sûreté

---

[1]. Le départ des infirmières de la Croix-Rouge allemande, dès le 10 septembre, aurait été significatif pour les habitants. Mais il fut opéré si discrètement qu'il leur resta inconnu. Ces infirmières étaient venues à Saint-Dié pour remplacer les infirmières de la ville. Installées le 9, elles n'ont pas pu faire leur service plus d'un jour. Leur départ, pourtant, est noté dans le journal de M$^{lle}$ Franoux (voir plus loin, page 275). Elles avaient déballé leurs bagages dans la journée du 9; dès la matinée du 10, elles ont reçu l'ordre de tout empaqueter précipitamment.

dans la ville et s'ils ne s'attendaient pas à partir un peu brusquement. Pourtant, les symptômes d'une semblable décision ne semblaient pas s'accentuer. Dans la journée du 9, le médecin en chef, qui était à la tête du service de chirurgie, était parti pour Strasbourg où il allait, disait-il, chercher des appareils. A-t-il été surpris par l'ordre de départ? Le fait est qu'il n'est pas revenu. Dans la matinée du 10 septembre, les médecins commandèrent leur repas pour 9 heures (heure allemande): c'était plus qu'insolite. A 10 heures, l'on commença à mettre les blessés allemands sur des voitures; on les prenait tous, les plus gravement atteints comme les autres; certains hurlaient de douleur. Puis, ce fut le tour des blessés français. Mais, parmi eux, on fit un choix. Ceux qui semblaient incapables de guérir ou qui, mutilés, ne pourraient jamais reprendre du service, furent laissés. C'était bien l'abandon de la ville.

A l'hôpital auxiliaire de la rue Haute, sœur Rose avait soupçonné dès le lundi (7 septembre) la vérité. Elle constata que les Allemands évacuaient tous leurs grands blessés, même les mourants. Interrogé par elle, le major qui s'occupait de son ambulance finit par lui dire : « Nous allons vous quitter. » Mais, d'après les bruits qui circulaient dans la ville, le service de santé bavarois allait remplacer les wurtembergeois. La religieuse prit sur elle de demander au major si ces bruits étaient fondés. Il répondit : « Non, le *grand général* (sic) était hier ici et il a donné l'ordre de préparer le départ[1]. » Le 9, les médecins allemands, en grande hâte, procédèrent à l'examen des blessés afin de déterminer lesquels d'entre eux seraient emmenés. Ils entendaient laisser ceux dont la mort n'était plus qu'une question de jours ou qui, visiblement, n'étaient pas en état de supporter le moindre voyage et ceux qui, en raison de leurs mutilations, ne pourraient pas redevenir soldats. Ils en avaient choisi quarante-cinq dans l'ambulance ; sœur Rose trouva le moyen de n'en laisser que vingt-sept entre leurs mains. L'exagération du volume des pansements et même une élévation un peu factice de la température permit de faire glisser dans la catégorie des intransportables quelques braves garçons que la bousculade du départ précipité avait empêché d'examiner de trop près.

A l'hôpital du Collège de jeunes filles (ancien évêché), rien n'avait annoncé l'événement qui se préparait. Le 9 seulement, un médecin avait donné aux maîtresses chargées de la surveillance du blanchissage l'ordre de faire sécher au plus vite le linge appartenant aux Allemands. Dans la matinée du 10, le médecin-chef fit annoncer son départ à la directrice, M$^{me}$ Houillon, qui logeait au Collège de garçons. Il la chargea de remercier le personnel qui avait contribué à assurer le service et d'exprimer à M$^{me}$ Hulot, en particulier, sa gratitude pour l'aide si parfaite qu'elle avait fournie à la salle d'opéra-

1. Il était bien exact, comme on l'a vu plus haut, qu'une équipe bavaroise était annoncée. Mais le médecin-major savait bien qu'elle ne commencerait pas son travail.

tions. Les blessés furent emportés dans les draps et les couvertures où ils se trouvaient et qui, pour la majeure partie, appartenaient à l'hôpital.

Le jeudi 10 septembre, la canonnade, qui avait été extrêmement violente de 5 heures à 7 heures du matin et qui s'était ensuite calmée, reprend et fait rage de 8 heures à 9 heures. « A partir de 8 h. 30, note M. Gustave Freisz, de nombreuses troupes allemandes, venant de la direction du sud, traversent la ville avec d'importants convois et s'en vont, soit par la rue Stanislas, soit par la rue du Nord. On évalue à six mille hommes au moins les effectifs qui sont passés rue Thiers dans la matinée, jusque vers 10 heures. Toutes ces troupes paraissent exténuées et démoralisées. Seule, une compagnie de chasseurs en costume vert défile au pas, en chantant. C'est manifestement un départ imprévu et précipité. Le lieutenant de Bülow est parti à 6 heures, ainsi que tout l'Etat-Major. Des infirmiers bavarois, arrivés la veille, annoncent qu'ils quittent immédiatement Saint-Dié. Les médecins de l'hôpital Saint-Charles partent en hâte. »

Claude Cornefert relève, lui aussi, des indices significatifs : « Ce matin, écrit-il, la canonnade faiblit jusqu'à midi. Les troupes semblent vouloir évacuer par la route de Raon ; les cantines des officiers sont chargées devant la maison et les voitures sont attelées. Les hommes ont remis leur casque et annoncent leur départ dans la rue. »

Depuis deux jours, dans la rue du Casino, des observateurs attentifs remarquaient avec un intérêt croissant le stationnement prolongé du convoi de ravitaillement qu'on ne voyait plus effectuer son départ à l'heure ordinaire, suivi de ses cuisines roulantes. Les voitures, soigneusement bâchées — ce qui n'était pas habituel —, sont restées attelées pendant quarante-huit heures au moins. Une question s'imposait à l'esprit des observateurs : « Vont-ils partir? » On se doute du sentiment qui les agite quand les voitures s'ébranlent dans la direction d'où l'ennemi est venu.

A l'école de Foucharupt, M<sup>lle</sup> Franoux constate, elle aussi, dès le début de la journée, des mouvements inaccoutumés : « Les Prussiens ont perdu de leur arrogance naturelle. Ils vont, viennent, reçoivent ordres et contre-ordres toute la nuit. Ils ont l'air de faire des préparatifs. Les infirmières allemandes sont parties. » A 4 heures et demie, elle écrit encore : « Des voitures chargées de soldats, quelques camions, descendent de Foucharupt vers la rue d'Alsace, en passant devant l'école; d'autres par la rue du Kemberg. Je ne sais quel secret pressentiment nous envahit, quelle sensation de joie profonde nous étreint. Nous sommes presque toutes rayonnantes aux fenêtres; c'est la première fois que nous rions de bon cœur. Un soldat boche s'aperçoit de notre gaieté et nous décoche un magnifique pied de nez auquel nous répondons, M<sup>lle</sup> Pauline et moi, par de joyeux éclats de rire. Est-ce là son adieu ? Un autre nous crie : « Les gens de Saint-Dié nous ont assez vus ; nous allons à Epinal. Chacun son tour. » « Nach Paris », jette triomphalement un autre. « Ce n'est pas de ce côté, Paris », lui répondons-nous... Nous sommes persuadées qu'ils quittent Saint-Dié, mais nous craignons une déception... Oh ! si nous avions ce suprême bonheur d'être libérés ! » Ce soupçon la poursuit. Elle a besoin d'en chercher la confirmation : « Nous allons en ville, écrit-elle, et nous apercevons, près de la mairie, un major français resté à l'hôpital pendant l'occupation[1]. Il est sur son départ pour l'Allemagne. On dit que nos ennemis ne peuvent plus passer par la route de Provenchères, sauf les blessés et les voitures surmontées de la Croix-Rouge. Les autres doivent s'en retourner par Robache et le Ban-de-Sapt. »

La veille de l'évacuation, d'autres départs qui n'ont, en apparence, rien de militaire, avaient déjà eu lieu. Il y avait, depuis des années, dans un certain nombre de familles ou dans des maisons de commerce de Saint-Dié, des domestiques ou des employées qui passaient pour des Alsaciennes. Elles s'étaient insinuées dans la vie de bien des foyers, étaient au courant de tout, semblaient vibrer à l'unisson de la population. Quelques-unes, à l'arrivée de leurs compatriotes, avaient su dissimuler encore et elles avaient conservé pendant quelque temps la confiance de ceux qu'elles trahissaient. La plupart avaient été incapables de garder leur masque et avaient immédiatement étalé leurs sentiments

---

1. C'est le Dr Bourgeat, qui avait été pris, comme on l'a raconté plus haut, pour un parlementaire envoyé par le général Pau.

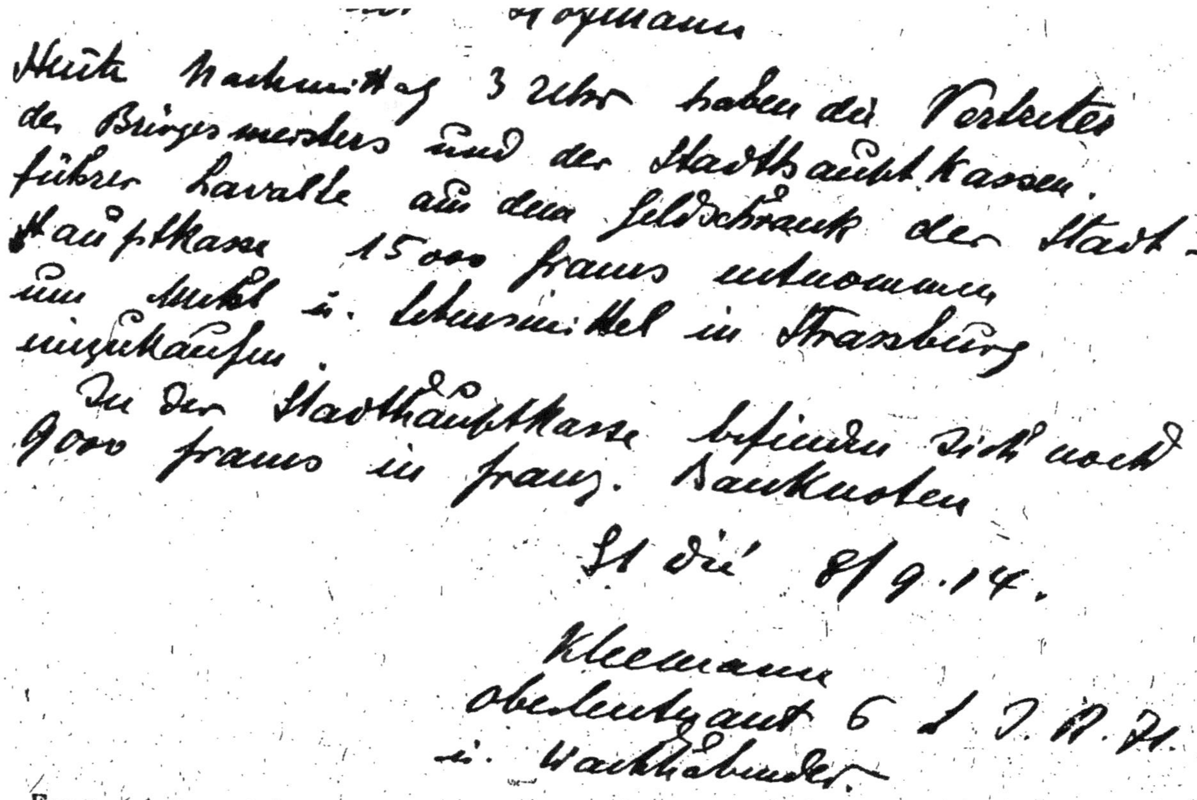

*[Handwritten note in German:]*

Mittwoch Nachm. 3 Uhr holen des Verhafteten
des Bürgermeisters und des Stadtschaffners
Herrn Laval als der Stadthauptkasse.
Hauptkasse die dem Lösegeld der Stadt-
in Markt 15.000 francs entnommen
wurden i. Chirurg. Mal[...] in Franbourg

Da der Stadthauptkasse befindet sich noch
9000 francs in frcs. Nachweise Nachweisen

St[...] den 8/9.14.

Kleewaux
obertentgast 6 i. J.P.H.
i. Wachtmeister

FAC-SIMILÉ D'UN BILLET DÉNONÇANT LA PRÉSENCE DE 9.000 FRANCS DANS LA CAISSE DE LA MAIRIE
(Original : 0,21 × 0,16).

pour les envahisseurs. Pendant toute la journée du 9, comme les rats quittent en foule un bateau qui va couler, tout ce personnel d'espionnes se mobilisa et partit. Les fourgons de l'armée les emmenèrent. Bien des familles songent avec amertume aux découvertes qu'elles ont faites alors.

Dans l'après-midi, vers 3 heures, M{$^{lle}$} Franoux est avec sa mère sur la route de Sainte-Marguerite. « Aucun civil, écrit-elle. Une voiture à échelles, conduite par des soldats allemands, nous dépasse et je ne suis pas peu surprise d'apercevoir à l'intérieur quatre de mes anciennes élèves de la rue d'Hellieule, qui me font gentiment adieu de la main. Munies de quelques paquets, elles rentrent dans la mère-patrie, car ce sont des Allemandes... qu'on croyait Alsaciennes. »

Les Allemands veulent bien quitter Saint-Dié, mais à la condition d'en emporter tout ce qu'ils peuvent. Les officiers qui traînent leur sabre et font sonner leurs éperons dans le cabinet du maire, épiant tout avec méfiance, ont remarqué que M. Lavalle, receveur municipal, recourait pour ses paiements à des fonds renfermés dans un coffre-fort de cette salle. C'était le reliquat de l'argent gardé par lui à son bureau ou momentanément enterré dans la cave de M. Kléber, et qui avait servi à payer les 39.000 francs réclamés le 30 août. Le 8 septembre, les adjoints et le receveur municipal avaient retiré de ce coffre 15.000 francs qu'ils avaient confiés à M. Jules Marchal et à M. Ramspacher pour aller acheter de la farine à Strasbourg. Les officiers, qui

FAC-SIMILÉ DE L'ORDRE DE SAISIR 9.000 FRANCS

(Original : 0,21 × 0,16).

ne les perdaient pas de vue, avaient exigé qu'on leur révélât le montant des sommes qui restaient et ils avaient sans retard signalé à l'Etat-Major qu'il y avait encore là 9.000 francs en billets de banque français. Le général von Soden est très occupé, à ce moment, à préparer la retraite. Mais il n'oublie pas ce qui est bon à prendre et, dans la matinée du 10, il donne, par écrit, au verso même de l'avis qui lui a été transmis, l'ordre de saisir ces 9.000 francs et de les verser à la « caisse de campagne » (*feldzugskasse*) du corps d'armée. L'ordre est immédiatement exécuté et, sur le même papier qui est déjà orné de la signature du général, le capitaine Voelker certifie que l'argent a été livré au sous-intendant Haussler, lequel, de son côté, en a donné reçu. Les deux pièces sont laissées généreusement entre les mains du receveur.

Dans les journées précédentes, les Allemands avaient emmené la plus grande quantité possible du butin ramassé dans la ville. Mais tout n'était pas encore parti. Il fallait hâter le déménagement. Dès le début de la matinée, ils avaient demandé à la mairie un certain nombre de voitures à échelles et M. Ferry en avait fait chercher aux sections des « Trois Villes »[1]. A 11 heures, les voitures demandées n'étaient pas encore là. Le garde-champêtre était en route pour les quérir et le temps pressait. Alors un capitaine et plusieurs autres officiers re-

1. On appelle ainsi les trois villages situés au nord-ouest de Saint-Dié, nommés Marzelay, La Pêcherie, Le Villé, et qui font partie du territoire de la commune.

*Empfangsbescheinigung*

~~GUTSCHEIN~~

26. Res. Div. — *Feldintendantur*

Komp. Inf. Regts N.
Die ~~Eskadron Kav.~~
~~Batterie Art.~~

hat heute von *der Stadt* ~~Regie~~
in *St. Dié* empfangen:

*in Französischen Banknoten*

9 000 fr. *mit Worten:*

~~Vieh~~
~~Gemüse~~ *Neuntausend Franken,*
~~Kaffee~~
~~Salz~~ *die noch bezahlen des Ganzen*
~~Zucker~~
~~Wein~~ *Kaufmittel Empfangsbescheinigung*
~~Zigarren~~
~~Hafer~~ *zurücken*
~~Heu~~
~~Stroh~~

*St. Dié,* den 10. 9. 1914

Für die Richtigkeit

*Häussler*

*Feldint. Offz. Stellv.*

FAC-SIMILÉ DU REÇU DE 9.000 FRANCS SAISIS A LA MAIRIE
(Original : 0,17 × 0,12).

viennent à l'hôtel de ville. Le capitaine, qui s'exprime assez facilement en français, déclare que, très rapidement, dix voitures avec conducteurs doivent leur être livrées. Il faut que la mairie les fournisse. Ils procureront les chevaux, mais sans les harnais. M. Dufays, conseiller municipal, qui vient d'être appelé à cause de ces incidents, fait remarquer qu'après toutes les réquisitions déjà opérées, il n'était plus possible de trouver encore à Saint-Dié cette quantité de charrettes.

— Mais si, répond le capitaine, avec de la bonne volonté, vous les trouverez.

Et comme M. Dufays renouvelle son objection, un lieutenant, la lèvre méchante, l'œil insolent derrière le monocle, prononce d'un ton cassant :

— Il n'y a pas de bonne volonté ; il faut que vous les trouviez, sinon...

Et, du revers de la main droite, il fait un geste significatif. L'entretien est terminé.

M. Dufays va trouver le premier adjoint, M. Burlin. On finit par découvrir sept voitures à échelles dans les alentours de la gare. On réquisitionne sept hommes pour les conduire [1]. Ce sont des carriers qui se trouvaient par hasard dans le quartier. Les voitures, naturellement, ne sont jamais revenues. Quant aux hommes, les officiers allemands avaient promis de les renvoyer dès l'arrivée du

---

1. Voici les noms de ces sept hommes : Honoré Martin, Charles Scheidecker, Aimé Mangot (rapatrié), Paul Meunier, Paul Ancel (rapatrié), Frédéric Cottel (rapatrié), Toussaint (mort en captivité à l'âge de 18 ans).

convoi à Saales : sur les sept, trois sont revenus au printemps 1917, un est mort prisonnier en Allemagne, et les autres y sont encore internés.

Pendant ce temps, une scène significative se passait à l'ancien évêché. A 11 heures et demie, onze paires de magnifiques chevaux, au harnachement de cuir jaune, tous pareils et tout prêts à être attelés, montaient au parvis, puis pénétraient par le grand porche d'entrée. A midi, par la porte des communs, ressortaient dix attelages traînant dix grandes voitures, toutes semblables, hautement bâchées et pleines jusqu'en haut. La onzième paire de chevaux avait été attelée, sur le parvis même, à un landau ouvert. Après y avoir fait déposer quelques valises et, sur le revers de la capote, un petit sapin d'environ 70 à 80 centimètres avec ses racines, quatre officiers s'y installèrent et le landau se mit en marche à la suite des dix camions si soigneusement chargés. Après lui partirent, en rang et au pas, les infirmiers, et enfin, sous la conduite de deux hommes, deux génisses. L'évêché était alors complètement évacué. Le premier vicaire général, M. l'abbé Chichy, avait assisté derrière ses persiennes à tout le scénario : « C'était pour nous, dit-il, la certitude de la retraite allemande. Je puis ajouter que, la veille et même l'avant-veille du départ, nous avions remarqué les allées et venues, toujours en vo)ture, avec des Allemands, d'une dame (et je crois même de deux). Nous pensions que c'était quelque veuve éplorée qui venait chercher la dépouille d'un être cher. Nous nous étonnions pourtant du peu d'émotion que manifestait cette personne. Peut-être, après tout, n'était-elle venue que pour présider et procéder au déménagement? C'est la pensée qui nous vint lorsque nous fûmes en face de l'heureuse réalité [1]. »

A partir de 3 h. 45, le défilé des troupes recommence. Elles s'acheminent principalement par la rue Stanislas. C'est d'abord un long convoi de voitures, la plupart attelées de quatre chevaux. Puis viennent huit grosses pièces d'artillerie dont quatre paraissent hors d'usage, avec quelques caissons seulement. A 4 h. 45, quatorze caissons du 26ᵉ régiment d'artillerie se dirigent vers Robache par la rue du Nord. A 5 h. 15, une grosse pièce, liée sur un affût à l'aide d'une corde, vient de la rue Dauphine et prend la rue Stanislas. Les habitants qui voient passer ces cortèges devinent de plus en plus ce qui se prépare [2].

---

[1]. On pourrait allonger indéfiniment la liste des incidents qui donneraient une idée de la hâte et du soin mis par les Allemands à emporter leur butin. En voici un, dont M. Guignet, préposé en chef de l'octroi, a été le témoin. Dans la soirée de ce jeudi 10 septembre, vers 5 ou 6 heures, deux automobiles découvertes à quatre places (deux sur le siège du conducteur et deux derrière) arrivent dans la cour de l'abattoir. Dans chaque automobile se trouve un veau que l'on décharge et que l'on conduit, non pas dans le bâtiment où l'on abat le bétail, mais derrière un mur. Bientôt après, on rapporte les veaux auxquels on venait de trancher complètement la tête ; on les charge, tout dégouttants de sang, dans les automobiles qui repartent en vitesse, par la route de Raon. Les automobiles ainsi traitées avaient été sûrement volées, et les veaux également.

[2]. Je lis dans le journal de Mᵐᵉ de Lesseux : « Jeudi 10 septembre. — Un gros orage cette nuit. Le canon et la fusillade

La canonnade de la matinée s'était continuée très faiblement dans l'après-midi. Elle cesse complètement à 5 heures. A ce moment, — et ceci est pour les témoins un symptôme d'une clarté aveuglante, — on fait enlever le fil téléphonique qui passe rue d'Alsace, ainsi que le fil télégraphique que les Allemands ont installé. A 6 heures, personne ne peut plus franchir les ponts. A 7 heures, la *Kommandantur* fait transmettre par la municipalité, à toute la population, un ordre impérieux : tous les habitants, sous peine d'être fusillés, doivent rentrer chez eux. A ce moment, des mouvements étranges

dès 6 heures du matin. Cela vient de tous les côtés. On nous dit que les Français arrivent de tous les côtés : de la Madeleine, d'Anould, de Saulcy, de Saint-Martin. Dans notre avenue, ce n'est que voitures d'ambulance, cherchant des blessés, les emmenant vers Saales. Des débris de régiments remontent pêle-mêle vers la frontière. Deux Poméraniens racontent qu'ils ont été anéantis à Mandray par des chasseurs alpins qui étaient de vrais diables. On me raconte qu'un parlementaire français serait venu s'entendre avec les Allemands, que le bombardement cesserait de part et d'autre, et que Saint-Dié serait évacué dans les vingt-quatre heures... J'ignore si cela est, mais j'entends des fusillades seulement dans les faubourgs. Impossible d'aller à l'église à 4 heures, tant le bruit se rapproche. Je vais à la lingerie dire le chapelet avec mes femmes. Puis je reviens au petit salon, je m'assieds sur le balcon, et je vois, montant vers la frontière, des voitures de toutes sortes, chariots recouverts de bâches, emportant des meubles, des objets volés, puis des autos, des petites voitures, volées sans doute comme le reste... A 9 heures du soir, on n'entend plus rien, plus de coups de fusil, plus de canon. Bêtes, gens, chariots roulent dans la nuit et souvent au grand trot. C'est la retraite. Ils sont moins frais qu'il y a quinze jours, et surtout moins nombreux. Il en passe de toutes les armes, de tous les régiments. Combien en ont-ils laissé ? Beaucoup, je le crois. »

se produisent dans les rues. Des soldats rassemblés ont l'air de prendre des positions de combat. « Alors qu'ils pensaient à la fuite, note un autre témoin, nous croyions fermement à la bataille, au massacre dans les rues. » — « Des officiers, dit un autre témoin, recommandent à certains de nos amis de ne pas quitter leurs caves, car il se passera des choses terribles... A la maison, nous écoutons jusqu'à 11 heures une fusillade continue. » C'était une feinte organisée pour éviter toute manifestation ou peut-être plus que des manifestations. En même temps, on prépare les scènes finales. Deux bandes d'hommes, commandées par des sous-officiers, sont expédiées, pour une besogne spéciale, vers le faubourg de la Bolle. Le colonel Hoffmann, assisté du capitaine Voelker, se rend à l'hôtel de ville. Dans la matinée, le colonel avait transmis l'ordre suivant :

Saint-Dié, 10 septembre.

à Monsieur Burlin,

Messieurs les membres du conseil municipal et les employés (secrétaire) de la mairie, doivent être présents ce soir, à six heures et demie, dans le cabinet du maire, pour participer à un pourparler avec le commandant actuel de la Ville, le colonel Hoffmann.

Je vous prie, Messieurs, de m'envoyer jusqu'à cette heure, une liste des participants.

Par ordre du Commandant,
Signé : Voelker, capitaine.

(Disons : 7 heures précises, heure allemande.)

A l'heure dite, onze conseillers municipaux rejoignent à l'hôtel de ville M. Burlin. Ce sont MM. Pierson, Ferry, Dufays, Poignand, Fischer, Albert Andrez, Grimaud, Méline, Josz, Fève et Jung. M. Gérard, secrétaire, et M. Deschamps, employé à la mairie, sont avec eux. Le commissaire de police, M. Ducher, qui ne figurait pas sur la liste de M. Burlin et n'avait pas été mandé, se rend spontanément à la mairie.

Le colonel Hoffmann, à qui le capitaine Voelker va servir d'interprète, prend la parole. Les talons joints, le torse bombé, la tête haute, martelant ses phrases et les soulignant de gestes énergiques, il remercie d'abord les représentants de la ville pour la façon dont s'était comportée la population de Saint-Dié pendant l'occupation et il compte bien que la même bonne volonté lui sera continuée jusqu'à la fin. Il donne connaissance des mesures exceptionnelles prescrites par le général pour que l'ordre ne soit pas troublé dans la présente nuit, pour qu'aucune violence ne soit exercée contre l'armée allemande et qu'aucune lumière ne soit allumée après 8 heures. Il ajoute qu'à partir de ce moment, tous les conseillers sont et resteront prisonniers jusqu'à 4 heures du matin, qu'ils sont autant d'otages et que, dans le cas du moindre acte d'hostilité tenté contre les troupes par des habitants, il sera « dans la cruelle nécessité de les faire fusiller tous ». Plusieurs conseillers font remarquer que ces précautions sont plus qu'excessives et que, pour assurer l'ordre dans la ville et en répondre ils devraient au moins être autorisés à prévenir les habitants des quartiers qu'ils représentent. M. Dufays ajoute qu'ils devraient avoir la faculté d'exhorter les habitants au calme. Le colonel condescend à reconnaître que l'observation est juste et il autorise huit d'entre les conseillers, ainsi que les employés et agents de police, à parcourir les quartiers pour prévenir toute agitation. Pendant qu'ils rempliront leur mission, MM. Burlin, Pierson, Dufays et Fischer resteront à l'hôtel de ville et répondront de la conduite des autres. Le colonel fait l'appel des conseillers et leur fait promettre, sur leur parole d'honneur, qu'à 8 heures ils seront de retour à l'hôtel de ville.

A l'heure dite, les conseillers sont de retour. Le conseiller Labadie, qui, demeurant à Foucharupt, n'avait pas été touché par la convocation et, par conséquent, n'avait pas été compris dans l'appel des huit conseillers fait par le colonel à leur départ, arrive également à 8 heures, ainsi que le commissaire de police. Le colonel revient pour s'assurer que ses ordres ont été fidèlement exécutés.

— Tout le monde est présent ? demande un officier.

— Oui, répond M. Burlin.

Et, faisant allusion à la venue spontanée du conseiller Labadie et du commissaire Ducher, il ajoute :

— Nous sommes même deux en plus.

Le colonel dit simplement :

— C'est bien.

Et il se retire avec sa suite.

Les otages sont alors enfermés dans le cabinet du maire, à la porte duquel sont placées des sentinelles qui ont mis baïonnette au canon. Ils ne peuvent quitter cette salle, même en cas d'urgente nécessité, sans être accompagnés par un factionnaire qui ne les lâche pas d'une semelle. Ils n'osent pas parler ou ils n'échangent que des propos vagues dans la crainte qu'un soldat ne comprenne le français et n'interprète méchamment leurs paroles. A minuit, on est encore là, à se regarder. Vers 2 heures du matin, un officier ouvre la porte et commande : « Messieurs, suivez-moi. » Les conseillers et M. Ducher descendent avec lui. Dans la rue Thiers, des troupes allemandes sont massées, l'arme au pied, prêtes à partir. C'est l'arrière-garde de l'armée qui a déjà quitté la ville. Bientôt, l'ordre du départ est donné. Les soldats défilent devant les otages. Quand le dernier détachement est passé, ceux-ci reçoivent l'ordre de le suivre. Ils marchent encadrés par des baïonnettes. Derrière eux, à cheval, viennent le colonel et le capitaine. Les Allemands, toujours hantés par la crainte du franc-tireur, redoutant des coups de feu qui pourraient partir des maisons, sortent de la ville comme ils y sont entrés, en se faisant protéger par un bouclier vivant de civils.

Le cortège sort par la rue du Nord. Il s'engage dans l'avenue de Robache. Un peu après l'intersection de l'avenue avec le chemin de la Vigne-Henry, quand il n'y a plus à redouter une balle de civil, le colonel arrête son cheval et crie :

— Halte !

Il annonce aux conseillers municipaux :

— Vous êtes libres, Messieurs. Au revoir, Messieurs.

Il ne s'en tient pas là. Il appelle M. Burlin. Il lui prend la main et dit :

— Adieu. Que Dieu protège votre belle ville de Saint-Dié.

A ce moment même, comme dans une apothéose, d'énormes lueurs se projettent dans le ciel et le profil de la ville se découpe sur une clarté rouge. Les conseillers peuvent croire que Saint-Dié tout entier flambe. A la vérité, soit que les incendiaires envoyés avec les produits Ostwald vers le quartier de la Bolle n'aient pas eu le temps de parfaire toute leur œuvre, soit que les envahisseurs, gardant quelque espoir de revenir dans la ville, aient voulu la conserver encore pour eux, l'incendie se borne au second hangar de l'usine Marchal, et à celui de M. Simonin. Mais le brasier est si énorme qu'il éclaire la ville et la campagne [1].

Au bout de l'avenue, les derniers Allemands disparaissent au tournant du chemin qui conduit à Robache ; et de gros nuages, roulant sur la cité, annoncent les ondées bienfaisantes qui vont la laver de la souillure subie durant quinze jours.

---

1. Cet incendie final détruit pour près de 500.000 francs de cotons chez M. Marchal et pour plus de 137.000 chez M. Simonin.

# APPENDICE

## LE RÉCIT D'EBERLEIN [1]

### Abgeschnitten und eingeschlossen in St. Dié

In meinem Tagebuch heisst es unterm 27. August :
Wer hätte gedacht, dass auf diesen Tag, der in
gewisser Hinsicht der schönste meines Lebens gewe-
sen (Siehe Münchner Neueste Nachrichten vom 14.
September) gleich der schrecklichste folgen würde.
Früh morgens gegen 6 Uhr wird der Vormarsch ange-
treten in allgemeiner Richtung auf St. Dié. Zwei Com-
pagnien in vorderer Linie rechts und links der Strasse
nach St. Marguerithe. Wir sind beim Vorgehen
fortwährend in feindlichem Infanteriefeuer, kommen
aber doch so schnell vorwärts, dass wir auch noch ein
wenig eigenes Artilleriefeuer zu kosten bekommen.
Die ersten Häuser von St. Marguerithe sind erreicht.
In der Dorfstrasse erhalten wir Feuer und zwar kam
es nur aus den Häusern. Obwohl wir die Häuser durch-
suchten, finden wir nur Zivilisten darinnen, sie werden verhaftet, die Häuser gehen in Flammen auf. Von
rückwärts kommt der Befehl, das Dorf niederzubren-

---

1. *Münchner Neueste Nachrichten*, numéro du mercredi 7 octobre 1914 (n° 513, *Vorabendblatt*, p. 2).

nen. Mit unheimlicher Schnelligkeit wird der Befehl befolgt. Um mich herum jammernde Weiber und Kinder, gestikulierende Männer, das brüllende Vieh, wahnsinnig solche Bilder prägen sich auf ewig ein.

Endlich liegt St. Dié vor uns. Eine Stadt mit ungefähr 15.000 Einwohnern, hübsch gelegen in einem Talkessel mit sauberen Villen an den Berghängen. Die Stadt erschien uns wie das gelobte Land, wo wir für einige Tage Erholung von den allzuschweren Strapazen der vergangenen Wochen erhofften. An der ersten Fabrik halten wir und warten auf Befehl. Ich sammle mir eine Kompagnie. Brigadebefehl kommt : Kompagnie E. als vorderste Kompagnie stösst durch St. Dié durch bis an das andere Ende der Stadt. St. Dié anscheinend vom Gegner frei. — Also los ! « Die ersten fünf Gruppen Vortrupp. Radfahrer voraus ! » — Dann marschieren wir ein.

Zu meiner Schande will ich gleich gestehen, in Marschkolonne ! Aber es schien alles so friedlich, Leute standen auf der Strasse, Mädchen winkten uns lächelnd zu — das Lächeln haben wir allerdings erst später verstanden.

Ein Mann in grauen Haaren springt auf mich zu : « Herr Kapitän, ich führe Sie ; ich bin ein Deutscher ! »

« Sind noch Franzosen in der Stadt ? »

« O nein ! Alle fort ! »

Wir ziehen an einer Kaserne vorbei ; kein Mensch zu sehen. Rechts geht eine Seitenstrasse ab. Da schreit einer von meinen Leuten : « Herr Oberleutnant, da drüben hab' ich ein paar rote Hosen gesehen ! »

Ich lasse sofort halten.

Das war unser Glück, denn unterdessen sind unsere Radfahrer bis auf 50 Meter an das Rathaus vorgefahren und plötzlich sehen sie vor sich eine Barrikade. Sehen, Abspringen, Kehrtmachen war das Werk eines Augenblicks und da rollt auch schon die erste Salve in unsere dichtgedrückte Marschkolonne.

Die Hölle scheint sich aufgetan zu haben, die Häuser speien Feuer aus.

Die Wirkung der ersten Salve war füchterlich. 9 Mann wälzen sich in ihrem Blut, davon 4 Sterbende. Wie durch ein Wunder bin ich unverletzt geblieben, obgleich ich mit meinen beiden Offizierstellvertretern vorausgegangen war. Einer von ihnen, Offizierstellvertreter L., erhielt einen Schuss ins Bein, konnte aber noch zurückspringen.

Einen Moment packt lähmendes Entsetzen die Kompagnie.

Alles drängt sich gegen eine Mauer, weiss doch niemand, woher die Schüsse kommen.

Da sehe ich unseren weissbärtigen französischdeutschen Biedermann auf das Eckhaus zustürzen. Oben drüber steht : « Café de l'Univers », schon ist er drin, ich rufe mit aller Kraft : « Alles mir nach, ins Haus! »

Krachend gibt die schwere Türe nach, klirrend fliegen die Fensterscheiben im Zimmer herum, auch herein schlagen die Kugeln ; aber etwa 40 Mann sind bei mir.

« Sofort sämtliche Fenster besetzen! Feldwebel G. hierauf in den zweiten Stock! Alles zur Verteidigung einrichten! » Tische und Stühle fliegen hinaus auf die Strasse, in die Böden werden Schiessscharten hineingebrochen und dann nehmen wir das Feuergefecht auf, hab ich doch unterdessen an den einschlagenden Geschossen gemerkt, dass sie zumeist von der Barrikade am Rathaus herkommen.

Und jetzt schleichen auch Alpenjäger die Häuserfront entlang, ein paar wohlgezielte Schüsse, sie verschwinden.

Unsere nächste Sorge galt nun den Verwundeten. Einer von ihnen, ein Unteroffizier, liegt mit einem Bauchschuss mitten in der Strasse und ruft jämmerlich um Hilfe. Ich blicke umher. « Wer..., » ich brauche nicht weiter zu reden, zwei Brave, ihr Name verdient genannt zu werden, Landwehrmann Pfeifer aus Oggersheim und Landwehrmann Kunz aus Ludwigshafen, melden sich freiwillig, und sie bringen den Schwerverwundeten auch glücklich herein. Auch noch fünf andere, die nicht exponiert liegen, werden hereingezogen.

Höchste Zeit, denn eben versuchen die Franzosen einen neuen Vorstoss.

Ich springe an meinen Ausguck, über meinem Kopf hinweg schiesst oben der Gefreite K. — er hat dafür das Eiserne erhalten — nacheinander drei Franzosen über den Haufen, obwohl ihm die Helmspitze weggeschossen wird. Ich klopfe ihm anerkennend auf die Schulter. Das feuert meinen wackeren Pfeifer so an, dass er vom Fenster auf den Gehsteig herausspringt und knieend den Franzosen ein paar Schüsse nachschickt, da trifft ihn eine Kugel mitten ins Herz. Sein brechendes Auge ist auf mich gerichtet. Ich weiss, was er sagen will : « Hab ein Weib und drei Kinder zu Hause ! » — « Sei unbesorgt, du Braver ! Das Vaterland wird für sie sorgen. »

Ich beuge mich hinaus, um ihn hereinzuziehen, wieder hilft sein treuer Kamerad Kunz. Krach ! Mitten in den Kopf trifft ihn die Kugel. Schwer fällt er über den toten Freund. So liegen sie im Tode vereint, die beiden, die ich als erste Anwärter für das Eiserne Kreuz vorzuschlagen gedachte.

Was ist das? Der Boden erdröhnt. Eine Granate hat im Hause gegenüber eingeschlagen. Und doch atmen wir erleichtert auf. Es sind die Unsern! Bravo! Wieder eine! Sie kommt schon näher an die Barrikade. Wohl fällt für uns mitunter auch was ab, aber wir kriegen Luft und unser braver Offizierstellvertreter W. hat ja mit eigener Lebensgefahr Meldung an die Brigade von unserer bedrängten Lage gemacht; er wird wohl auch ungefähr angegeben haben, in welchem Haus wir uns aufhalten. Zum Ueberfluss stecken wir auch noch ein weisses Leintuch oben zum Dachfenster hinaus.

In dieser Lage, vollständig abgeschnitten von unserer Brigade, mochten wir wohl zwei Stunden ausgehalten haben, da stürzen plötzlich durch ein geöffnetes Fenster — die Brüstung ist ganz nieder — zwei elegante junge Damen herein, weisse Betttücher in den Händen schwingend, und sich mir zu Füssen werfend. Die Situation war mir, man verzeihe mir diesen Ausdruck, hochdramatisch. Die eine spricht deutsch, d. h. sie stösst einzelne Worte heraus, die ich mir zusammenreime. Ihre Mutter und Schwester sind gefangen von den Deutschen, sie selbst sollen den Maire von St. Dié holen, sonst werden die beiden als Geiseln erschossen. Eine halbe Stunde hat ihnen der Herr General Zeit gegeben. Nun sind sie auf der Suche in unser Artillerie- und Infanteriefeuer gekommen und sind über die Leichen der Unserigen hinweg in unser Haus gesprungen.

Ich lasse sie in den bombensicheren Weinkeller hinunterführen. Beruhigung: Würde später mit dem Herrn General persönlich sprechen. Ausserdem wusste ich schon längst, dass der Herr Maire mitsamt den Beigeordneten verduftet ist, ebenso wie unser weisskopfiger Biedermann, der sie herbeiholen sollte.

Aber drei andere Zivilisten haben wir verhaftet und da kommt mir ein guter Gedanke. Sie werden auf Stühle gesetzt und ihnen bedeutet, einen Sitzplatz mitten in der Strasse zu nehmen. Händeringen und Flehen auf der einen, ein paar Gewehrkolben auf der anderen Seite. Man wird allmählich furchtbar hart. Dann sitzen sie draussen auf der Strasse. Wie viele Stossgebete sie losgelassen, weiss ich nicht, aber ihre Hände sind die ganze Zeit krampfhaft gefaltet.

So leid sie mir tun, aber das Mittel hilft sofort.

Das Flankenfeuer aus den Häusern lässt sofort nach, wir können jetzt auch das gegenüberliegende Haus besetzen und sind damit die Herren der Hauptstrasse. Was sich jetzt noch auf der Strasse zeigt, wird niedergeschossen. Auch die Artillerie hat unterdessen kräftig gearbeitet, und als gegen 7 Uhr abends die Brigade zum Sturm vorrückt, um uns zu befreien, kann ich die Meldung erstatten : « St. Dié vom Gegner frei ! »

Wie ich später erfuhr, hat das... Reserve-Regiment, das nördlich von uns in St. Dié eindrang, ganz ähnliche Erfahrungen gemacht wie wir... Ihre vier Zivilisten, die sie ebenfalls auf die Strasse setzten, wurden jedoch von den Franzosen erschossen. Ich habe sie selbst am Krankenhaus mitten in der Strasse liegen sehen.

Nun noch eine Episode von diesem Tag, die beweist, welcher Geist unsere Soldaten, auch in solch kritischer Situation beherrscht. Es war gerade in dem Augenblick, in dem keiner von uns für sein Leben einen Pfifferling mehr gegeben hätte, da tritt unser Hornist — er ist der Typus eines bayerischen Reservemannes — auf mich zu, in der Hand — ein Glas Bier. « Bier gefällig, Herr Oberleutnant? » — Er hat in aller Seelenruhe hinter dem Buffet ein « Fassl » Bier angezapft und jedem ein Glas kredenzt, auch manchem, dem dies der letzte Schluck werden sollte.

Ja, ja, das Leben bewegt sich in Gegensätzen, am meisten im Krieg.

Oberleutnant A. EBERLEIN (m).

# TABLE DES CARTES, PLANS ET FAC-SIMILÉS

| | Pages |
|---|---|
| Saales et la frontière. | 10 |
| Région de Lubine et de Lusse | 17 |
| Région de Ban-de-Laveline et Wisembach. | 25 |
| Environs de Saint-Dié | 45 |
| Saint-Dié. — Quartiers du nord et du nord-est. | 65 |
| Saint-Dié. — La rue d'Alsace et ses abords. | 69 |
| Saint-Dié. — Itinéraire des messagères-otages. | 89 |
| Saint-Dié. — Passage à niveau des Tiges. | 109 |
| Saint-Dié. — Incendies du faubourg de la Bolle. | 123 |
| Avis à la population | 151 |
| Reçu de la contribution de 39.000 francs. | 157 |
| Reçu de l'argent pris sur les morts | 237 |
| Proclamation du général commandant en chef. | 245 |
| Billet dénonçant la présence de 9.000 francs dans la caisse de la mairie. | 277 |
| Ordre de saisir ces 9.000 francs | 279 |
| Reçu de ces 9.000 francs | 281 |

# TABLE DES MATIÈRES

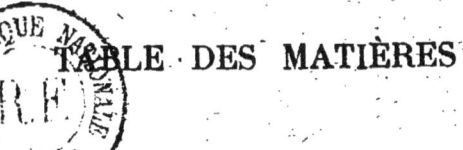

|   | Pages |
|---|---|
| Préface, par le Général de Lacroix. . . . . . | xi |
| Introduction. — La préméditation du crime. . | 1 |
| Chap. I. — Avant le bombardement . . . . | 35 |
| II. — Le bombardement et la bataille des rues . . . . . . . . . . . . | 52 |
| III. — L'entrée des Allemands. . . . . | 80 |
| IV. — Devant la trouée barrée . . . . | 106 |
| V. — L'occupation . . . . . . . . | 138 |
| VI. — L'occupation (*suite*). . . . . . | 161 |
| VII. — Profits de guerre : Dans les hôpitaux . . . . . . . . . . . . | 182 |
| VIII. — Profits de guerre : Réquisitions et pillages . . . . . . . . . . | 214 |
| IX. — L'espérance irréductible . . . . | 240 |
| X. — Le départ des Allemands . . . . | 270 |
| Appendice. — Le récit d'Eberlein. . . . . | 291 |
| Table des cartes, plans et fac-similés . . . . | 299 |
| Table des matières . . . . . . . . . | 301 |

MAYENNE, IMPRIMERIE CHARLES COLIN

# LIVRES DE COMBATTANTS ET DE TÉMOINS DE LA GRANDE GUERRE

*Collection de Volumes in-16 : 4 fr. 50*

**Raoul ALLIER.** — Les Allemands à Saint-Dié.

**Claude ANET.** — La Révolution Russe. A Pétrograd et aux Armées.

**Luigi BARZINI.** — Scènes de la Grande Guerre. En Belgique et en France. La Guerre Moderne, sur Terre, dans les Airs et sous les Eaux.

**Georges BONNET.** — L'Ame du Soldat.

**Victor BUCAILLE.** — Lettres de Prêtres aux Armées.

**M. BUTTS.** — Héros ! Épisodes de la Grande Guerre.

**Léopold CHAUVEAU.** — Derrière la Bataille (3 fr.)

**Antoine DELECRAZ.** — Paris pendant la Mobilisation.

**Maurice DIDE.** — Ceux qui Combattent et qui Meurent.

**Albert ERLANDE.** — En Campagne avec la Légion Étrangère.

**Gabriel-Tristan FRANCONI.** — Un Petit de l'Armée Française.

**F... (Hubert).** — La Guerre Navale. Mer du Nord. Mers Lointaines.

**Paul FIOLLE.** — La Marsouille.

**Raymond JUBERT.** — Verdun (Mars, Avril, Mai 1916).

**Stéphane LAUZANNE.** — Feuilles de Route d'un Mobilisé.

**Pierre MAC ORLAN.** — Les Poissons Morts.

**Capitaine MARABINI.** — Les Garibaldiens de l'Argonne.

**Lord NORTHCLIFFE.** — A la Guerre.

**Pierre PARAF.** — Sous la Terre de France.

**PAUL PATTE.** — Le Cran.

**Lieutenant Jacques PÉRICARD.** — *Debout les Morts !* I. Face à Face. II. Pâques Rouges. Ceux de Verdun.

**Jacques PIRENNE.** — Les Vainqueurs de l'Yser.

**Jules POIRIER.** — Reims (1ᵉʳ Août - 31 Décembre 1914).

**Antoine REDIER.** — Méditations dans la Tranchée.

**Alexis TOLSTOI.** — Le Lieutenant Demianof.

**Capitaine TUFFRAU.** — Carnet d'un Combattant.

**Robert VAUCHER.** — Avec les Armées de Cadorna.

**Commandant Emile VEDEL.** — Nos Marins à la Guerre. Sur Mer et sur Terre.

**Y...** — L'Odyssée d'un Transport Torpillé.

**Capitaine Z.** — L'Armée de la Guerre. L'Armée de 1917.

---

**PAYOT & Cⁱᵉ, 106, Boul. Saint-Germain, PARIS**

Imp. E. Durand, 18, Rue Séguier Paris

www.ingramcontent.com/pod-product-compliance
Lightning Source LLC
Chambersburg PA
CBHW070626160426
43194CB00009B/1380